永田治樹 編著
NAGATA HARUKI

図書館制度・経営論

JLA図書館情報学
テキストシリーズⅢ
2

日本図書館協会

TEXTBOOK SERIES Ⅲ

Library Management
(*JLA Textbook Series of Library and Information Studies* Ⅲ ; 2)

図書館制度・経営論　／　永田治樹編著. －　東京　：　日本図書館協会，2016. －　278p ：　26cm. －（JLA 図書館情報学テキストシリーズⅢ　／　塩見昇［ほか］編集　：　2）. －　ISBN978-4-8204-1518-3

t1. トショカン　セイド　ケイエイロン　t2. ジェイエルエイ　トショカン　ジョウホウガク　テキストシリーズ　2　a1. ナガタ，ハルキ
s1. 図書館経営　①013

テキストシリーズⅢ刊行にあたって

　情報と資料の専門機関として、地域社会の経済、教育、文化にかかわる多様な課題に応える図書館活動を創造するためには、それに携わる人材の育成が欠かせない。しかも、先人の叡智を尊重し、現代のニーズに対応し、将来の発展を見据える能力が求められる。また、世界規模での連携や協同をも視野に収めて行動する力量が期待される。こうした人材の要となる司書を養成する教育の基礎課程が、図書館法に謳われ、図書館法施行規則に明示された「図書館に関する科目」である。

　日本図書館協会は、1997年の図書館法施行規則改正に基づき、司書養成教育の充実に向け、本格的なテキストブックの刊行を開始した。当時の課程は、大学で開設される「図書館に関する科目」ではなく、司書講習のためのものであった。しかし、シリーズ編集者は、この改正を「図書館に関する科目」へと展開していく段階の一つであると認識して企画を進めた。テキストブックは順次刊行され11巻を揃えるに至り、扱う題材に応じた改訂や補訂を加えてきた。2007年からは図書館を巡る情勢の変化を反映させ、内容を刷新した「シリーズⅡ」に移行した。これにより、両シリーズを通じて予定した13巻を刊行し、多くの読者の好評を得てきた。

　「シリーズⅢ」は、2008年の図書館法改正に沿って「図書館に関する科目」が2012年度より適用されることを機に、これまでの構想と基調を踏まえながら、全面的な見直しを図ったものである。すなわち、現代および未来の司書養成教育として、日本図書館協会が少なくともこれだけはと考えている内容を取り上げ、教育実践の効果が高まるようUNIT方式を導入している。2単位科目を50UNIT、1単位科目を25UNITとし、スタンダードな内容を解説している。また、発展的に扱うことが望まれる内容をoptionに収めている。これにより、教員の取り組みとの協調が促されることを期待している。その上で、「シリーズⅢ」の新たな試みとして、各巻にUNIT0を設け、教育課程全体における当該科目の意義を記し、他の科目との関係を示すようにした。教育課程の体系を読者が意識できることが、学習成果を高めることにつながると確信するからである。さらに、養成教育と研修を一貫した過程ととらえ、構成と記述に配慮した。本シリーズが大学の授業教材となるとともに、図書館員のキャリア形成の素材として多面的に活用されることを願っている。

　お気づきの点、ご提言やご批判、ご叱正をいただければ、専門職の技能形成という日本図書館協会の基幹事業にも貢献する。各位のお力添えを賜れば幸甚である。

シリーズ編集者
塩見昇　　柴田正美　　小田光宏　　大谷康晴

한 じ め に

　私の育ったまちの図書館は，隣の学区の小学校の敷地にあった。木造平屋建ての図書館の扉を開け，履物を下駄箱に収めて入ると，そこが古ぼけた机が並べて置かれた閲覧室だった。カウンターの向こうには職員がうつむいて座っていた。薄暗い図書館はいつも人気がなく閑散としていた。資料は書庫に収められ，閲覧室では子どもの本と，わずかばかりの雑誌・新聞が並べてあった。公共図書館は当時，どこもこんな様子なのではなかったかと思う。
　1970年代以降，わが国の公共図書館は大きく変貌を遂げた。60年代から始まった新しい図書館振興活動の成果だといってよい。ガイドラインとして使われた『市民の図書館』(1970)には，次のような重点目標が掲げられていた。
　(1) 市民の求める図書を自由に気軽に貸出すこと
　(2) 児童の読書要求にこたえ，徹底して児童にサービスすること
　(3) あらゆる人々に図書を貸出し，図書館を市民の身近におくために，全域へサービスを張り巡らすこと
である。
　図書館サービスを，どの市民にも，身近なものとして，提供しようという，この方向づけは，急速に発展した高度経済成長期の人々の生活意識に合致するものだったのだろう。利用者の要求に基づく資料が収集され，閲覧室の書架に配置されて，そして貸出サービスが推奨された。その結果，これまでのイメージが払しょくされ，図書館は人々に親しまれるものに変わった。漆原宏さんのフォト・ギャラリー（『図書館雑誌』に連載）に写し取られているような，絵本の読みきかせをする親子や，ゆったりとした時をすごす高齢者，読み物や宿題に取り組む児童・生徒，それに大人たちが，思い思いに利用する図書館である。
　公共図書館を人々の中に普及させるきっかけとなった，この図書館振興活動の意義は大きい。多くの図書館が上記の重点目標に沿って活動を新たにできた。本書が取り組む図書館経営という立場からいえば，そのようにして経営の革新が成し遂げられたといえる。実際タイミングのよさもあった。経済成長によって潤った公的資金が図書館にも振り向けられ，図書館の設置数そして利用数は年々右肩上がりで伸長した。現在では，わが国の公共図書館は設置自治体の人口比でいえば97％の設置率となっている。
　しかしながら昨今，以前のような図書館設置の勢いはなく，2011年には，全国統計の図書館利用数（館外貸出数）減少に転じている。日本図書館協会が全国統計を集約して以来，初めての事態である。たいていの自治体の図書館予算は，ここ

10年ほど，削減され続けているから，予算削減が図書館資料・サービスの貧弱化を招き，その結果だといえるかもしれない。しかし，図書館利用の減少させている原因はそれだけではないだろう。他の先進諸国と同様，社会発展，とりわけ情報化の進展による人々の行動変化が関わっている。

電子メディアやインターネットの普及により，コミュニケーションや情報取得の方法が変わり，またその変化は人々の日々の生活の断片にまで及んだ。それぞれにパソコンを所有するだけでなく，タブレットやスマートフォンなどのモバイル機器を通じて連絡し合ったり，調べものをしたり，映像発信にいそしむ人もいる。従来紙媒体だった情報が電子メディアで流布すれば，いきおい以前のように図書館までやってくる人々は限られ，図書館がこれまでと同様の読書施設にとどまる限り，その利用が減少するのは避けられない。

図書館の経営は，今後いかにあったらよいだろうか。以前の成功体験を教条的に繰り返せばよいわけではなく，この流れを受けとめた対応をする必要がある。また，厳しい財政状況のなか図書館への予算措置が改善するとは考えにくく，この状況下にあっても図書館への公的資金を確保し続けるには，図書館のサービスがコミュニティの人々に役立つものとして認知されるものでなければならないのだろう。

旧版は，『図書館経営論』であった。2012年の司書課程のカリキュラム改正によって，科目名が「図書館制度・経営論」となり，単位数も1から2に増えた。その科目説明には，「図書館に関する法律，関連する領域の法律，図書館政策について解説するとともに，図書館経営の考え方，職員や施設等の経営資源，サービス計画，予算の確保，調査と評価，管理形態等について解説する」とある。この指示に沿って，本書は構成されている。ただし，上述したような図書館の制度と経営に関わる現下の問題についてより具体的な理解を促すために，最新の話題を織り込み，図書館の役割の再定義，あるいは新しい経営などについて取り上げた。

2015年9月

執筆者を代表して　永田　治樹

追記：分担執筆者である小林卓氏が2015年4月に早逝された。氏は，生前本書のために，図書館への強い信念を表した稿を寄せていた。その遺稿をここに収め，改めてご冥福をお祈りしたい。

目次

テキストシリーズⅢ刊行にあたって......3
はじめに......4

| | UNIT 0 | 図書館の制度と経営の学習 | 10 |

●図書館の制度
UNIT 1	近代公共図書館の制度	12
UNIT 2	図書館法	17
UNIT 3	図書館の諸法：他の館種の法，および身体障害者福祉法	22
UNIT 4	図書館に関連する諸法	27
UNIT 5	外国の図書館法	31
option A	図書館法	36
option B	制度とは	40

●図書館の政策
UNIT 6	国の公共図書館政策	41
UNIT 7	地方自治体の公共図書館施策	45
UNIT 8	国立図書館の政策	49
UNIT 9	大学図書館の政策	54
UNIT 10	諸外国の公共図書館政策	59
option C	公立図書館整備計画（事例）	62
option D	図書館の設置及び運営上の望ましい基準	63
option E	社会関係資本（ソーシャルキャピタル）と公共図書館	70

●図書館の経営
UNIT 11	図書館の経営	72
UNIT 12	図書館の使命と目的	76
UNIT 13	図書館の組織	80
UNIT 14	図書館の計画	84
UNIT 15	図書館の評価	88
option F	図書館統計とパフォーマンス指標の規格	92
option G	図書館のインパクト測定の規格	94

●図書館サービスの設計
UNIT 16	図書館のサービス	96
UNIT 17	コミュニティ・ニーズの把握	101
UNIT 18	サービス運営計画（サービス領域の設定）	106
UNIT 19	図書館のマーケティング	111
UNIT 20	サービスと法制度：著作権法，個人情報保護法	116
option H	ソーシャル・ネットワーキング・サービス（SNS）と図書館	121

CONTENTS

●情報資源の経営
- **UNIT 21** 情報資源の収集 …………………………………………… 123
- **UNIT 22** 情報資源の組織化・提供システム ………………………… 127
- **UNIT 23** 情報資源利用の支援 ………………………………………… 132
- **UNIT 24** 情報資源に関する連携・協力 ……………………………… 136
- **UNIT 25** 情報資源の蓄積・保存 …………………………………… 140
  - option I 現物へのリンキングサービス ……………………… 145
  - option J 学校図書館支援センター関連組織 ………………… 146

●図書館施設の経営
- **UNIT 26** 図書館施設の設置 ………………………………………… 148
- **UNIT 27** 図書館建築のスペースの設計 …………………………… 153
- **UNIT 28** バリアフリーと永続性のある設計 ……………………… 158
- **UNIT 29** 図書館のファシリティマネジメント ……………………… 162
- **UNIT 30** 図書館における危機管理 ………………………………… 166
  - option K インフォメーションコモンズ ……………………… 170
  - option L アフォーダンスを考えよう ………………………… 171

●人的資源の経営
- **UNIT 31** 図書館の人的資源 ………………………………………… 172
- **UNIT 32** 「司書」養成制度と図書館情報専門職 ……………………… 177
- **UNIT 33** 図書館組織の運営 ………………………………………… 182
- **UNIT 34** リーダーシップと図書館長 ……………………………… 186
- **UNIT 35** 組織風土と組織文化 …………………………………… 190
  - option M 図書館員のコア・コンピテンス …………………… 193

●財務と活動の集約
- **UNIT 36** 公共図書館の財政制度と財務計画 ………………………… 194
- **UNIT 37** 公共図書館の設置振興と補助金 …………………………… 198
- **UNIT 38** 公共図書館の財務状況 …………………………………… 202
- **UNIT 39** 図書館サービスの課金 …………………………………… 206
- **UNIT 40** 公共図書館の統計 ………………………………………… 210
  - option N 外部資金の獲得 …………………………………… 214

CONTENTS

●図書館の広がる役割
- **UNIT 41** コミュニティ基盤としての図書館 …………………………………… 218
- **UNIT 42** 電子政府・自治体と図書館 ……………………………………………… 223
- **UNIT 43** 社会的包摂（1）：障害者・多文化サービス ……………………… 228
- **UNIT 44** 社会的包摂（2）：高齢者・デジタルデバイド ……………………… 232
- **UNIT 45** 図書館の社会的プログラム ……………………………………………… 236
  - option O　アイデアストアからサラボルサ ………………………………… 240

●新しい経営
- **UNIT 46** 新しい公共経営 ……………………………………………………………… 242
- **UNIT 47** 公共図書館の運営の今後 ……………………………………………… 247
- **UNIT 48** 公共図書館のブランド ……………………………………………………… 251
- **UNIT 49** 情報装置のバリアフリーとユニバーサルデザイン ……………… 255
- **UNIT 50** 21世紀の図書館 ………………………………………………………………… 259
  - option P　図書館のプログラム／イベント ………………………………… 264
  - option Q　図書館の経済効果 …………………………………………………… 266

参考文献…………………267
索引………………………270
執筆者紹介………………277

TEXTBOOK
SERIES Ⅲ

図書館制度・経営論

UNIT 0 図書館の制度と経営の学習

　人々が獲得した知識や情報を記録し伝えるため，本がつくられた。それらを集め，保存し，利用し合うために，設けられた施設が図書館である。
　一般の人々のためにつくられた公共図書館のほか，学校図書館，大学図書館，また，企業などの専門図書館，そして国立図書館もある。本書では，そうした図書館が，どのようにつくられ，制度化されてきたかにふれ，主として公共図書館がその目的を達成するための，経営のあり方を学ぶ。
　最初に，人間の知的・文化的な遺産を人々の間で共有するための成り立ちと公共図書館の制度をみる。社会の発展に沿って法制がしばしば改正されるように，現実世界では制度をさらに先に進めようとする力が強く働くこともあるし，定めたところを実施できないときには，逆の動きも出る。実際，制度の解釈や運用は状況によってゆらぐ。制度とは，その時点での利害関係者の間で設定される一種の均衡点といってよい。図書館がどのような社会的要請を受け成立したかをたどり，現行の図書館関連法規について学習した上で，現行図書館制度の文脈的な理解を促したい。
　右下の写真は，オランダ，ロッテルダム近郊のスパイクニッセ（Spijkenisse）という町に 2012 年に完成した，「本の山」と呼ばれている新図書館で，積み上げた蔵書を，透明なピラミッド状の覆いをして，町の人々に見えるようにしている。もちろん，単に積み上げただけでは，探して借り出すには不都合だから，ジャンルごとに本を，組み立てた書架に並べ，人々が容易に探し出せるように展示している。人々の求める本を集め，使いやすい状態にしておくといった，こうした活動を，組織として計画的・継続的な意思決定のもとに行うことを図書館の経営という。

　以前は，図書館の管理（administration）や運用（operation, practice）という言葉が使われていて，これを経営（management）とはいわなかった。経営は，私企業でもっぱら使われている用語だったからである。ところが 20 世紀の後半，いわゆる福祉国家がめざされ，公共サービス（基本的には税金や社会保険料で賄われるもの）が多岐にわたり，それ

に公共部門以外も関わり，公共部門でも民間部門と共通の原則に従った活動が要請されるようになった。こうしたことから，公共部門では，これまでの「行政管理」ではなくて，「公共経営」(public management) という言葉が使われるようになった。この経営という言葉は，今では公共部門，非営利部門でも一般的である。

この用語変更の理由には，それ以外にも，次のような事由があった。公共部門の「管理」というとらえ方は，法規に従って公共部門の領域を統制し，運営していくことで，行政の公平性，平等性，透明性などの確保に重点を置いたものだった。しかし，それだけではさまざまな点で不十分だということがわかってきた。サービスが最も望ましい結果をもたらすには，公平性などを守ると同時に，その事業の有効性や効率性が十分に確保されるべく，企業性を加味した運営が強く認識されるようになったのである。

「図書館管理（経営）」に関する古い教科書では，図書館の法制度とその解説が大部分を占めていた。法令を遵守していれば問題ないとした時代のものだ。しかし，今では図書館の設置目的，使命はどのようにすれば実現できるかという判断に立った工夫が求められている。そもそも図書館関連法令は，事業内容の細部を規定してはいない。

また，今日では公的組織も基本的に立脚しなくてはならない経営原則として，ガバナンスとアカウンタビリティというものがある。ガバナンスとは，公共サービスにおいては住民や議会，市民グループなどを含めた多くの関連するプレーヤーをとりまとめていかねばならないことを意味する。また，アカウンタビリティとは，「説明責任」という誤解しやすい訳語が当てられているが，本来もう少し広い意味で，受託者は予算の執行，結果の評価など全般の責任を正当に果たし，それを委託者（住民）に報告することである。

2008（平成20）年の図書館法改正では，第7条に，運営の状況に関する評価等や情報の提供の条項が加えられた。これは図書館経営のあり方を示唆する新しい視点である。

本書は，法制化された図書館制度（法規）を冒頭部分にとりあげ，その後経営に関するUNITへと進む。ただし，経営原則，図書館のサービス，そして各図書館資源（情報資源，施設，人的資源，財務活動）を扱うUNITでも制度の問題は密接にからんでくる（例えば，人事制度や財政制度）。制度と経営は単純に分割できない。最後に現代における図書館の役割を見つめ直し，新しい経営の展望を書いている。制度と経営の有機的な関連の中で，図書館のあり方を学習してほしい。

UNIT 1 ●図書館の制度
近代公共図書館の制度

●……公共図書館の設置

「市民」が訪れることができる図書館は，歴史上古代ローマにもあった「アシニウス・ポリオとヴァロがカエサルの遺志を継ぎ，紀元前39年頃フォロ・ロマーノに最初の公共図書館をつくった」（Matthew Battles. *Library*, New York, 2003.『図書館の興亡』白須英子訳，草思社，2004, p.61）という。しかし，身分などの限定なく一般の人々のために公共図書館が整備されたのは，時代を下って近代に入ってからである。それまでは，権力者や富豪あるいは慈善家が，それに宗教・学問・教育などの組織が自らの目的のために，つくった図書館だけだった。

図1-1　エフェスのローマ時代の図書館遺跡

書籍館

わが国に近代的な図書館がつくられたのは1872（明治5）年の文部省書籍館である。福澤諭吉が「西洋諸国の都府には文庫あり『ビブリオテーキ』と云う。日用の書籍図画等より古書珍書に至るまで万国の書皆備り，衆人来たりて随意に之を読む」（『西洋事情』の原文は「グーグルブックス」でも読める）と記した国立図書館にあたるもので，東京湯島に設置された。これについては大英博物館図書館を模していた。その後，地方にも「書籍館」が少しずつ整備され，1879（明治12）年文部省が「教育令」を制定し，公立の書籍館の設置認可について掌握することになった。これがわが国の公共図書館の制度のはじまりといってよい。

西洋諸国においては，いわゆる国立図書館は，市民革命を機に国民的な文化的統合性を確保するために設置され，一般の人々のための公共図書館は産業革命後となったから，両者の間には一定の時代的な隔たりがあったし，その成立の様子も異なっていた。しかし，日本では先進諸国の図書館制度を取り入れたので，ほぼ同時

期に二つの図書館制度が成立したといえる。

●……公共図書館とは

公共図書館とは，英語の"パブリック・ライブラリー"（public library）にあたる。パブリック・ライブラリーの定義をハロッドの用語集（*Harrod's Librarians' Glossary and Reference Book*）でみると，「その運営費用の一部又は全部が公的資金でまかなわれ，コミュニティのだれもが利用でき，かつすべての人に無料である図書館」とある。住民の図書館である。すなわち，この規定では，次の三つの原則的な要件が組み込まれている。

① 運営のためには公的資金が使われること
② コミュニティの全住民は，利用者となれること
③ 利用は無料であること

図書館および図書館員団体の国際機関である国際図書館連盟（International Federation of Library Associations and Institutions：IFLA）の協力のもと起草された「ユネスコ公共図書館宣言」（UNESCO Public Library Manifesto, 1994 http://www.ifla.org/files/assets/public-libraries/publications/PL-manifesto/ri_ben_yu_0.pdf）にも，これら三つの要件は反映されている。

しかし，パブリック・ライブラリー，つまり公共図書館という用語は，もとはかなり幅があって，さまざまな図書館を含んできたから，社会的・歴史的な文脈を踏まえて理解しなければならないところがある。例えば，アメリカ図書館協会（American Library Association：ALA）の『図書館用語集』（1983年版）では，公共図書館について初期においては，コミュニティの住民が利用できる図書館をいい，必ずしも無料である必要はない。個人文庫（private library）と区別してパブリック・ライブラリーという語が使われてきたのであって，学協会の図書館（society library）や会員制図書館（subscription library, social library）もパブリック・ライブラリーであったと説明されている。②の「コミュニティの全住民は，利用者となれる」という公開性の観点から定義したものである。

また，③の課金の観点については，利用の登録が有料だったり，閲覧サービスや青少年に対するサービスは無料でも，資料貸出サービスなどが有料だったりする国々が存在するし，新たなサービスについて有料化の問題がもちあがるなど，この議論は繰り返される。さらに，①の公的資金の投入については，開発途上国などそのようにできない厳しい現実があり，一方先進国では，問題なく公的資金は投入されているものの，必ずしも全額を調達せず，公共図書館を法人，つまり公立の形態をとらないもの（公的資金が過半ではあるが，公立図書館を政府組織に組み込まない）もある。例えば，オランダでは近年そのような法人化が進展し，自治体が設置

する図書館，つまり公立図書館は今やほんの数館となっている。米国では，有名なニューヨーク市の三つの図書館など，歴史的な経緯から法人の運営による公共図書館があり，外部資金の問題に対応しやすいといわれる。なおわが国の場合，公立図書館以外への公的資金の投入を「図書館法」は認めていない。この点では諸外国とは異なった制度によっていることに留意しておきたい。

このように，公共図書館のあり方には少し幅のある理解が必要ではあるが，おおかた上記の三つの原則的特徴をもつものだといってよい。

● ………… 公共図書館法の成立

北米では，B. フランクリン（Benjamin Franklin）らのジャントー・クラブ（読書や討論のために友人同士で組織したもの）に発する「図書館会社」（The Library Company，1731 年）といった会員制図書館，それに教育制度と結びついた学校区図書館（school district library）が早くからみられた（川崎良孝『アメリカ公共図書館成立思想史』日本図書館協会，1991，p.119-151）。旧世界（ヨーロッパ諸国）に存在したギルドなどの身分制度的制約などがなく，人々は自由・活発に結びつき，公共の図書館を設置しようという機運が進展していたのである。このような中で，1848 年ボストン公共図書館の設立を承認したマサチューセッツ州法（Act of Great and General Court of Massachusetts：州はボストン市に設立を許可し，単年度予算上限を 5,000 ドルとすること，および法の成立要件としてのボストン市議会承認を要するという内容）と，それに続く 1849 年のニューハンプシャー州の各地域における図書館設置に関する一般法および 1951 年のマサチューセッツ州における同様の包括的な図書館法（Massachusetts Libraries Act）が成立した（1848 年のものを公共図書館法の嚆矢とする見方があるが，きわめて限定的な内容で，最初の法制としてあげるならば 1849 年のものが妥当）。

一方，英国の公共図書館法（Public Libraries Act）は，1850 年に成立した。ほぼ米英と同時期である。最も早く近代社会を形成した英国では，出版活動が発展していたし，サーキュレーション・ライブラリー（circulation library）と呼ばれた貸本屋が出現し，また会員制図書館や労働者のための図書館（Working Men's library, Mechanics' library, Tradesmen's library）がつくられていた。しかし，庶民（労働者階級）のために図書館を設置するという法制にはかなり強い抵抗があった。有産階級が占めていた議会が，そのために支払わねばならない税に強く反対したのである。

この法を通すのに指導的な役割を果たしたウィリアム・ユアート（William Ewart）とジョセフ・ブラザートン（Joseph Brotherton）は，民衆の図書館の利用によって禁酒や勤勉といた道徳性の向上が期待できるし，さらには彼らの知識が経済への

図1-2　現在の「図書館会社」のリーディングルーム

貢献になることを主張し，この法への賛同を求めた。いち早く市民の位置を獲得し税を負担し始めたブルジョワジーが，自ら築いた新しい社会を安定させ，経済的発展を支える労働者に対する教育的機能を果たすものとして図書館設置を推したのである。T. ケリー（Thomas Kelly）は，1850年の公共図書館法が「1832年の選挙法改正法に始まる一連の社会改革立法の一部でもあった。［中略］1833年の第一次工場法，1848年の第一次公衆保険法および1870年の第一次教育法と並んで，公共図書館法が生まれる。より具体的には，公共図書館は，慈善主義的であり良心の責めを感じた中産階級が，それによって多数の貧困者を救い，そして同時に正直と禁酒と従順の習慣を教え込む手段の一つであった」(Books for the People: An Illustrated History of the British Public Library.『イギリスの公共図書館』常盤繁ほか訳，東京大学出版会，1983，p.71)とその経緯を説明している。選挙法改正による選挙権の拡大や外国との経済的競争における技術者の需要に応える社会政策として，庶民の学習施設，公共図書館は誕生した。

● 公共図書館制度の史的な意義

米国および英国の図書館法の成立から読みとれるところは，近代産業社会とともに発生した新しいコミュニティの市民層（新興ブルジョアジーと土地から切り離された労働者階級で構成される），特に労働者階級のリテラシー・読書能力を向上させ，労働力の質の向上につなげようという動きであった。それは，後に加わった市民層（労働者階級）への「恩典」としてシティズンシップ，つまりその社会を構成する人々の権利と義務として発生してきたといってよい。しかし，この段階で十分に図書館が展開され，制度が整ったわけではまったくない。提供されるサービスは，ごく限られたものであり，サービスが広がり，充実していくまでにはその後の進展をまたなくてはならなかった。

英国では，1837年からヴィクトリア時代が始まっていてその急速な経済的繁栄

シティズンシップ

1. 近代公共図書館の制度　15

が社会的な富の蓄積をつくり，公共図書館の発展にもつながった。しかし，公共図書館が人口の60％以上をカバーする地域に設置されたのは，1918年末までかかった。そして第一次世界大戦終了後，新たな公共図書館法（1919年）に引き継がれ，都市部だけでなく農村部まで図書館が普及し，またそのコレクションがしだいに豊富なものになって，市民一般の利用に耐えるものとなったのである（Alistair Black. *The Public Library in Britain, 1914-2000*, The British Library, 2000, p.51)。

　当初は，労働者階級を「良き市民」に教化する，すなわち「近代資本主義・産業社会の経済に適するような改良的道徳観，実践的な技能，一般的知性を備えた市民の出現を意図」するものだったが，しだいに図書館のサービスは社会全体に及ぶようになった。この間に，選挙法改正，すなわち政治的自由権の拡大から始まり，工場法による労働者保護，あるいは労働基本権の整備，さらには人々が教育を受ける権利の確保，また一方では貧困や疾病を防ぐための社会保障など，近代的市民権（基本的人権）の拡張があった。公共図書館の制度もそのような動きに連動して培われてきたといえる。特に，20世紀以降に拡大した市民的権利，すなわち，人々の知る権利といった自由権（表現の自由）や，学習する権利（教育を受ける権利）などの社会権を体現する制度として，この制度は今日位置づけられる。

　どこの国も英国の歴史をそのままたどるような展開があったわけではないが，しかし，近代公共図書館は，このような近代市民社会が積み重ねた制度を反映している。

　わが国においては，冒頭で述べたように，近代国家の成立期にこの制度を模し，その後図書館令（1899（明治32）年，1933（昭和8）年改正）が制定された。しかし，第二次世界大戦前は多くは無料公開ではなく，また国家統制の色彩の濃い教育機関として位置づけられていた。それが大きく変更されたのは，新たな日本国憲法のもと，1950（昭和25）年に制定された現図書館法である。この法は，憲法を踏まえ作成された教育基本法，社会教育法（1949年）の下に，基本的人権を確保する精神に基づいて「市民の図書館」を構成するものであり，現在われわれの公共図書館はこの法の定めるところによっている。

UNIT 2 ●図書館の制度
図書館法

●‥‥‥‥図書館の法的位置づけ

1) 民主主義と図書館

　民主的な政治過程が維持されるためには，政治に参加する国民に十分な情報が提供されることが不可欠である。事実の報道等により十分な情報を得たり，さまざまな政策，意見，批判に接することで，国民は選挙等を通じてその意思を政治に反映することが可能となるからである。このことから憲法における「表現の自由」も，思想・情報を発表し伝達する自由だけでなく，情報の受け手の自由（聞く自由，読む自由，視る自由）としての「知る権利」が含まれるものとして再構成され，情報の受け手に利益をもたらすものとしての「表現の自由」の保障が重視されるようになってきた（長谷部恭男『憲法』第5版，新世社，2011，p.192-193，芦部信喜（高橋和之・補訂）『憲法』第7版，岩波書店，2019，p.180-181）。

　　表現の自由

　　知る権利

　表現の自由は，このように民主的政治過程の維持のため，また，個人の自律およびそれに基づく人格的発展を可能とするために，厚く保障される必要がある（長谷部，前掲，p.192-193）。最高裁も，表現の自由を定める憲法第21条について，「各人が自由にさまざまな意見，知識，情報に接し，これを摂取する機会をもつことは，その者が個人として自己の思想及び人格を形成，発展させ，社会生活の中にこれを反映させていく上において欠くことのできないものであり，民主主義社会における思想及び情報の自由な伝達，交流の確保という基本的原理を真に実効あるものたらしめるためにも必要であ［る］」と述べている（最大判1986（昭和61）年3月8日民集43巻2号89頁［法廷メモ訴訟上告審］）。

　　憲法第21条

　この「知る権利」を含む「表現の自由」を実質的に保障するために重要な役割を果たすのが，図書館である（松井茂記『図書館と表現の自由』岩波書店，2013，p.19）。世の中に情報が流通していたとしても，それに対するアクセスが可能でなければ，知る自由が保障されているとはいえない。図書館は，無償で図書等の閲覧・貸出等のサービスを提供することで，経済的問題等により容易に情報へアクセスすることができない人々に対しても情報へアクセスする機会を保障し，また，接した情報の内容を理解するための基盤を提供し，調査・研究の場を提供することで，「知る権利」を広く国民全般に保障することが期待されている。「図書館の自由に関する宣言」

　　「図書館の自由に関する宣言」

にも，「図書館は，基本的人権のひとつとして知る自由をもつ国民に，資料と施設を提供することをもっとも重要な任務とする」と謳われている。

このような「知る権利」を実質的に保障するという図書館の役割にかんがみると，図書等の閲覧・利用制限に対し，図書館には慎重な扱いが求められる（松井，前掲『図書館と表現の自由』）。船橋市西図書館蔵書廃棄事件では，「新しい歴史教科書をつくる会」に対して反感をもつ司書による，恣意的な蔵書の廃棄が問題となった。最高裁判所は，公立図書館を「住民に対して思想，意見その他の種々の情報を含む図書館資料を提供してその教養を高めること等を目的とする公的な場」と位置づけた上で，「公立図書館の図書館職員が閲覧に供されている図書を著作者の思想や信条を理由とするなど不公正な取扱いによって廃棄することは，当該著作者が著作物によってその思想，意見等を公衆に伝達する利益を不当に損なうものといわなければならない」として，図書の廃棄の違法性を認めた（最判2005（平成17）年7月14日民集59巻6号1569頁〔船橋市西図書館上告審〕）。

> 船橋市西図書館蔵書廃棄事件

図書館に関わる憲法上の人権は，表現の自由（第21条）に限られず，参政権（第15条），学問の自由（第23条），生存権（第25条），教育を受ける権利（第26条）など多岐にわたる。図書館には，これらの憲法上の人権の保障に貢献するという自らの社会的使命をよく意識して，その責務を積極的に果たしていくことが求められる。

> 参政権
> 学問の自由
> 生存権
> 教育を受ける権利

2）地方自治の中の図書館

地方自治は「民主主義の学校」といわれるように，すべての国民は，一住民としてまず身近な地方の政治のレベルで民主主義を実践し，それを国政に反映させることが期待されている。憲法第92条は，「地方公共団体の組織及び運営に関する事項は，地方自治の本旨に基いて，法律でこれを定める」と規定しており，「地方自治の本旨」とは，地方に関する事項は住民が決定すべきであるという「住民自治」と，地方に関する事項は地方公共団体の自立的権限に委ねるべきであるとする「団体自治」の趣旨からなる（松井茂記『日本国憲法』第3版，有斐閣，2007，p.277-278）。

> 地方自治の本旨
> 住民自治
> 団体自治

図書館の中でも，地方公共団体によって設置される公立図書館は，住民にとって最も身近な図書館である。民主主義の実践の一つとしての地方自治の意義にかんがみると，図書館は，地方自治による住民自治を実質化するための基盤として位置づけることができる。

図書館法第10条は，公立図書館の設置に関する事項について，地方公共団体の条例で定めなければならないとしている。公立図書館は，地方自治法の第244条に規定される「公の施設」（住民の福祉を増進する目的をもってその利用に供するための施設）に該当し，公の施設の設置およびその管理に関する事項は，条例で定めることとなっている（第244条の2）。一方で，図書館は「地方教育行政の組織及

> 図書館法第10条
> 公立図書館の設置
> 地方自治法
>
> 公の施設

び運営に関する法律」(地方教育行政法)においては教育機関と位置づけられており、その管理については、条例ではなく教育委員会規則で定められることも多い(手嶋孝典編著『図書館制度・経営論』(ベーシック司書講座・図書館の基礎と展望5)第2版、学文社、2017、p.28)。

　戦前、1933(昭和8)年の図書館令では、図書館の設置に認可制がとられていたが、1950(昭和25)年制定の現在の図書館法では、認可制が廃止された(森耕一『図書館法を読む』補訂版、日本図書館協会、1995、p.123-125)。現在の図書館法は、図書館の設置を自治体の自由意思に委ねている。図書館法制定時、図書館関係者らは図書館の義務設置を要望したが、図書館法に義務設置は規定されなかった。その理由は、財政的な問題だけではなく、住民自治・地方自治の原理に基づき、公立図書館の設置は自治体と住民の意思により実現されるべきとされたことによる。

3) 現在の図書館法の法的位置づけ

　戦前、日本の図書館は、法律ではなく、勅令(天皇による法的拘束力のある命令)としての図書館令や公立図書館職員令により統制されていた。終戦後、連合国軍の占領下に置かれた日本では、連合国最高司令官総司令部(GHQ/SCAP)の民間情報教育局(CIE)や文部省関係者、日本図書館協会等の図書館関係者の協議のもと、1950年に図書館法が制定された。

　図書館法はその目的として、「社会教育法の精神に基づき、図書館の設置及び運営に関して必要な事項を定め、その健全な発達を図り、もつて国民の教育と文化の発展に寄与すること」(第1条)を掲げている。

　ここで「社会教育法」の精神に基づく旨が規定されているように、図書館は法的には「社会教育機関」として位置づけられている。すなわち、教育基本法第12条は、「国及び地方公共団体は、図書館、博物館、公民館その他の社会教育施設の設置[等]……によって社会教育の振興に努めなければならない」と規定し、これを受けて社会教育法第9条は、「図書館及び博物館は、社会教育のための機関とする」(第1項)とした上で、「図書館及び博物館に関し必要な事項は、別に法律をもつて定める」(第2項)と規定する。これを受けて制定されたのが図書館法である。

　このような教育機関としての図書館の法制度的な位置づけについては、従来から批判的な見解が示されてきた。これは、図書館の機能が教育機関の範疇にとどまらず、文化的な側面などを含め、多面的な機能を有するという図書館の理念・本質的機能の問題であるとともに、教育機関と位置づけられることで、

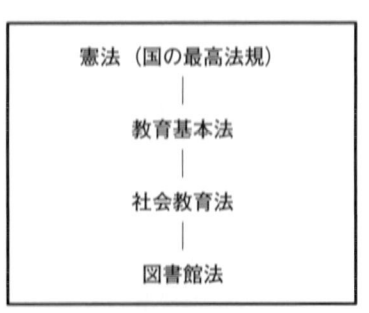

図2-1　図書館法の法的位置づけ

教育委員会の所管のもとに置かれ，財政や人事に制約を受けるといった実質的な問題でもある。

●……… 図書館法の内容と 2008 年改正

図書館法は現在，29 条からなる。1950（昭和 25）年に制定されて以降，たびたび改正されてきており，2008（平成 20）年には，教育基本法に「生涯学習」の理念が明示されたことを受け，社会教育関係三法として，社会教育法，博物館法とともに，図書館法が改正された。以下，2008 年改正にも言及しながら，図書館法の内容を概観する。

1) 対象

図書館法第 2 条は，図書館の設置主体を，地方公共団体，日本赤十字社，一般社団法人，一般財団法人と規定し（第 1 項），このうち地方公共団体が設置する図書館を公立図書館，それ以外により設置される図書館を私立図書館としている（第 2 項）。

2) 図書館奉仕

図書館法第 3 条は，「図書館奉仕」（図書館サービス）の理念を掲げ，その具体的内容を列記している。図書館奉仕の一つとして，「時事に関する情報及び参考資料を紹介し，及び提供すること」が掲げられており（第 3 条第 7 号），このようなインフォメーション・センターとしての図書館の機能は，参政権との関係で重要な意義を有する。地方自治との関連では，図書館奉仕における留意事項の一つとして「土地の事情及び一般公衆の希望に沿」うべきことを掲げ（第 3 条柱書き），図書館資料の収集等に際しては，郷土資料等（第 1 号）にも留意すべき旨を規定している。2008 年改正では，生涯学習の理念を踏まえ，図書館奉仕において留意すべき事項に「家庭教育の向上に資すること」（第 3 条柱書き）が加えられるとともに，図書館奉仕の具体的内容に，社会教育における学習の成果を活用して行う教育活動その他の活動の機会を提供と，その提供の奨励が加えられた（第 3 条第 8 号）。

3) 司書・司書補

図書館法第 4〜7 条は，専門的職員としての司書・司書補の資格と養成教育について規定しているが，図書館への配置は義務づけていない。2008 年改正では，司書となる資格を得るために大学において履修すべき図書館に関する科目を，文部科学省令で定めることとし（第 5 条第 1 項），文部科学大臣および都道府県教育委員会は，司書および司書補の資質の向上のために必要な研修を行うよう努めるものと規定した（第 7 条）。

4) 図書館運営の基準と評価

図書館の健全な発達を図るために，公立図書館の設置及び運営上望ましい基準を

定めるとしていたが（2008年改正前第18条），長い間実現しなかった。2001（平成13）年にようやく「公立図書館の設置及び運営上の望ましい基準」が文部科学大臣により告示された。2008年図書館法改正により，公立図書館だけではなく私立図書館も対象に含めた「望ましい基準」について定める第7条の2の規定が置かれ，これを受けて2012（平成24）年に「図書館の設置及び運営上の望ましい基準」が告示された。また，2008年改正により，図書館が図書館の運営状況について評価を行い，その結果に基づき，運営の改善のために必要な措置を講じるとともに，運営状況に関する情報を地域住民等へ積極的に提供するよう努めなければならないことが規定された（第7条の3，4）。

5）図書館協議会

図書館法第14～16条は，公立図書館の運営に住民の意思を反映させるための仕組みとして，「図書館協議会」について定めている。図書館協議会とは，「図書館の運営に関し館長の諮問に応ずるとともに，図書館の行う図書館奉仕につき，館長に対して意見を述べる機関」と規定されている（第14条第2項）。図書館協議会はこれまで十分な成果をあげてこなかったともいわれるが，図書館の利用実態や住民のニーズを把握し，図書館運営に積極的に関わっていくことが期待されている。

6）無料原則

図書館法第17条は，「公立図書館は，入館料その他図書館資料の利用に対するいかなる対価をも徴収してはならない」と規定している。有料制導入の是非やその範囲を検討する際には，経済的弱者を含めあらゆる人に平等な情報への自由なアクセスを保障することが民主主義の根幹に関わるものであることを十分踏まえることが必要である。

7）国庫補助

図書館法には公立図書館に対する国の補助金に関する規定があるが（第20条，第23条），施設整備のための補助金は1997年限りで廃止されている。

8）私立図書館

図書館法は主に公立図書館について定めているが，私立図書館については，「ノーサポート，ノーコントロールの原則」のもと（第26条），入館料等を徴収できること（第28条），図書館同種施設は誰でも設置できること（第29条）などを規定している。

注記　2019年，地域の自主性及び自立性を高めるための改革の推進を図るための関係法律の整備に関する法律（第9次地方分権一括法）が成立し，これを受けて，社会教育法や地方教育行政の組織及び運営に関する法律に加えて図書館法が改正され，特例により，公立図書館を教育委員会ではなく地方公共団体の長が所管することができるようになった。

UNIT 3 ●図書館の制度

図書館の諸法：他の館種の法，および身体障害者福祉法

現在，日本では，図書館全体を統括して規定する法律はない。公共図書館を対象に規定した法律としては，UNIT 2 や option A で紹介する「図書館法」が存在する。この UNIT では，その他の館種の設置等の法的根拠となる法律や基準として，国立国会図書館に関する国立国会図書館法，学校図書館に関する学校図書館法，大学図書館に関する大学設置基準，点字図書館に関する身体障害者福祉法などを概観する。

国立国会図書館法
学校図書館法
大学設置基準
身体障害者福祉法

表 3-1　主な図書館の館種の根拠法と義務設置の有無

	設置根拠となる法や基準	義務設置
公共図書館	図書館法	×
国立国会図書館	国立国会図書館法	－
学校図書館	学校教育法，学校図書館法	○（学校教育法，学校図書館法）
大学図書館	学校教育法，大学設置基準	○（学校教育法，大学設置基準）
点字図書館	身体障害者福祉法	×

● ……… 国立国会図書館法

国立国会図書館

国立国会図書館は，国会法第 130 条の「議員の調査研究に資するため，別に定める法律により，国会に国立国会図書館を置く」との規定を受けて定められた国会図書館法により設置されている。現在，国立国会図書館は，中央の図書館（東京本館と関西館（第 16 条の 2））と支部図書館（国際子ども図書館（第 22 条），行政・司法各部門の図書館（第 20 条））から構成されている（第 3 条）。

東京本館

関西館
支部図書館
国際子ども図書館

国立国会図書館法には前文が付されており，「国立国会図書館は，真理がわれらを自由にするという確信に立つて，憲法の誓約する日本の民主化と世界平和とに寄与することを使命として，ここに設立される」という基本理念が述べられている。

その上で第 2 条には，「国立国会図書館は，図書及びその他の図書館資料を蒐集し，国会議員の職務の遂行に資するとともに，行政及び司法の各部門に対し，更に日本国民に対し，この法律に規定する図書館奉仕を提供する」という目的が定められている。国会のための議会図書館として，「調査及び立法考査局」の職務等を担うと同時に，唯一の国立図書館として国民へのサービスを行う機能が示されている。

調査及び立法考査局

国立国会図書館法第 7 条は，定期的に「日本国内で刊行された出版物の目録又は

索引」（全国書誌）を作成して国民へ提供することを定めている。このような網羅的な全国書誌を作成するために必要な納本制度も定められており，国や地方公共団体の諸機関による出版物が発行されたときは，直ちに国立国会図書館に納入することが義務づけられている（第24条，第24条の2）。民間の出版物については，文化財の蓄積およびその利用に資するため，発行の日から30日以内に，最良版の完全なもの一部を国立国会図書館に納入しなければならないとされている（第25条）。

　納本の対象は，図書，小冊子，逐次刊行物，楽譜，地図，映画フィルム，印刷された文書・図画，蓄音機用レコード，CD・DVD・CD-ROM などであり，いわゆるパッケージ系電子出版物（「電子的方法，磁気的方法その他の人の知覚によっては認識することができない方法により文字，映像，音又はプログラムを記録した物」が2000年改正により追加された）も含まれる（第24条）。2009年国立国会図書館法の改正により，国・地方公共団体等の公的機関がインターネット上で公開している資料を，国立国会図書館が収集できるようになり（第25条の3），さらに，2012年改正により，民間の無償かつDRM（技術的制限手段）のないオンライン資料（いわゆる電子書籍・電子雑誌等）の収集も行われることになった（第25条の4）。

　注記　2022年に国立国会図書館法が改正され，有償または技術的制限手段（DRM）が付されたオンライン資料も収集対象に追加された。

● ……… 学校図書館法

　1947（昭和22）年に制定された学校教育法施行規則第1条は，「学校には，その学校の目的を実現するために必要な校地，校舎，校具，運動場，図書館又は図書室，保健室その他の設備を設けなければならない」と定めている。学校とは，「幼稚園，小学校，中学校，高等学校，中等教育学校，特別支援学校，大学及び高等専門学校」（学校教育法第1条）が該当すると規定されているため，学校教育法施行規則は，学校図書館と大学図書館の設置根拠法令の一つとされている。

　その後，1953年に超党派の議員立法により成立した学校図書館法は，「学校には，学校図書館を設けなければならない」（第3条）と設置義務を定め，「学校図書館が，学校教育において欠くことのできない基礎的な設備であることにかんがみ，その健全な発達を図り，もつて学校教育を充実すること」（第1条）を法の目的としている。

　学校図書館法第5条は，「学校には，学校図書館の専門的職務を掌らせるため，司書教諭を置かなければならない」として，司書教諭を制度化している。制定当時は，有資格者の養成には相当の時間が必要であるとして，附則において，当分の間，司書教諭を置かないことが認められていた。その後，2003（平成15）年にようやく改められ，12学級以上の学校についてではあるが，司書教諭の配置が義務づけられた。しかし，学校図書館法は司書教諭を「充て職」とし，専任としていない。

ほとんどの司書教諭が学級や教科を担当しながらの兼務の状態であるために，その職責を十分に果たすことができないことが問題とされてきた。

●………学校図書館法改正による学校司書の法制化

<small>学校図書館法改正 学校司書の法制化</small>

2014（平成26）年，学校図書館法の改正により，学校司書の法制化が実現した。新たに第6条が設けられ，第1項において，学校には，司書教諭のほか，「学校図書館の運営の改善及び向上を図り，児童又は生徒及び教員による学校図書館の利用の一層の促進に資するため，専ら学校図書館の職務に従事する職員」である「学校司書」を置くよう努めなければならない旨が定められるとともに，第2項では，「国及び地方公共団体は，学校司書の資質の向上を図るため，研修の実施その他の必要な措置を講ずるよう努めなければならない」とする規定が新設された。この改正法は2015（平成27）年4月1日から施行され，施行後は，国が，学校司書としての資格のあり方，その養成のあり方等について検討を行い，その結果に基づいて必要な措置を講ずることが求められている。

図書館法においては「司書」が規定されているが，これまで「学校司書」は法的根拠が存在せず，専門・専任・正規の学校司書の必要性が指摘されてきた。2014年改正により，学校図書館法に学校司書が位置づけられたものの，学校への配置は努力義務にとどまり，義務づけられていない。そのため，今回の法改正によっても，学校司書が配置されない学校が存在するであろうことや，1校1名の保障がなく複数校の掛け持ちとなるおそれがあること，学校司書の専門性が明らかにされていないこと，常勤・非常勤が問われないため継続した勤務が保障されていないといった課題が残ることが指摘されている（水越規容子「学校図書館法改正をどう考えるか」『子どもの本棚』43(6)，2014，p.21-23）。今後は，「学校図書館専門職員制度」を確立していく中で，司書教諭との関係，専門職としての位置づけなどを明らかにしつつ，「学校司書」としての意義を十分発揮できるような制度としていくことが求められるだろう（梅本恵「学校司書法制化をめぐって」『子どもの本棚』43(6)，2014，p.33-36）。

<small>学校図書館専門職員制度</small>

●………大学設置基準

<small>大学図書館</small>

大学図書館については，その設置・運営について直接規定する単独の法律は存在しない。かつては，国立学校設置法に「国立大学に，附属図書館を置く」（第6条）と定められていたが，2004年，国立大学法人化に伴い廃止された。現在，国立大学法人法，私立学校法に，図書館に関する規定はない。大学図書館の法的根拠となるのは，学校教育法施行規則と大学設置基準である。学校教育法を受けた学校教育法施行規則第1条は，大学を含めた学校に図書館を設置しなければならない旨を規

定している。また，大学の設置基準を定める文部科学省令「大学設置基準」(1956 (昭和31) 年制定) 第36条が，大学に図書館を設置することを義務づけている。

　大学設置基準は，「大学を設置するのに必要な最低の基準」を定めており (第1条第2項)，大学等や学部学科の新増設の認可の際には，この基準に照らして審査がなされる。大学設置基準は，1991 (平成3) 年に，個々の大学がその教育理念・目的に基づき特色ある教育研究を展開し得るよう，大綱化され，図書館についても図書や学術雑誌の冊数や種類数等に関する数量基準が撤廃され，質的な基準に変更された。設置基準第36条は，校舎に備えるべき施設の一つとして，図書館をあげた上で，第38条第1〜5項において，以下のような質的基準を提示している。

1　大学は，学部の種類，規模等に応じ，図書，学術雑誌，視聴覚資料その他の教育研究上必要な資料を，図書館を中心に系統的に備えるものとする。
2　図書館は，前項の資料の収集，整理及び提供を行うほか，情報の処理及び提供のシステムを整備して学術情報の提供に努めるとともに，前項の資料の提供に関し，他の大学の図書館等との協力に努めるものとする。
3　図書館には，その機能を十分に発揮させるために必要な専門的職員その他の専任の職員を置くものとする。
4　図書館には，大学の教育研究を促進できるような適当な規模の閲覧室，レファレンス・ルーム，整理室，書庫等を備えるものとする。
5　前項の閲覧室には，学生の学習及び教員の教育研究のために十分な数の座席を備えるものとする。

　なお，短期大学については，「短期大学設置基準」(1975 (昭和50) 年制定) が，高等専門学校については，「高等専門学校設置基準」(1961 (昭和36) 年制定) が，図書館や資料についての規定を置いている。

> 短期大学設置基準
> 高等専門学校設置基準

　　注記　2022年に大学設置基準が改正され，図書館を中心に系統的に整備する資料の例示として，電子ジャーナル等の「電磁的方法により提供される学術情報」が加えられたほか，図書館に閲覧室等を備えることを求める規定が削除された。

●………身体障害者福祉法

　点字図書館は，身体障害者福祉法に法的根拠を有する。身体障害者福祉法第28条は，都道府県や市町村，社会福祉法人等が「身体障害者社会参加支援施設」を設置することができると規定しており，「身体障害者社会参加支援施設」とは，身体障害者福祉センター，補装具製作施設，盲導犬訓練施設および「視聴覚障害者情報提供施設」をいう (第5条) としている。身体障害者福祉法において，「視聴覚障害者情報提供施設」とは，無料または低額な料金で，点字刊行物，視覚障害者用の録音物，聴覚障害者用の録画物等を製作して利用に供すること等を行う施設とされ

> 点字図書館
> 身体障害者社会参加支援施設
> 視聴覚障害者情報提供施設

ている（第34条）。さらに，身体障害者福祉法第28条では，身体障害者社会参加支援施設の設置等に関し必要な事項は，政令で定める旨規定しており，「身体障害者社会参加支援施設の設備及び運営に関する基準」にその詳細が規定されているところ，同基準第34条は，視聴覚障害者情報提供施設の種類として，①点字図書館，②点字出版施設，③聴覚障害者情報提供施設の三つをあげている。このように，身体障害者福祉法が規定する「身体障害者社会参加支援施設」のうち，「視聴覚障害者情報提供施設」に点字図書館が含まれることになる。

点字図書館は，「身体障害者社会参加支援施設の設備及び運営に関する基準」第34条において，視聴覚障害者情報提供施設のうち点字刊行物および視覚障害者用の録音物の貸出その他利用に係る事業を主として行うものと位置づけられている。さらに基準第35条では，点字図書館について，閲覧室，録音室，印刷室，聴読室，発送室，書庫，研修室，相談室，事務室や，点字刊行物および視覚障害者用の録音物の利用に必要な機械器具等を備えなければならないと定めている。また，第38条において，点字図書館には1人以上の司書が配置されること，第41条において，点字図書館の施設長は，司書として3年以上勤務した者，社会福祉事業に5年以上従事した者またはこれらと同等以上の能力を有すると認められる者でなければならないことが定められている（点字図書館や障害者サービスと関連する法について詳しくは，梅田ひろみ「障害者サービスの法的根拠」『情報の科学と技術』51（11），p.585等を参照）。

なお，国連の「障害者の権利に関する条約」締結に向けた国内法制度の整備の一環として，2013（平成25）年に，「障害を理由とする差別の解消の推進に関する法律」（いわゆる「障害者差別解消法」）が制定され，2016年から施行されることとなった。障害者基本法の基本的な理念に則り，国や地方公共団体が障害を理由とする差別の解消の推進に関して必要な施策を策定・実施すべき旨などが定められている。

注記　その後「視覚障害者等の読書環境の整備の推進に関する法律」（「読書バリアフリー法」）が成立し2019年6月に施行された。

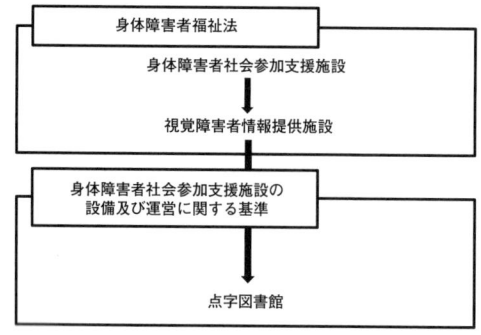

図 3-1　点字図書館の法的位置づけ

UNIT 4 ●図書館の制度

図書館に関連する諸法

　読書活動の推進や文字・活字文化の振興等に関する施策を推進するために，図書館の設置や体制の整備について，国・地方公共団体の責務等を定めている法がある。このUNITでは，これらの読書活動の推進に関する法と，その他，図書館の運営に関する法を紹介する。

● ········ 読書活動の推進に関する政策とその背景

　昨今，いわゆる「読書離れ」が指摘されるようになり，その対応が国の政策的課題とされてきた。子どもの読書離れの状況を示すためにしばしば用いられるのが，経済協力開発機構（OECD）による国際的な生徒の学習到達度調査の調査結果である。2000年に行われた学習到達度調査（PISA：対象は義務教育の終了段階にある15歳の生徒）によれば，「趣味としての読書をしない」と答えた生徒は，OECD平均では31.7％であったところ，日本では55％であり，「どうしても読まなければならないときしか，本は読まない」と答えた生徒は，OECD平均では12.6％であるが，日本では22％であった。また，2002年に行われた全国学校図書館協議会による調査によれば，児童生徒の1か月の平均読書冊数は，小学生が7.5冊，中学生が2.5冊，高校生が1.5冊であり，1冊も読まなかった子どもたちの割合は小学生で9％，中学生33％，高校生56％であった。中学校以降，極端に読書量が減少しているという状況が指摘されている（文部科学省「子どもの読書活動推進ホームページ」http://www.mext.go.jp/a_menu/sports/dokusyo/index.htm）。

　上記の調査にも示されるように，多様な情報メディアの発達・普及や子どもの生活環境の変化などにより，子どもの「読書離れ」が生じている。このような現状を踏まえ，読書活動を，「子どもが，言葉を学び，感性を磨き，表現力を高め，創造力を豊かなものにし，人生をより深く生きる力を身に付けていく上で欠くことのできないもの」と位置づけて，子どもの読書を推進するための政策が進められていった。

　まず1999年，読書のもつ価値を認識し，子どもの読書活動を国をあげて支援するため，2000（平成12）年を「子ども読書年」とする衆参両議院の決議がなされた。2000年には，国立国会図書館の支部図書館として「国際子ども図書館」が設立さ

読書離れ

経済協力開発機構（OECD）
学習到達度調査

全国学校図書館協議会

子ども読書年
国際子ども図書館

子どもの読書活動推進法
子ども読書の日

文字・活字文化振興法

れた。そして，2001（平成13）年に「子どもの読書活動推進法」が成立・施行され，この法律に基づき，4月23日が「子ども読書の日」と定められた。また，子どもだけではなく，大人の「読書離れ」「活字離れ」への対応を視野に入れた「文字・活字文化振興法」が2005（平成17）年に制定された。

● 子どもの読書活動推進法

子どもの読書活動の推進に関する法律

2001（平成13）年，「子どもの読書活動の推進に関する法律」（子どもの読書活動推進法）が議員立法として成立・施行された。第1条には，その目的として，「子どもの読書活動の推進に関し，基本理念を定め，並びに国及び地方公共団体の責務等を明らかにするとともに，子どもの読書活動の推進に関する必要な事項を定めることにより，子どもの読書活動の推進に関する施策を総合的かつ計画的に推進し，もって子どもの健やかな成長に資すること」が掲げられている。第2条には，「子どもの読書活動は，子どもが，言葉を学び，感性を磨き，表現力を高め，創造力を豊かなものにし，人生をより深く生きる力を身に付けていく上で欠くことのできないものであることにかんがみ，すべての子どもがあらゆる機会とあらゆる場所において自主的に読書活動を行うことができるよう，積極的にそのための環境の整備が推進されなければならない」という基本理念が示されている。

子どもの読書活動の推進に関する基本的な計画
子どもの読書活動の推進に関する施策についての計画

その上で，子どもの読書活動の推進に向けた国の責務（第3条），地方公共団体の責務（第4条），事業者の努力（第5条），保護者の役割（第6条）が述べられている。また，国が「子どもの読書活動の推進に関する基本的な計画」を策定・公表すること（第8条），地方公共団体が「子どもの読書活動の推進に関する施策についての計画」を策定・公表すること（第9条），4月23日を「子ども読書の日」とすることなどを定めることによって（第10条），施策の総合的かつ計画的な推進を図っている。第7条には，国および地方公共団体と学校，図書館等との連携の必要性が謳われている。第11条には，国および地方公共団体による財政上の措置についての努力義務も規定されている。

● 文字・活字文化振興法

読書に関わる法律として，さらに2005（平成17）年には，文字・活字文化振興法が制定された。子どものみならず，国民全体の「読書離れ」や「活字離れ」が指摘される中，文字・活字文化の振興を図るため，超党派の活字文化議員連盟での議論を経て，議員立法により成立した法律であり，12条からなる。

法の目的として，第1条において，「文字・活字文化が，人類が長い歴史の中で蓄積してきた知識及び知恵の継承及び向上，豊かな人間性の涵養並びに健全な民主主義の発達に欠くことのできないものであることにかんがみ，文字・活字文化の振

興に関する基本理念を定め，並びに国及び地方公共団体の責務を明らかにするとともに，文字・活字文化の振興に関する必要な事項を定めることにより，我が国における文字・活字文化の振興に関する施策の総合的な推進を図り，もって知的で心豊かな国民生活及び活力ある社会の実現に寄与すること」を掲げている。なお，文字・活字文化については，第2条に定義規定がおかれ，①活字その他の文字を用いて表現されたもの（文章）を読み，および書くことを中心として行われる精神的な活動，②出版活動その他の文章を人に提供するための活動，③出版物その他のこれらの活動の文化的所産をいう，とされている。

第3条では，基本理念として，①文字・活字文化の恵沢を享受できる環境の整備，②日本文化の基盤である国語への配慮，③学校教育における言語力の涵養への配慮が掲げられ，国や地方公共団体が文字・活字文化の振興に関する施策を策定・実施に責務を有すること（第4～6条）等が定められている。また，10月27日を「文字・活字文化の日」と定めている（第11条）。

文字・活字文化振興法には，図書館に関する事項として，第7条第1項において，公共図書館の設置・配置に係る市町村の努力義務が定められるとともに，第7条第2項は，国や地方公共団体が公立図書館の運営の改善および向上のために必要な施策を講ずべき旨を定め，司書の充実等の人的体制の整備，図書館資料の充実，情報化の推進等の物的条件の整備といった具体的な事項もあげられている。第7条第3項には，大学その他の教育機関が行う図書館の一般公衆への解放等による文字・活字文化振興の活動の促進といった事項もあげられている。

また，第8条第2項は，国および地方公共団体は，学校教育における言語力の涵養に資する環境の整備充実を図るため，司書教諭および学校図書館に関する業務を担当するその他の職員等の人的体制の整備，学校図書館の図書館資料の充実および情報化の推進等の物的条件の整備等に関し必要な施策を講ずる旨を定めている。

● 読書活動の推進に関する法の問題点と意義

子どもの読書活動推進法や文字・活字文化振興法は，国や地方公共団体が政策的に，子どもや国民の読書活動等を推進することを図るものである。しかし，本来，読書は個人的な営為であり，政治や行政が介入・干渉すべき領域ではない。読書する自由の保障は重要であるが，一方で読書をしない自由も許容される必要がある。よって，法によって推進されるのは，あくまで読書活動のための「環境の整備」であるべきである。

読書の環境を整備するために図書館は不可欠の存在である。法により読書活動を推進することの問題点を踏まえながらも，読書活動や文字・活字文化の振興に関わる法政策を活用して，図書館の環境整備やその振興を行うことが重要である。子ど

もの読書活動推進法，文字・活字文化振興法のいずれも，財政的裏づけのない，努力規定を定めた法に過ぎないが，必要となる財源を確保し，関連する機関・施設・自治体，地域活動グループなどと連携を図りながら，自由な読書のための基盤を提供する環境整備への努力が，図書館に求められる（松岡要「子どもの読書活動推進法，子どもの読書活動推進基本計画，文字・活字文化振興法」日本図書館研究会編集委員会編『子どもの読書環境と図書館』日本図書館研究会，2006, p.40-42 参照）。

● ……… その他図書館の運営に関する法：市場化テスト法，公共サービス基本法

地方自治法
指定管理者制度

2003（平成15）年，地方自治法の改正により，図書館に「指定管理者制度」が導入された。公の施設の設置・管理等に関する規定が，「普通地方公共団体は，公の施設の設置の目的を効果的に達成するため必要があると認めるときは，条例の定めるところにより，法人その他の団体であつて当該普通地方公共団体が指定するもの（［中略］「指定管理者」という。）に，当該公の施設の管理を行わせることができる」と変更され，民間業者を含む法人その他の団体を指定し，施設の管理を行わせることが可能となったのである。

競争の導入による
公共サービスの改
革に関する法律
市場化テスト法

さらに，2006（平成18）年には，「小さくて効率的な政府」を目指す小泉内閣の構造改革で打ち出された施策の一つとして，「競争の導入による公共サービスの改革に関する法律」（市場化テスト法）が制定された。公共サービスに関し，その実施を民間が担うことができるものは民間にゆだねるという観点から，一定の業務を官民競争入札や民間競争入札に付し，公共サービスの質の維持向上や経費の削減を図ることを目的として，その基本理念等や入札の手続等を定める法律である。

公共サービス基本
法

その後，2009（平成21）年には，これまでの揺り戻しともとれる「公共サービス基本法」が制定された。その目的には，「公共サービスが国民生活の基盤となるものであることにかんがみ，公共サービスに関し，基本理念を定め，及び国等の責務を明らかにするとともに，公共サービスに関する施策の基本となる事項を定めることにより，公共サービスに関する施策を推進し，もって国民が安心して暮らすことのできる社会の実現に寄与すること」（第1条）が掲げられている。その上で，第2条に「公共サービス」の定義，第3条に基本理念が規定され，第4条以下で国や地方公共団体の責務等が定められている。さらに，第8条以下では基本施策として，公共サービスを委託した場合の役割分担と責任の明確化（第8条），国民の意見の反映等（第9条），公共サービスの実施に関する国民への配慮（第10条），公共サービスの実施に従事する者の労働環境の整備（第11条）が謳われている。

UNIT 5 外国の図書館法

●図書館の制度

　わが国の図書館法制度のあり方を考える上では，諸外国の図書館法制度をみることが参考になる。このUNITでは，主に米国，英国の公共図書館法を概観する。

● ………… 米国の図書館法制度
1）概観
　米国（アメリカ合衆国）は，50の州と連邦政府直轄地である首都ワシントンD.C.他で構成される連邦制国家である。州は，領域内での自治権を有し，連邦政府の専権事項（憲法で制限列挙された権限，もしくは，各州間の通商に関わる規制など）以外は，州政府に権限が留保される。

　憲法上，公共図書館の設置・運営について連邦政府に権限を与える条項は置かれていない。そのため，公共図書館に関する法律は，各州により整備されてきた。連邦政府は，長い間，州の専権事項として図書館に関わる文化や教育に関わることに消極的であったが，1956年の図書館サービス法（Library Services Act）により，補助金の交付を行うようになってから，図書館行政への関与を強めてきた。

図書館サービス法

2）州における図書館法

州における図書館法

　米国で最初の（公共）図書館法は，UNIT 1でみたように，マサチューセッツ州がボストン市に図書館を設置し運営する権限を与えた法と，それに続くニューハンプシャーやマサチューセッツでの州レベルでの一般法の成立に始まるとされる。これより以前から，ピーターボロやソールズベリーなどで，一般に無料で公開される図書館が公的資金により設立されていたが，主要な都市に公共図書館が設置されたことが，その後の公立図書館の普及に大きな影響を与えた。

　現在は，全米すべての州において，公共図書館に関する法律が定められており，公共図書館は，その規定に基づき州の下部組織である地方自治体によって運営されている。法の内容や形態は州によって異なり，州の法令や法典の独立した章としてまとめられているものや，地方自治法典や教育法典に組み込まれているものなどがある。一般的な公共図書館法に共通する内容としては，①地方政府に対する公共図書館の設置の権限の付与，②地方政府に対する図書館税の課税権の付与，③図書館委員会により図書館の管理・運営が行われること，などがあげられる。図書館委員

図書館税

図書館委員会

5．外国の図書館法　31

会（library boards）は，館長の任命や，資金管理を含む管理・運営全般に責任を負う公共図書館の最高意思決定機関である。委員の定数は5名から8名程度とされることが多く，委員の任命権は地方政府の理事会または理事会の同意を得た市長に与えられていることが多い。選任対象として，地方政府の影響を避けるために地方政府の幹部職員を対象から除外する州と，あえて除外していない州がある。委員会の委員には，そのコミュニティの名望家，ベテランのライブラリアン，地元財界人や法律家などが含まれたり，選挙により委員を選んだりするところもある（国立国会図書館関西館図書館協力課編『米国の図書館事情：2007-2006年度国立国会図書館調査研究報告書』（図書館研究シリーズ40），2008，http://current.ndl.go.jp/files/series/no40/lss40.pdf）。

このように，米国の公共図書館法は，一般に図書館税という直接目的税を主な財源（他の財源を排除するものではない）とし，市や教育委員会などから独立した図書館委員会による運営を可能としていることに特徴がある。

連邦図書館法

3）連邦図書館法

1956年，連邦政府による初めての図書館関連法である図書館サービス法（Library Services Act）が成立した。これは，公共図書館サービスが行われていない，または行われていても不十分である人口1万人未満の農村地帯に，各州が公共図書館サービスを拡張するサポートをするため，連邦政府が州へ補助金を交付するものとして成立した。きっかけとなったのは，1930年代の大恐慌下における補助金を介した連邦政府による地方の図書館行政に対する関わりであり，これが図書館に対する連邦政府の恒常的な補助金制度を求める動きにつながったとされる。図書館サービス法は，1957年度から1961年度までの5年間に750万ドルの支出を認める時限立法であった。各州が補助金を受けるためには，州の図書館行政機関を設置することや，州内の人口1万人以下の農村地域に対する公共図書館サービス計画を策定することが必要とされた。

図書館サービス・建設法

その後，1964年に成立した図書館サービス・建設法（Library Services and Construction Act：LSCA）は，それまで地方の図書館に限定されていた補助金の対象を都市の図書館へも拡張するとともに，新たな図書館の建設に対しても助成を行うものであった。補助金の限度額も，2500万ドルに引き上げられた。この法律は，図書館協力，施設入居者や障害者へのサービス，アウトリーチサービス，高齢者サービスなどにかかる事項を盛り込む数次の改正・延長を経て，30年余にわたり米国の公共図書館振興政策の中核的な機能を果たしたとされる。

図書館サービス・技術法

博物館・図書館サービス法

1996年には，アメリカ図書館協会（ALA）を中心とした図書館団体の働きかけによって，図書館サービス・技術法（Library Services and Technology Act：LSTA）が，博物館・図書館サービス法（Museum and Library Services Act：

MLSA）の一部として成立した。図書館サービス・技術法の特徴は，情報技術を図書館サービスに活用することに焦点が当てられたことにある。支出項目は，「技術を活用した情報アクセス」と「特殊なサービスを活用した情報収集・組織化・提供能力の強化」の2項目である。前者は，ネットワーク情報への電子的アクセスを強化し，情報資源の共有化を促すことを目的とする。後者は，図書館サービスを享受できない人々を対象とし，サービスの展開を図ることを目的とするものであり，従来の図書館サービス・建設法の流れを汲むものといえる（白石磨美，川戸理恵子「第5章 アメリカの公共図書館」シィー・ディー・アイ『諸外国の公共図書館に関する調査報告書』文部科学省，2005, http://www.mext.go.jp/a_menu/shougai/tosho/houkoku/06082211/008.pdf，自治体国際化協会「米国の公立図書館」『CLAIR REPORT』101, 1995, http://www.clair.or.jp/j/forum/c_report/pdf/101-1.pdf）。2003年，博物館・図書館サービス法の一部として，図書館サービス・技術法を2009年度まで延長する改正法が成立した（『外国の立法』221, 2004, p.87-96）。さらに2010年にも改正法が成立し，現在に至っている（UNIT 10 諸外国の公共図書館政策を参照）。

● 英国の図書館法制度

1）概観

英国（グレートブリテン及び北アイルランド連合王国）は，イングランド，ウェールズ，スコットランド，北部アイルランドで構成される。英国全土を対象とする図書館法は存在せず，イングランドとウェールズにおいては1964年に公共図書館・博物館法，スコットランドでは，1955年スコットランド公共図書館法，北部アイルランドでは，1972年教育・図書館令がそれぞれ制定されている。以下，イングランドとウェールズに関する図書館法制度を見ていく（須賀千絵「英国の公共図書館・博物館法と中央政府の役割の変容」『情報の科学と技術』59(12), 2009, p.579-584，自治体国際化協会『CLAIR REPORT』97, 1995, http://www.clair.or.jp/j/forum/c_report/pdf/097-1.pdf，中山愛理，田嶋知宏「第3章 UKの公共図書館」シィー・ディー・アイ『諸外国の公共図書館に関する調査報告書』文部科学省，2005, p.99-130, http://www.mext.go.jp/a_menu/shougai/tosho/houkoku/06082211/006.pdf）。

2）1850年公共図書館法

英国では，イングランドとウェールズを対象とする公共図書館法（Public Libraries Act）が，1850年に制定された。大英博物館刊本部の図書館員であったエドワード・エドワーズが指摘した英国の図書館の遅れに対し，下院議員であったウィリアム・ユアートが賛同して法案を提出し，僅差で法案の可決をみた。英国の自治体には，包括的権限がなく，業務を執行するために法律による授権が必要である。この公共図書館法により，イングランドおよびウェールズの人口1万人以上の都市

に対し，地方税の税収（固定資産評価額1ポンドにつき半ペニーを上限とする課税）を財源として，図書館を設立・維持する権限が与えられた。税収を図書購入に充当することは認められず，図書は寄贈等により供給された。これは当時，公共図書館が，産業革命の結果生じた労働問題への対策としての慈善的施設ととらえられていたことを反映している（UNIT 1 を参照）。

1850年公共図書館法における制限の多くは，その後の法改正により修正されていく。1855年には，税率の上限が1ペニーに引き上げられ，税収を図書館等の建物だけではなく，図書・新聞・地図等を購入するために使うことが認められた。図書館を設立・維持する権限が与えられる都市の人口の制限も，1万人から5千人に引き下げられ，1866年にはこの制限が撤廃されたため，市町村に相当する都市ディストリクト等が図書館設置の権限を与えられた。1919年公共図書館法では，課税上限が撤廃されるとともに，図書館設置の権限が都道府県に相当するカウンティにも与えられた。

3）1964年公共図書館・博物館法

1964年，これまでの図書館法に代わる公共図書館・博物館法（Public Libraries and Museums Act）が制定された。これまでの図書館法は，図書館の義務設置を定めるものではなかったが，1964年公共図書館・博物館法は，原則として人口4万人以上の自治体に図書館設置権限を認めた上で，自治体に対し，「包括的（comprehensive）かつ効率的（efficient）な図書館サービス」を提供することを義務づけた。現在では，図書館設置権限を有する自治体のレベルにおいては，すべての自治体に図書館が設置されている。無料サービスの原則も規定されているが，無料の範囲は限定的であり，予約，延滞，視聴覚資料の貸出等には課金することができるため，英国の公共図書館ではこれらの有料サービスが収入源の一部になっている。

●………その他の国の図書館法

フランス

フランスには，図書館のみに関して規定する法は存在しない。法的拘束力はないが，図書館のあり方に影響力をもつものとして，高等図書館協議会により1991年に採択された「図書館憲章」が存在する。また，2003年にフランス図書館協会が図書館員の倫理綱領を採択している（薬師院はるみ「フランスの図書館をめぐる立法措置」『情報の科学と技術』59(12)，2009，p.585-590）。

図書館憲章

イタリア

イタリアの図書館法としては，国立公共図書館（ローマの国立中央図書館や，国立大学の図書館等）を対象とするものとして，1995年に定められた「国立公共図書館規則」という大統領令がある。公共図書館については，州に法律を制定する権限が付与されており，各州が独自に図書館法を制定している（宍道勉「イタリアの図書館法－日本の図書館法との相違」『情報の科学と技術』59(12)，2009，p.591-596）。

国立公共図書館規則

ドイツには，公共図書館に関する連邦レベルの法律は存在せず，ドイツ国立図書館（DNB）について定めたドイツ国立図書館法があるのみである。州レベルでは，2008年に初めてチューリンゲン州で図書館法が制定され，その後他のいくつかの州でも制定されるに至っている（伊藤白「ドイツの図書館事情」『明治大学図書館情報学研究会紀要』4，2013，p.16-17）。

> ドイツ
> ドイツ国立図書館（DNB）
> ドイツ国立図書館法

　カナダでは，図書館行政は各州の自治事項であるため，各州独自の図書館法によって管理運営されている。2004年に国立図書館と国立公文書館が統合されたカナダ国立図書館・文書館（LAC）については，「カナダ国立図書館・文書館に関する法律」がある。

> カナダ
> カナダ国立図書館・文書館（LAC）
> カナダ国立図書館・文書館に関する法律

　北欧においては，例えばスウェーデンでは2013年に新図書館法が制定された。旧法と同様，コミューン（基礎自治体）への公共図書館の設置義務，大学における大学図書館の設置義務が定められるとともに，新法では，障害者や言語的マイノリティへのサービス強化，IT技能の習得や読書活動の促進に留意したサービスの義務づけ，利用者へのデジタルデータの送信を含めた資料の無償利用原則などが規定されている（井樋三枝子「立法情報　スウェーデン　新図書館法の制定」『外国の立法』258-1，2014，p.14-15）。デンマークでは2000年に図書館法が改正され，名称も「図書館サービス法」へ変更された。基本的な図書館サービスについての無料原則を踏まえながらも，すぐれた価値をもつ特別なサービスについて，図書館が利用者に料金を請求できることが認められた（井田敦彦「デンマークの図書館法改正」『カレントアウェアネス』261，http://current.ndl.go.jp/ca1390，岡田悟「デンマークの公共図書館における新たな有料サービス」『カレントアウェアネス』282，http://current.ndl.go.jp/ca1539）。

> デンマーク

　その他の国（ロシア，中国，韓国）の図書館法制度や各国図書館の概要については，シィー・ディー・アイ『諸外国の公共図書館に関する調査報告書』（文部科学省，2005，http://www.mext.go.jp/a_menu/shougai/tosho/houkoku/06082211.htm）等を参照されたい。

● —— option A

図書館法

(昭和 25 年 4 月 30 日法律第 118 号)　最終改正：平成 23 年 12 月 14 日法律第 122 号

第1章　総則

(この法律の目的)

第1条　この法律は，社会教育法（昭和 24 年法律第 207 号）の精神に基き，図書館の設置及び運営に関して必要な事項を定め，その健全な発達を図り，もつて国民の教育と文化の発展に寄与することを目的とする。

(定義)

第2条　この法律において「図書館」とは，図書，記録その他必要な資料を収集し，整理し，保存して，一般公衆の利用に供し，その教養，調査研究，レクリエーション等に資することを目的とする施設で，地方公共団体，日本赤十字社又は一般社団法人若しくは一般財団法人が設置するもの（学校に附属する図書館又は図書室を除く。）をいう。

2　前項の図書館のうち，地方公共団体の設置する図書館を公立図書館といい，日本赤十字社又は一般社団法人若しくは一般財団法人の設置する図書館を私立図書館という。

(図書館奉仕)

第3条　図書館は，図書館奉仕のため，土地の事情及び一般公衆の希望に沿い，更に学校教育を援助し，及び家庭教育の向上に資することとなるように留意し，おおむね次に掲げる事項の実施に努めなければならない。

一　郷土資料，地方行政資料，美術品，レコード及びフィルムの収集にも十分留意して，図書，記録，視聴覚教育の資料その他必要な資料（電磁的記録（電子的方式，磁気的方式その他人の知覚によつては認識することができない方式で作られた記録をいう。）を含む。以下「図書館資料」という。）を収集し，一般公衆の利用に供すること。

二　図書館資料の分類排列を適切にし，及びその目録を整備すること。

三　図書館の職員が図書館資料について十分な知識を持ち，その利用のための相談に応ずるようにすること。

四　他の図書館，国立国会図書館，地方公共団体の議会に附置する図書室及び学校に附属する図書館又は図書室と緊密に連絡し，協力し，図書館資料の相互貸借を行うこと。

五　分館，閲覧所，配本所等を設置し，及び自動車文庫，貸出文庫の巡回を行うこと。

六　読書会，研究会，鑑賞会，映写会，資料展示会等を主催し，及びこれらの開

催を奨励すること。
　七　時事に関する情報及び参考資料を紹介し，及び提供すること。
　八　社会教育における学習の機会を利用して行つた学習の成果を活用して行う教育活動その他の活動の機会を提供し，及びその提供を奨励すること。
　九　学校，博物館，公民館，研究所等と緊密に連絡し，協力すること。
（司書及び司書補）
第4条　図書館に置かれる専門的職員を司書及び司書補と称する。
2　司書は，図書館の専門的事務に従事する。
3　司書補は，司書の職務を助ける。
（司書及び司書補の資格）
第5条　次の各号のいずれかに該当する者は，司書となる資格を有する。
　一　大学を卒業した者で大学において文部科学省令で定める図書館に関する科目を履修したもの
　二　大学又は高等専門学校を卒業した者で次条の規定による司書の講習を修了したもの
　三　次に掲げる職にあつた期間が通算して3年以上になる者で次条の規定による司書の講習を修了したもの
　　イ　司書補の職
　　ロ　国立国会図書館又は大学若しくは高等専門学校の附属図書館における職で司書補の職に相当するもの
　　ハ　ロに掲げるもののほか，官公署，学校又は社会教育施設における職で社会教育主事，学芸員その他の司書補の職と同等以上の職として文部科学大臣が指定するもの
2　次の各号のいずれかに該当する者は，司書補となる資格を有する。
　一　司書の資格を有する者
　二　学校教育法（昭和22年法律第26号）第90条第1項の規定により大学に入学することのできる者で次条の規定による司書補の講習を修了したもの
（司書及び司書補の講習）
第6条　司書及び司書補の講習は，大学が，文部科学大臣の委嘱を受けて行う。
2　司書及び司書補の講習に関し，履修すべき科目，単位その他必要な事項は，文部科学省令で定める。ただし，その履修すべき単位数は，15単位を下ることができない。
（司書及び司書補の研修）
第7条　文部科学大臣及び都道府県の教育委員会は，司書及び司書補に対し，その資質の向上のために必要な研修を行うよう努めるものとする。
（設置及び運営上望ましい基準）
第7条の2　文部科学大臣は，図書館の健全な発達を図るために，図書館の設置及び運営上望ましい基準を定め，これを公表するものとする。

（運営の状況に関する評価等）

第7条の3　図書館は，当該図書館の運営の状況について評価を行うとともに，その結果に基づき図書館の運営の改善を図るため必要な措置を講ずるよう努めなければならない。

（運営の状況に関する情報の提供）

第7条の4　図書館は，当該図書館の図書館奉仕に関する地域住民その他の関係者の理解を深めるとともに，これらの者との連携及び協力の推進に資するため，当該図書館の運営の状況に関する情報を積極的に提供するよう努めなければならない。

（協力の依頼）

第8条　都道府県の教育委員会は，当該都道府県内の図書館奉仕を促進するために，市（特別区を含む。以下同じ。）町村の教育委員会に対し，総合目録の作製，貸出文庫の巡回，図書館資料の相互貸借等に関して協力を求めることができる。

（公の出版物の収集）

第9条　政府は，都道府県の設置する図書館に対し，官報その他一般公衆に対する広報の用に供せられる独立行政法人国立印刷局の刊行物を二部提供するものとする。

2　国及び地方公共団体の機関は，公立図書館の求めに応じ，これに対して，それぞれの発行する刊行物その他の資料を無償で提供することができる。

第2章　公立図書館

（設置）

第10条　公立図書館の設置に関する事項は，当該図書館を設置する地方公共団体の条例で定めなければならない。

第11条・第12条　削除

（職員）

第13条　公立図書館に館長並びに当該図書館を設置する地方公共団体の教育委員会が必要と認める専門的職員，事務職員及び技術職員を置く。

2　館長は，館務を掌理し，所属職員を監督して，図書館奉仕の機能の達成に努めなければならない。

（図書館協議会）

第14条　公立図書館に図書館協議会を置くことができる。

2　図書館協議会は，図書館の運営に関し館長の諮問に応ずるとともに，図書館の行う図書館奉仕につき，館長に対して意見を述べる機関とする。

第15条　図書館協議会の委員は，当該図書館を設置する地方公共団体の教育委員会が任命する。

第16条　図書館協議会の設置，その委員の任命の基準，定数及び任期その他図書館協議会に関し必要な事項については，当該図書館を設置する地方公共団体の条例で定めなければならない。この場合において，委員の任命の基準については，文部科学省令で定める基準を参酌するものとする。

（入館料等）

第17条　公立図書館は，入館料その他図書館資料の利用に対するいかなる対価をも徴収してはならない。

第18条・第19条　削除

（図書館の補助）

第20条　国は，図書館を設置する地方公共団体に対し，予算の範囲内において，図書館の施設，設備に要する経費その他必要な経費の一部を補助することができる。

2　前項の補助金の交付に関し必要な事項は，政令で定める。

第21条・第22条　削除

第23条　国は，第20条の規定による補助金の交付をした場合において，左の各号の一に該当するときは，当該年度におけるその後の補助金の交付をやめるとともに，既に交付した当該年度の補助金を返還させなければならない。

一　図書館がこの法律の規定に違反したとき。

二　地方公共団体が補助金の交付の条件に違反したとき。

三　地方公共団体が虚偽の方法で補助金の交付を受けたとき。

第3章　私立図書館

第24条　削除

（都道府県の教育委員会との関係）

第25条　都道府県の教育委員会は，私立図書館に対し，指導資料の作製及び調査研究のために必要な報告を求めることができる。

2　都道府県の教育委員会は，私立図書館に対し，その求めに応じて，私立図書館の設置及び運営に関して，専門的，技術的の指導又は助言を与えることができる。

（国及び地方公共団体との関係）

第26条　国及び地方公共団体は，私立図書館の事業に干渉を加え，又は図書館を設置する法人に対し，補助金を交付してはならない。

第27条　国及び地方公共団体は，私立図書館に対し，その求めに応じて，必要な物資の確保につき，援助を与えることができる。

（入館料等）

第28条　私立図書館は，入館料その他図書館資料の利用に対する対価を徴収することができる。

（図書館同種施設）

第29条　図書館と同種の施設は，何人もこれを設置することができる。

2　第25条第2項の規定は，前項の施設について準用する。

　　　附　則　抄

1　この法律は，公布の日から起算して3月を経過した日から施行する。但し，第17条の規定は，昭和26年4月1日から施行する。

注記　2019年の図書館法改正では，第8条，第13条，第15条の教育委員会の後に地方公共団体の長が公立図書館を所管する「特定地方公共団体」「特定図書館」について付記された。

● —— **option B**

制度とは

　図書館へ行けば，休館日以外は，気に入った本の読書ができ，貸出サービスもしてくれる。しかし，そのためには，利用者の登録が必要だったり，また，他の人も使うから，貸出期間というものが設定されていて，いつまでも借りているわけにはいかないし，書き込んだりすることは避けねばならない。日常的に人々は，これらのことを踏まえて図書館を使っている。

　このように実践的には，「制度」というものが受け入れられているといってよい。しかし，改めて制度とはなんだろうと問われると，なかなか難しい。社会学の教科書では，制度（Institution）は，「(1) 社会生活を組織化する確立された方法であり，(2) 集団・コミュニティ・社会によって意義を認められたパターンである」（Leonard Broom, Philip & Broom Selznick, Dorothy H. *Sociology: A Text with Adapted Readings. 7th ed.* 1981. 今田高俊監訳『社会学』ハーベスト社，1996，p.12）と規定されている。この定義から見てとれるのは，制度は，社会生活上の，集団・コミュニティといった集合的な枠組みで受け入れられた，個人の行動を制約しうるものだという説明である。具体的には，公式のものでは法などのルールから人々の間の慣習などとなっているものまである。しかし，なぜそのようなものがつくられ，またなぜ人々はそれらを守るのだろうか（ときには守らないか）。

　比較制度分析の青木昌彦の説明がわかりやすい。制度とは「人々が『世の中はこういう具合に動いている』と共通に認識しているような，社会のゲームのあり方」だという。普段私たちは，他の人々の関係の中で，お互いに相手を配慮しつつ，それぞれの動機に基づき行動選択をしている。人々が，他の人々の行動を予想し，繰り返し相互に関わりある社会ゲームの中で，互いに期待（予想）されているような状態（ゲーム論的な均衡状態）が制度になるというのである。そしてまた，「それが前もってルールとして，社会的ゲームのプレーに先行し，それらを拘束するのではなく，[例えば] 国家形態の正当性，法の実行可能性，組織形態の持続可能性，規範の自己拘束性などが，絶え間のないゲームのプレーの状態によって，つねに確かめられるということが重要なのである」（青木昌彦『青木昌彦の経済学入門：制度論の地平を広げる』筑摩書房，2014，p.190-216）。

　制度を単にルールとしてみる見方は，当初の状況の尊重でしかなく，その意義を実質化するには，制約的に制度を運用するだけではなく，それが人々の間の共有できる約束だと常に確認する必要がある。それができなければ（状況の変化などを配慮し），可能なものに移行させていかねばならない。このように制度をとらえると，制度をどのように尊重し，またそれをどのように維持し，あるいは変えなくてはならないかの問題の全体を展望することができる。

UNIT 6 ●図書館の政策
国の公共図書館政策

●……公共図書館政策のスコープ

　政策は元来，政治機関によって決定される方針である。ただし，実際に政策の実現には，立法機関等による決議が行われ，それに基づき行政機関が施行のための立案と実施を進める必要がある。したがって，ここで政策とは，立法に続いて，施行のための立案から実施までのプロセスで，公的な機関が現状に対して望ましいあり方を実現するべく策定した方針およびそれを実現するための計画とする。

　公共図書館政策として，これまで国は，図書館法をはじめとする関連法令の制定や補助金などを制度化することによって，それを展開してきた。基本的には政治的な決議を行う国会，および関連する行政機関，すなわち内閣や省庁がこれに携わる。またそのときどきの社会状況の変化をとらえて生じてくる問題について，専門的な助言等を得るために，審議会等が設置され，そこで議論された結果は，さらに立法化されることもあるし，実施を担う行政機関に対する必要な助言ともなる。

　他の先進諸国と同様にわが国においても，公立図書館は地方自治体が設置し運営する。地方自治体は国の末端組織ではなく，地方の判断によってそれぞれ自治を行うわけだから，国での政策が地方自治体において即座に反映されるわけではない。例えば，「文字・活字文化振興法」（2005（平成17）年制定）において，「市町村は，図書館奉仕に対する住民の需要に適切に対応できるようにするため，必要な数の公立図書館を設置し，及び適切に配置するよう努めるものとする」と図書館設置の重要性が改めて強調されたが，各自治体に図書館の設置義務はないから，2014年3月現在，町村部において図書館設置率は55％程度にとどまっている。もちろん，関係者の努力により，毎年新たに図書館が設置され続けてはいる。ちなみに，専門職団体としての日本図書館協会もその実効性を高めるために，2006年に「豊かな文字・活字文化の享受と環境整備：図書館からの政策提言」（http://www.jla.or.jp/portals/0/html/kenkai/mojikatuji200610.pdf）を出している。

　社会教育法第9条で「図書館及び博物館は社会教育のための機関とする」と定められており，公共図書館を中心的に所管するのは文部科学省生涯学習政策局社会教育課である（なお，学校図書館は初等中等教育局，大学図書館は研究振興局が所管）。また公共図書館を情報政策の一環としても位置づけられるし，人々のレクリエー

ション施設としてみることや社会的包摂を進める地域の拠点と扱うことなど，さまざまな行政上の観点がありうるから，関連の省庁の政策にも関わることになる。それに，公共図書館は地方自治体の活動として展開されるという点では，総務省の政策が基本的なところでからんでいる。このように公共図書館政策のスコープは，かなり広いといえる。実際，UNIT 37 でみるように，図書館を設置する際，いくつかの省庁の補助金などが関わることに留意しておく必要がある。

●………文部科学省の図書館振興

図書館振興　　　文部科学省生涯学習政策局が担当するウェブには，「図書館振興」というページ（http://www.mext.go.jp/a_menu/shougai/tosho/index.htm）がある。①お知らせ，②国民の読書推進に関する協力者会議，③これからの図書館の在り方検討協力者会議，④提言等，⑤パンフレット，⑥調査研究報告書等，⑦関係法令等，⑧社会教育主事，学芸員，司書に関すること，⑨リンクという9つの項目が並べられている。基本的に見過ごしてはいけない情報は①にあげられている。政策を把握するためには，⑦関係法令や⑧専門職員の問題を確認し，それとともに④提言等，⑥調査研究報告書等とたどるとよい。前二者が制度化されたところであり，④と⑤は現状の把握と対応案である。

　現時点の公共図書館政策は，2008（平成20）年図書館法の改正とそれを受けた2012（平成24）年の「図書館の設置及び運営上の望ましい基準」の告示によって固められている。しかし，このウェブにあげられている提言や調査報告書等をみると，過去10数年の社会発展や情報技術の進展などに対応するために，ドラスティックな議論があったことが読み取れる。主な論点としてあげられるのは，

(1) 社会の変化に対応した公共図書館のあり方・役割
(2) 公共図書館に必要な人材の養成・育成
(3) 公共図書館の運営計画と評価，および図書館運営に関する情報の公開
(4) 情報のデジタル化への公共図書館の対応
(5) 読書推進の活動
(6) 公共図書館の新しい運営方式（指定管理者制度など）

であった。読書推進活動の基幹的な部分である子どもの読書推進については，以前は青少年・スポーツ局が扱っていて，2015年10月のスポーツ庁の発足に伴って，生涯学習局に移管されたものである。これについては別のウェブページにリンクされている。

霞ヶ関だより　　　なお，『図書館雑誌』に掲載される「霞ヶ関だより」には，文部科学省から，定期的に図書館関係予算額（近年は「文部科学省における学校図書館・公立図書館への支援施策」）が発表される。

● ……「図書館の設置及び運営上の望ましい基準」

　図書館法のもとにあって，現在国の公共図書館政策を指針として具体化しているのは 2012（平成 24）年の「図書館の設置及び運営上の望ましい基準」である。2008（平成 20）年の図書館法改正後，その第 7 条の 2 に基づき，この基準は，文部科学大臣によって告示された。「これからの図書館の在り方検討協力者会議」の報告書（図書館の設置及び運営上の望ましい基準の見直しについて）を踏まえて作成されたもので，その構成は，総則，公立図書館，私立図書館の三つの部分からなる（option D を参照）。

　第一の総則においては，設置の基本として「住民の生活圏，図書館の利用圏等を十分に考慮し」た「全域サービス網」の必要性，運営の基本としては司書等の専門職員の活用と，市町村立図書館・都道府県立図書館・私立図書館における留意すべき点が述べられている。特に公立図書館においては，「知識基盤社会における知識・情報の重要性を踏まえ，資料（電磁的記録を含む。以下同じ。）や情報の提供等の利用者及び住民に対する直接的なサービスの実施や，読書活動の振興を担う機関として，また，地域の情報拠点として，利用者及び住民の要望や社会の要請に応え，地域の実情に即した運営に努めるものとする」としている。これらのことは，さらに下の「図書館サービス」として具体的で言及される。また，高度化する利用者および住民の要望に応えられるようにさまざまな機関と「連携・協力」を促し，サービスを高めることや，さらに「著作権等の権利の保護」，「危機管理」といった現下の課題も加えられている。

> 全域サービス網

> 知識基盤社会

　第二の公立図書館では，市町村立図書館と都道府県立図書館とに分けて，それぞれ努めるべき事柄が示されている。市町村立図書館に対して（この部分は都道府県立図書館についても準用する），次のような点が強調されている。

> 市町村立図書館

(1) 管理運営に関しては，「基本的運営方針」の策定と，それに基づく評価および，活動についての情報公開とが強調される。図書館法改正（第 7 条の 3）に沿った内容である。

(2) 図書館資料に関しては，当然利用者および住民の要望などを留意した対応が必要であり，地域資料の重要性を指摘する。

(3) 図書館サービスに関しては，貸出サービス等として「より多様な資料要求に的確に応えるように努めること」，また情報サービスとして，レファレンスサービス，利用案内等のサービスの提供，およびインターネット等の利用による外部の情報にアクセスできる環境の提供が必要であるとしている。また「地域の課題に対応したサービス」（生活や仕事に関する課題や地域の課題の解決），「利用者に対応したサービス」（児童・青少年，高齢者，障害者，乳幼児，外国人，来館困難者），さらに，利用者および住民への「多様な学習機会の提供」と，「ボラン

> 課題の解決

ティア活動等の促進」があげられている。「これからの図書館の在り方検討協力者会議」で詳しく論じられてきたところである。

（4）職員に関しては，館長の運営上の知識・経験が必要であり，また司書であることが望ましいとする。それとともに，設置者が専門職員を確保し，その能力向上を図ることを要請している。

都道府県立図書館　　都道府県立図書館については，上記の部分の準用とともに，域内の図書館への支援が述べられ，情報流通や搬送の確保，図書館間の連絡調整の推進にも言及している。施設・設備では，研修，調査研究，資料保存の機能を確保すること，図書館サービスを効果的・効率的に行うための調査研究に努めることが求められている。

　第三の，私立図書館は，2008年の図書館法改正において「望ましい基準」の対象に含まれたもので，管理運営や図書館資料，図書館サービス，職員に関する望ましいあり方が言及されている。

● ……… 「望ましい基準」の趣旨を理解するには

　「望ましい基準」策定の経緯は，「図書館の設置及び運営上の望ましい基準の見直しについて（報告書）」(http://www.mext.go.jp/component/b_menu/shingi/toushin/_icsFiles/afieldfile/2013/01/31/1330310.pdf) で読み取れる。「これからの図書館の在り方検討協力者会議」の議事録も大変参考になる。

「これからの図書館像」　　また，「望ましい基準」の趣旨を理解するには，公共図書館政策を設定するのに，橋頭堡となった，2006（平成18）年の「これからの図書館像－地域を支える情報拠点をめざして（報告）」(http://warp.ndl.go.jp/info:ndljp/pid/286794/www.mext.go.jp/b_menu/houdou/18/04/06032701.htm) が欠かせないだろう。公共図書館の現状分析しつつ，(1) 図書館の基本的在り方，(2) 図書館政策の在り方，(3) 課題解決支援・情報提供機能の充実，(4) 電子情報の利用によるハイブリッド図書館の整備などの観点を

ハイブリッド図書館　　とりあげ，わが国の公共図書館にドラスティックな図書館像を提案したものである。

　それから，すでに10年ほど経過し，そして昨今のモバイル機器の普及にみるように，情報技術は急速に発達し続けている。図書館はこのような状況においてどのようにその任務を果たしていくかを考えなくてはならない。まずは，公共図書館が，「望ましい基準」の水準に到達しているかどうかを確かめ，さらに検討を重ねていく必要があろう。

　　注記　2018年10月の文部科学省組織再編により総合教育政策局が設置され，公共図書館や学校図書館が同地域学習推進課の所管となった。

UNIT 7 ●図書館の政策
地方自治体の公共図書館施策

●……… 政策・施策・事業

　国あるいは地方自治体（地方公共団体）が特定の行政課題に対応する際の基本方針を「政策」，政策を実現するための具体的な方策を「施策」と呼び，施策を具現化する取組を「事業」という。ただし，必ずしも厳密な定義というわけではなく，実際の行政活動の中では政策と施策が明確に分けられずに，施策と事業が一体となって進められることもある。ここでは図書館をめぐる自治体のさまざまな方針や取組を広く施策としてとらえ，その基本的な枠組みや社会的背景，現状と課題等について考える。

> 施策

●……… 地方自治体の基本計画と図書館施策

　自治体が図書館に関する施策を遂行する際，国の政策を受けて進められる場合と，自治体独自の行政目標（基本構想）の中で取り組まれる場合がある。基本構想は，一般に，その実現に向け計画的に推進するためのマスタープラン（基本計画）の策定を伴う。基本計画の計画期間は通常5年から10年程度だが，基本構想と一本化されていたり（総合計画などと呼ばれる），前期と後期に分けられる場合などでは，20年以上に及ぶこともある。

> 基本構想
> 基本計画

　図書館建設などの大規模プロジェクトは，基本計画を踏まえた上で進められることが多い。ただし，基本計画に文言が載りさえすればその後の日程が100％保証されるというわけではない。ローリングといって，社会状況の変化や財源調達の動向などを踏まえた計画の見直しが，毎年，あるいは何年かに一度行われるからである。

　図書館の整備は，こうした基本計画を踏まえる形のほか，首長のマニフェストに盛り込まれる場合，教育委員会内部からの積み上げによって施策化される場合などがある。前者では，首長の強力なリーダーシップにより整備が一気に進むという利点がある一方，首長が交代した途端に抜本的な見直しを迫られるリスクをかかえている。後者では，充実した内容の計画となる可能性が高い反面，財政当局や建設担当部門との調整が十分に行われていないときには，大幅な変更を余儀なくされたり，計画自体が棚上げになってしまうこともある。

> マニフェスト

●………まちづくりの一環へ－市町村における図書館施策の変遷

図書館整備のあり方は，こうした施策化に向けた手続きのほか，施策の方向性によって左右される。施策の方向性は時代とともに変化してきたが，市町村と都道府県では異なるところがある。以下では市町村については「まちづくり」，都道府県に関しては「再編」をキーワードに，現状と課題を概観する。

> まちづくり

自治体の財政状況が今日ほど厳しくなかった時代における市町村の図書館施策の主流は，単独施設である本（中央）館を中心に分館を配置し図書館システムを構築することだった。国の公立社会教育施設整備費補助事業やこれと連動した都道府県の振興方策（UNIT 37　公共図書館の設置振興と補助金を参照）なども，この方向を支持するものであった。

> 本（中央）館
> 分館

しかし行財政改革のもと，国において「ふるさとづくり特別対策事業」などが進められたことで，状況は変わっていく。これは，1978年に創設された「地域総合整備事業債」の中の一事業として，1988年に始まったもので，その後名称を変えながら2001年まで続き，自治体が図書館整備を進める上で大いに活用された。財政措置などの面をさまざまな利点があったことから，財源が乏しい市町村にとっては魅力的な選択肢だったのである。この事業債の活用の中から，図書館機能をまちづくりの一環として組み込むケースが生まれ，図書館と他の施設を併設するいわゆる「複合施設」も増えていく。

> 複合施設

●………Lプラン21と図書館による町村の活性化

地方の財政状況が悪化する中，まちをどうやって活性化していくかは各自治体の大きな課題となっていった。そうした中，2000年度の全国図書館大会で，図書館を中心とするまちづくりをめざした政策提言「Lプラン21－図書館による町村ルネサンス」が日本図書館協会から示された。そこには「過疎化のすすむ町村や離島こそ，『地域の情報拠点』として，図書館が存在することの意義は大きい」（提言2）や，「地域社会として小さな町村こそ，図書館が長時間滞在できる居心地のよい空間を提供し，人々の出会いの場，地域のサロンとなるべきである」（提言10）など，まちの活性化を意識した文言が盛り込まれ，図書館をまちづくりに積極的に位置づけようとする姿勢が強く打ち出された。

> Lプラン21

> 地域の情報拠点

この間の国の動きとしては，1998（平成10）年，いわゆる「まちづくり三法」の一つである「中心市街地活性化法」が制定され，公共施設の郊外立地等で空洞化が進む市街地の活性化が図られたことをあげなければならない。同法を受け，2001年，それまで郊外にあった図書館を駅前再開発ビルの中に移転し，図書館利用の拡大とともに市街地の活性化に寄与した青森市（青森市民図書館）の取組は，最初の頃の代表的な施策例といえる。中心市街地活性化法は2006（平成18）年に改正され，

> 中心市街地活性化法

各自治体のまちづくり施策の支援強化を図っている（option C　公立図書館整備計画　事例1を参照）。

● まちづくりの核としての図書館

　このような，まちづくりの一環としての図書館から一歩進んだまちづくりの核としての図書館へという流れの中で，注目すべき施策も出てきている。

　例えば長野県の小布施町では，今までにない価値を生み出すことが町の発展につながるという考えから，図書館の建て替えを行い，2009年7月に「まちとしょテラソ」と名称を変えてオープンした。その後2012年に，個人宅や店舗のスペースに本棚を設置する「まちじゅう図書館」事業を開始するなど，ユニークな取組が進められている。町の公募により初代館長となった花井裕一郎は，こうした活動を通じて「自分たちの町の図書館をチャーミングに感じ，『この図書館があるからここに住もう』と考える方もいます。それこそがまちづくりなのです」と語っている（宮下明彦，牛山圭吾編『明日をひらく図書館　長野の実践と挑戦』青弓社，2013）。

　図書館とまちづくりの関係を整理した谷内玲香と織田直文によれば，まちづくり活動に積極的に関わり地域課題の解決や地域活性化に貢献できる図書館を「まちづくり型図書館」と呼んでいるが（谷内玲香，織田直文「まちづくり型図書館の可能性：滋賀県東近江市立永源寺図書館の取組から」『文化政策と臨地まちづくり』水曜社，2009），こうした動きは，市町村における図書館施策の一つの方向性を示すものであり，今後もさまざまなアイデアや取組が出てくるものと期待される（option C 事例2）。

　　　　　　　　　　　　　　　　　　　　　　　　　　　　まちづくり型図書館

● 行政改革の推進と図書館再編－都道府県図書館施策の動向

　都道府県では，行政改革の一環として，既存の図書館施設の再編整備を打ち出す自治体が相次いでいる。その典型が東京都である。

　東京都教育委員会は2002年1月，「都立図書館あり方検討委員会（第一次）」報告を作成し，東京都立図書館の役割についての方針をとりまとめた。これを受け，残された課題の整理検討を進めるため，2005年8月には，第二次都立図書館あり方検討委員会の報告である「都立図書館改革の基本的方向」が明らかにされた。そこには，区市町村立図書館の充実状況などを踏まえ，今後の都立図書館は都民の課題解決支援や都政への貢献をめざすこと，中央図書館と多摩図書館の機能分担の徹底と日比谷図書館の地元区への移管を検討することなどの，組織や業務の再編のあり方が示された。この方針に基づき，2008年には調査研究機能を強化した中央図書館が，2009年には雑誌専門図書館として多摩図書館がそれぞれリニューアルオープンし，日比谷図書館は千代田区へ移管された。

　　　　　　　　　　　　　　　　　　　　　　　　　　　　東京都立図書館

こうした再編の動きは，東京都以外にも，同じく複数館体制をとる神奈川県立図書館や埼玉県立図書館などでみられるが，そこには施策上の共通点がいくつかある。
(1) 市町村立図書館との役割分担を徹底して県立図書館の機能を明らかにしようとしていること
(2) 大規模な資金投入を行わず，既存の仕組みを再編して時代に対応したサービスの充実を図ろうとしていること
(3) 複数館相互の機能分担を明確にし，重複をできるだけ排除したコストパフォーマンスの高い運営を図ろうとしていること
(4) 整備の一環として，現行施設の再活用等も視野に入れていること
などである。一口に県立図書館といっても置かれた状況や運営の特徴もさまざまであるが，市町村の図書館整備が進む中，今後も再編が施策の一つの方向になるとみられる（option C　事例3および4）。

●……… 施設の老朽化と耐震化という難問

県立図書館施設の老朽化

このように市町村の図書館施策ではまちづくりが脚光を浴びる一方，都道府県において再編が注目される背景には，県立図書館施設の老朽化という問題がある。

公共施設の耐用年数は一般に50年とされているが（「減価償却資産の耐用年数等に関する省令」の「別表第一　機械及び装置以外の有形減価償却資産の耐用年数表」），いち早く整備された県立図書館の中には，この年数に近づいているか，すでに達している施設が少なくない。大規模改修や建て替えともなれば億単位の金額が必要となるだけに，どのタイミングでどのように整備するか，自治体にとっては難しい政策判断を迫られる課題といえる。これは，1970年代後半以降に次々と建設された市町村の図書館にとっても，今後そう遠くない時期に重くのしかかってくる課題である。

耐震化

もう一つの大きな懸案が耐震化対策である。建築基準法に基づく耐震基準は1981年に大幅に変わった。これ以前に建てられた旧耐震基準による建物は，大地震（震度6強以上）への対応が十分にとられていない。このため耐震化対策を進める必要があるのだが，上に述べた改修をどうするのかという点もからむため，解決は簡単ではない。

人口減少

老朽化にしても耐震化にしても，図書館だけに課せられたものではない。広く公共施設全般がかかえる難問である。これに加えて，人口減少の問題もある。各地域それぞれだが，残すべき公共施設はなにかの検討が急がれる。またそれぞれ独立した施設のまま運営しえない可能性もあり，そうしたものの統合も盛んに行われるようになった。例えば，神奈川県秦野市のこの問題への取組において，市民の声は図書館を残すべき施設の第1位に振り分けている。

UNIT 8 ●図書館の政策
国立図書館の政策

● ……… 国立図書館の政策の枠組み

　1970 年の第 16 回ユネスコ総会では図書館統計の国際基準に関する勧告が採択され，その中で国立図書館は，次の 5 つの機能・役割をもつ機関と定義されている（「図書館統計の国際的な標準化に関する勧告」1970, http://www.mext.go.jp/unesco/009/004/011.pdf）。

(1) 自国において発行されたすべての重要な出版物の取得・保存（納本制度）
(2) 全国出版物目録作成・刊行（全国書誌）
(3) 外国文献の収蔵・整備
(4) 全国文献情報センター
(5) 遡及的全国書誌の刊行

　このうち，その中軸となるのは納本制度と全国書誌である。

・納本制度

　納本制度とは，法律により国立図書館へ出版物の納入を義務づける制度である。フランスのフランソワ 1 世（1497-1547）が 1537 年，モンペリエの条令で国内の出版者に出版ごとに 1 部を王室図書館に納本するように定めたのが始まりで，国立図書館の発展には，納本制度が大きな役割を果たしている。かつて検閲に利用された時代もあったが，現在は全国書誌の作成，中央図書館での保存のための制度となっている。

・全国書誌

　全国書誌とは，その国で刊行されたすべての出版物を網羅的に収録した書誌である。資料自体を網羅的に把握する必要があることから，納本制度と組み合わせて制度化されることが多い。日本においては，国立国会図書館が納本された資料をもとに「日本全国書誌」を提供している。冊子体は 2007 年 6 月をもって刊行を終了し，現在は同館のホームページからのみ提供している。同じ内容の書誌データが JAPAN/MARC として提供されている。

　米国には日本の「日本全国書誌」に該当する全国書誌は存在しない。その代わりに，米国議会図書館（Library of Congress：LC）が刊行する全米およびカナダの総合目録である National Union Catalog が冊子体とマイクロフィッシュの形で刊行

ユネスコ
図書館統計

納本制度
全国書誌

日本全国書誌

JAPAN/MARC

米国議会図書館
National Union Catalog

されていた。これは，書誌ユーティリティやLCのオンライン目録にその役割を譲り，2003年に刊行が打ち切られた。

●⋯⋯⋯国ごとの国立図書館政策

1) 日本

> 国立国会図書館
> 帝国図書館

　日本で唯一の国立図書館である国立国会図書館（それ以前は，書籍館を前身として1897年に設置された帝国図書館）は，1948年に設置された。立法府に置かれている点が大きな特徴である。国立国会図書館法第2条には，「国立国会図書館は，図書及びその他の図書館資料を蒐集し，国会議員の職務の遂行に資するとともに，行政及び司法の各部門に対し，更に日本国民に対し，この法律に規定する図書館奉仕を提供することを目的とする」とあり，国会議員へのサービスが国民へのサービスより優先度が高い。これは第二次世界大戦後，米国議会図書館を手本に設立されたからである。

> インターネット情報選択的蓄積事業

　日本で刊行された資料（パッケージ系の電子資料を含めて）については，国立国会図書館法によって国立国会図書館へ納本することとされている。2002年から国立国会図書館では，発信者等との許諾に基づき「インターネット情報選択的蓄積事業」（WARP）を進めてきたが，2010年の国立国会図書館法の改正により，公的機関のインターネット情報の制度収集が可能となった。また，2012年の改正では，公的機関以外の者がインターネット等により利用可能としている情報のうち，無償かつDRM（ディジタル著作権管理による制限）のない，図書，逐次刊行物に相当するもの（「電子書籍，電子雑誌等」）について，国立国会図書館への送信等を納本制度に準じて義務づけた。

> DRM
> 電子書籍

　また収集された資料に関してのサービスについては，2012年の著作権法改正で国立国会図書館による著作物の自動公衆送信に関する規定（第31条第3項）が加わり，国民がアクセスしやすくなった。図書館向けデジタル化資料送信サービスでは現在，図書57万点，古典籍2万点，雑誌1万タイトル等が対象となっている。

> 機関リポジトリ

　さらに，2013年の学位規則（文部省令）改正を受け，大学等の機関リポジトリを活用した博士論文の収集・保存・インターネット公開が行われている。このほか，総務省とともに構築した「国立国会図書館東日本大震災アーカイブ（ひなぎく）」がある。

> 国立国会図書館東日本大震災アーカイブ（ひなぎく）

2) 米国

> 米国議会図書館
> 図書館関係事業
> 図書館および情報学に関する国家委員会

　1800年に設立された米国議会図書館（LC）は，国内の多くの財団の支援も得て，多数の図書館関係事業を推進してきた。図書館および情報学に関する国家委員会（National Commission on Libraries and Information Sciences：NCLIS）が1975年に発表した報告書「図書館・情報サービスの国家計画へ向かって－実行目標」では，

その5章に，望ましい国家計画の中で，プログラムの目標を定めることと，これに対する連邦政府，州政府，民間機関，議会図書館の責任について説明があり，米国議会図書館は国立機関の中軸として，国立医学図書館（National Library of Medicine：NLM）と国立農学図書館（National Agricultural Library：NAL）と補完し合い，国家計画において基本的役割を遂行すると規定されている。

米国の納本制度は，著作権登録制度がセットになっており，米国で刊行された資料が法定納本先である米国議会図書館に納入されると，著作権登録も行われるという仕組みになっている。また，オンラインのみで刊行される資料の増加を背景に，2010年にはオンライン出版物の納本制度が開始された。

情報資源の保存政策としては，米国議会図書館での収集資料の多様化と所蔵コレクションの長期保存を目的とした，推奨フォーマットのガイドの公開や，2000年から研究者が利用可能な，米国の退役軍人のオーラルヒストリーや，手紙，写真，回顧録を保存する"Veterans History Project"があげられる。

3）英国

英国図書館（The British Library）は，歴史的に主要な国立図書館であった大英博物館図書館（1857年），その後設置されていた国立科学発明参考図書館，国立理工学貸出図書館，全国中央図書館などを統合して1973年に設立された（後にブリティッシュ・ナショナルビブリオグラフィなども）。この統合は，独立・分散して運営されていた各種国立図書館と，科学技術情報政策を担当していた部門を移管したもので，国家的な，図書館として政策だけでなく情報政策とも結びついた例である。

英国では，英国図書館を含む6館を法定納本図書館と定めている。ただし，印刷資料の納入については，納入条件などにおいて英国図書館と他の5館と差別化が図られている。

「2013年法定納本図書館（非印刷体）規則」の制定により，印刷資料に加え，録音資料と映画フィルムを除くオフライン資料（CD-ROM等のパッケージ系電子資料やマイクロ形態資料など）とオンライン資料の収集・保存・提供が法定納本図書館において可能となり，英国図書館を中心に進められている。

このほか，英国図書館では，財団からの資金援助を受けて，2017年からの5年計画で，英国図書館で所蔵する50万の貴重でユニークな音源や全国の主要なコレクションのデジタル化を計画している。また，写真やイスラム社会の手稿，音楽コレクション，裁判記録など，滅失の危機に瀕した文化遺産のデジタル化を2004年から行っており，自国のコレクションに限定せず，貴重な資料の保存への援助も実施している。

4）フランス

フランス国立図書館

　フランス国立図書館（Bibliothèque national de la France）は，歴史の古い国立図書館で，14世紀にさかのぼる王室文庫をフランス革命後国立図書館に展開したものである。フランス国内で出版される資料は，納本制度のもと，フランス国立図書館を中心に，ラジオ・テレビ放送番組は国立視聴覚研究所，映画フィルムは国立映画センター，インターネット資料についてはフランス国立図書館および国立視聴覚研究所で分担して収集・保存・提供が行われている。納本対象となっている資料は，図書，雑誌，視聴覚資料などのほか，CD-ROM等のパッケージ系電子出版物（1993年に追加），インターネット資料（2006年に追加）である。収集資料の多様化に伴い，それまでフランス国立図書館のみで行われていたものが複数機関で分担して行われるようになった。また，納本制度に関して，2006年6月13日のデクレ（政令）により，法定納入受入機関への納本冊数の減少が定められた。収蔵スペースの狭隘化への対処および，納本する側，される側双方の負担の軽減，少数の納本資料の厳格・確実な管理・提供が目的となっている。

5）中国

北京図書館
中国国家図書館

　中国では，蔵書数約2000万冊といわれる北京図書館が中国国家図書館にあたる。ここには58万冊に及ぶ古書がある。出版物の納本を受け，『全国新書目』を編纂している。北京図書館はセミナーの開催等を通じて，全国の図書館員の養成にもあたっている。

　中国国内で刊行された資料は，納本制度に基づき，国立図書館である中国国家図書館のほか，保存目的で設置されている中国版本図書館，日本の内閣に相当する国務院の出版行政主管部門の3か所に無償で納付されることとなっている。現在，図書，雑誌，新聞，録音映像資料のほか，CD-ROM等のパッケージ系電子資料が納本対象となっている。しかし，2009年時点における納本率は，図書が60％，雑誌が93％弱（ただし欠号がないものは56％），録音映像資料が41％，電子資料が57％と低く，納本率向上が課題となっている。オンライン出版物についてはまだ納本対象外であるが，

ウェブ情報資源収集保存実験プロジェクト

2003年から中国国家図書館において「ウェブ情報資源収集保存実験プロジェクト」（Web Information Collection and Preservation：WICP）のもと，政府関係のウェブサイト等を対象に，オンライン出版物の選択的収集が行われている。

● ……… **国際機関の政策（ユネスコと国際図書館連盟）**

ユネスコ

1）ユネスコ（国際連合教育科学文化機関，United Nations Educational, Scientific and Cultural Organization：UNESCO）

　ユネスコは，教育，科学，文化を通じて諸国間の協力を促進し，世界の平和と安

全に貢献することを目的とする国際連合の専門機関である。1945年設立当初から図書館情報プログラムに力を入れ，重要な役割を果たしてきた。ユネスコは各国の情報政策とそのために必要な総合的な方針・勧告を行ってきた。

1970年のユネスコ総会では図書館統計の国際基準に関する勧告が採択され，その中で国立図書館は，前述の5つの機能・役割をもつ機関であり，国立図書館には，国の情報政策の中心的役割を担うことを想定した。

1971年に，科学技術情報を対象としたUNISIST（世界科学情報システム）事業計画を作成した。その後，国単位で生産される情報全体を対象としたNATIS (National Information System) が，1974年にユネスコと国際図書館連盟，国際ドキュメンテーション連盟（International Federation for Documentation：FID），国際文書館評議会（International Council on Archives：ICA）の共同で提起され，1976年にUNISISTと統合された。P. アサートン（P. Atherton）は *Handbook for Information Systems and Services*（1977）の中で，全国情報システムとして，(1) 全国書誌の作成，(2) 総合目録の作成，(3) 相互貸借の管理，(4) 標準化，(5) 情報源の案内センターの機能，(6) SDIサービス，(7) 遡及探索といった機能を提案しており，前述のユネスコの国立図書館の定義と一致している点が多い。1987年には，「国立図書館のガイドライン」が公表されている。

2）国際図書館連盟（IFLA）

IFLAは1927年に創設された，各国の図書館協会および図書館情報関連機関による非政府間の国際組織である。1960年代から，図書館情報サービス分野におけるさまざまな事業，主に国際書誌調整，資料の共同利用，資料の保存などの共同事業を国際的に展開している。IFLA内の部会の一つに国立図書館部会があり，1997年に「国立図書館サービスの法制ガイドライン」を公表している（P. J. Lor, E. A. S. Sonnekus. (1997). "Guidelines for Legislation for National Library Services," IFLA. Retrieved on 10 January 2009)。その中では，国立図書館のコンセプトとして，(1) 遺産，(2) インフラ，(3) 包括的な国家サービスがあげられている（https://www.ifla.org/files/assets/hq/publications/series/140.pdf）。

2008年に「政府機関図書館のためのガイドライン」(Guidelines for Libraries of Government Departments) を公表し，国立図書館を次の2種類に分けることができるとしている（http://www.ifla.org/files/assets/hq/publications/professional-report/106-ja.pdf）。

(1) 国の文化遺産である出版物の納本図書館であり，通常その国のすべての出版物を所蔵している図書館
(2) 主題に特化した図書館で，国立科学図書館，国立農業図書館，国立医学図書館等

UNIT 9 ●図書館の政策
大学図書館の政策

●………大学図書館をめぐる政策年表

文部科学省
国立情報学研究所
国立大学図書館協会
公立大学協会図書館協議会
私立大学図書館協会

　わが国の大学図書館政策は、大学の所轄官庁である文部科学省（旧文部省）を中心に、国立情報学研究所、国立大学図書館協会、公立大学協会図書館協議会、私立大学図書館協会、日本学術会議等によるものがある。その主たる経過を、次に年表としてとりまとめた。

1952（昭和27）年11月	「国立大学図書館改善要項」
1956（昭和31）年5月	「私立大学図書館改善要項」
1961（昭和36）年11月	「公立大学図書館改善要項」
1961（昭和36）年5月	「大学図書館の整備拡充について（勧告）」日本学術会議
1980（昭和55）年1月	**「今後における学術情報システムの在り方について」**（学術審議会）
1991（平成3）年7月	**「大学設置基準」改正**（大綱化・自己点検・評価の努力義務化　※数値基準の消滅）
1993（平成5）年12月	「大学図書館機能の強化・高度化の推進について（報告）」（日本学術会議）
1996（平成8）年7月	「大学図書館における電子図書館機能の充実・強化について（建議）」（学術審議会）
1997（平成9）年3月	「新私立大学図書館改善要項」（私立大学図書館協会）
1999（平成11）年9月	**「大学設置基準」改正**（自己点検・評価の実施と結果公表の義務化）
2002（平成14）年3月	「学術情報の流通基盤の充実について（審議のまとめ）」
2004（平成16）年4月	国立大学法人化
2006（平成18）年3月	「学術情報基盤の今後の在り方について（報告）」
2008（平成20）年12月	「学士課程の構築に向けて（答申）」
2010（平成22）年12月	「大学図書館の整備について（審議のまとめ）」
2012（平成24）年6月	「大学改革実行プラン」
2012（平成24）年7月	「学術情報の国際発信・流通力強化に向けた基盤整備の充実について」
2012（平成24）年8月	「新たな未来を築くための大学教育の質的転換に向けて」（答申）"能動的学修（アクティブ・ラーニング）への転換が必要である"
2013（平成25）年4月	学位規則改正　博士論文のインターネット公表義務化
2013（平成25）年8月	「学修環境充実のための学術情報基盤の整備について」）
2022（令和4）年12月	「変革する大学にあって求められる大学図書館像」

学術情報システム

　この中で、基本的に現在の大学図書館のあり方を形づくったのは、一つは「学術情報システム」という政策提案であり、もう一つは大学そのものの枠組みの方向を

変更した,「大綱化」といわれる大学設置基準の改定であろう。

大綱化
大学設置基準

● ……… 「学術情報システム」

現在の大学図書館政策の基盤は,1980年の学術審議会答申「今後における学術情報システムの在り方について」にある。「この答申の基本的考え方は,学術情報を円滑に流通させなければ,学術研究の適切な発展はないという認識であり,学術研究の成果のデータベース化,すなわち情報生産面から,大学図書館に蓄積される情報資源を積極的に活用する方策としての目録・所在データベースの構築など,サービスを実現するための体制作りの面までを視野にいれ」たもので(永田治樹『図書館情報学ハンドブック』第2版,丸善,1999),大学図書館と学術情報センターは,これに基づき目録・所在データベースの構築をNACSIS-CATで実現し,かつNACSIS-ILLによって文献提供サービスの運用を1992年から開始した。この結果,国内の大学図書館においては,これまでできなかった資料の探索や入手がいとも簡単に可能となり,図書館のあり方についての基本的考え方,図書館情報システムの構成,あるいは大学図書館間の共同的取組などの面で大きな前進をみたといえる。

「今後における学術情報システムの在り方について」

NACSIS-CAT
NACSIS-ILL

● ……… 大学設置基準の改定

大学図書館については,「大学設置基準」(1956(昭和31)年)により,大学に図書館を設置することが義務づけられており,大学等や学部学科の新増設の認可を受ける際に審査対象となる(UNIT 3参照)。1991年にこの「大学設置基準」が大幅に緩和された。この大綱化により大学の自主性が高まるとともに,各大学は自らの責任において教育・研究の質を維持していくための自己点検・評価活動と,その結果を広く社会に公表することが努力義務となった。その後,1998年に大学審議会による第三者評価システム導入の提言があった(1999年には「大学設置基準」の改正により,自己点検・評価の実施と結果の公表は,努力義務から義務となり,結果に対する学外者による検証の努力義務化などを経て,2004年からは,学校教育法の改正により,すべての大学は国から認証された評価機関の評価を受けることが義務化された)。2022年の改正において,「電磁的方法により提供される学術情報」の明記とともに,閲覧室等の条項が削除され(UNIT 3参照),「必要な専門的職員,その他の専属の教員又は事務職員を置くものとする」とし,「教員」を加えている。

第三者評価
自己点検・評価

● ……… 電子ジャーナルの登場

1989年に欧州原子核研究機構(CERN)でティム・バーナーズ=リー(Tim Berners-Lee)によって開発されたワールド・ワイド・ウェブ(WWW)は,1993年にマーク・アンドリーセン(Marc Lowell Andreessen)によって開発されたウェ

欧州原子核研究機構(CERN)
ティム・バーナーズ=リー
WWW

ブブラウザ Mosaic とともに急速に世界に広がった。その頃，日本では，学術雑誌の価格高騰に伴い，北米から10年ほど遅れる形で「シリアルズ・クライシス」と呼ばれる洋雑誌の収集タイトル数が急速に減少するという状況が起きていた。そして，ここに電子ジャーナル普及の波が重なり，大学図書館は一挙に大きな変化を強いられることになった。

電子ジャーナルの普及は1991年のElsevier Science社のTULIP（The University of Licensing Program）という実験プロジェクトに端を発する。Elsevier Science 社は1995年のEES（Elsevier Electronic Subscription）を経て，1997年に商用サービスScience Directを開始する。Elsevier Science社の電子ジャーナル化の動きは他の出版社にも広がり，電子ジャーナル時代の到来となる。

事態が大きく動いたのは1999年の日本向けプログラムSD-21（Science Direct-21）が契機であった。これは，冊子体を購読している場合，無料で電子ジャーナルを提供するという内容であったため，最大時62大学が参加した。ところが，Elsevier Science社は2000年に電子ジャーナルの前提となる冊子体の価格を大幅に値上げすることを通告してきた。七大学の附属図書館は電子ジャーナル出版社に協議の申込みを行い，この協議のため，国立大学図書館協議会（現・国立大学図書館協会）は「電子ジャーナルタスクフォース」という，出版社等に購入・利用提供・保存等の条件を共同して交渉するためのコンソーシアムの性格をもつ特別委員会を設置した。一方，私立大学図書館協会，日本医学図書館協会および日本薬学図書館協議会もそれぞれコンソーシアムを設立した（その後，2011年に「大学図書館コンソーシアム連合」（Japan Alliance of University Library Consortia for E-Resources：JUSTICE）として一体化）。

電子ジャーナルの問題は図書館だけでなく日本の研究基盤の問題であるという認識から，2000年に日本学術会議が「電子的学術定期出版物の収集体制の確立に関する緊急の提言」を発表し，大学図書館や文部科学省など関係機関に危機的状況に対する対応を求めた。これを受けて文部科学省は2001年，科学技術・学術審議会内にデジタル研究情報基盤ワーキンググループを設置し，検討を開始した。この検討結果は2002年の「学術情報の流通基盤の充実について（審議のまとめ）」として公表された。

● オープンアクセス運動

電子ジャーナルによって学術雑誌の価格が下がるのではないかという淡い期待は，包括契約方式により一瞬にして打ち砕かれ，より大きな価格負担が図書館および大学にかかることになった。こうした状況のもと，ハンガリーのスティーブン・ハーナッド（Stevan Harnad）が「転覆提案」という紙媒体による学術出版の終焉を早め，

公開サーバに電子ジャーナルを置くことによって無料で読めるようにする提案を行った。この提案を受け，2002年にブダペスト・オープンアクセス・イニシアティブが開催され，オープンアクセス，つまりインターネット上において無料で利用可能な状況を推進するブダペスト宣言が行われた。ここでは，インターネットを通じ誰もが自由にサービスにアクセスできるオープンアクセス実現の方法として，著者自らが自身のホームページや公開ファイルサーバで公開するセルフアーカイビングと学術雑誌を無料で公開するオープンアクセスジャーナルの二通りが提案された。

ブダペスト宣言

セルフアーカイビング
オープンアクセスジャーナル
機関リポジトリ

　セルフアーカイビングの代表格は「機関リポジトリ」である。機関リポジトリとは大学，研究機関が主として所属研究者の学術論文等の研究成果を収集，蓄積，提供するシステムを指す。日本では千葉大学が2003年に独自で公開したものが最初である。2005年には国立情報学研究所（National Institute of Informatics：NII）が委託事業の形で「学術機関リポジトリ構築連携支援事業」を開始した。機関リポジトリが成功するかどうかは，コンテンツが十分に登録されるかどうかが鍵となる。学術雑誌への論文掲載が業績となる教員にとって，機関リポジトリに登録する意義はなかなか理解されにくく，登録数は伸び悩んだ。しかしながら，大学図書館員の地道な努力と大学の社会への説明責任や大学評価の観点から，機関リポジトリの意義がしだいに理解されるようになり，学術情報基盤として不可欠の存在となった。こうした大学図書館の動きは，2006年の「学術情報基盤の今後の在り方について（報告）」にまとめられている。

国立情報学研究所（NII）
機関リポジトリ構築連携支援事業

「学術情報基盤の今後の在り方について」

　一方，オープンアクセスジャーナルは，2006年のPLOS ONEの登場によって一気に多様なビジネスモデルが展開していく。学術雑誌はこれまで購読料によって賄われるのが基本であった。オープンアクセスとは購読料をゼロにするということであり，そのままではビジネスとして成り立たない。購読料の代わりとなるものをどこかで確保しなければならないが，その方法が著者から論文出版加工料（Article Processing Charge：APC）をとるやり方であった。しかし，著者は本当に支払うのか，論文出版加工料をいくらにすればビジネスとして成立するのかなど，未知の部分が大きかった。こうした中，自然科学全般にわたって論文を受け付け，簡単な査読で，迅速な出版をうたう新しいオープンアクセス・メガジャーナル（大量の論文を掲載するジャーナル）としてPLOS ONEはデビューした。大方の予想に反して，PLOS ONEには多くの論文が投稿され，著者支払いモデルが成立することを証明した。その後，生涯会員料によるもの，研究助成団体による支援されるものなど，複数のモデルが提案され，オープンアクセスになっても出版社は変わらず利益を得ることができることがわかった。

PLOS ONE

　海外のオープンアクセスジャーナルに比べ，日本では取組が遅れている。2009年の「大学図書館の整備及び学術情報流通の在り方について（審議のまとめ）」では，

「大学図書館の整備及び学術情報流通の在り方について」

オープンアクセスを推進するために必要な取組と課題として，機関リポジトリの充実と学協会の情報発信の強化が指摘され，末尾に科学研究費補助金「研究成果公開促進費」のあり方に関する議論への言及がある。

●……学習支援環境としての図書館

電子化が進む大学図書館にあっては，利用者はネットワークを介して資料にアクセスできるようになり，必ずしも来館して資料を利用する必要はなくなった。このことから施設としての図書館の再定義が求められた。2010年の「大学図書館の整備について（審議のまとめ）－変革する大学にあって求められる大学図書館像」では，「大学図書館は，大学における学生の学習や大学が行う高等教育及び学術研究活動全般を支える重要な学術情報基盤の役割を有しており，大学の教育研究にとって不可欠な中核を成し，総合的な機能を担う機関の一つである」とし，施設ではなく，機能であるとしている。この審議のまとめでは，新たな大学図書館像の方向性を以下のように打ち出している。

（1）学習支援および教育活動への直接の関与
（2）研究活動に即した支援と知の生産への貢献
（3）コレクション構築と適切なナビゲーション
（4）他機関・地域等との連携および国際対応

特に学習支援は，2008年にとりまとめられた中央教育審議会「学士課程教育の構築に向けて（審議のまとめ）」，2012年の「新たな未来を築くための大学教育の質的転換に向けて－生涯学び続け，主体的に考える力を育成する大学へ（答申）」，2013年の「学修環境充実のための学術情報基盤の整備について（審議まとめ）」と繰り返しとりあげられており，高等教育および大学図書館の主軸といってよい。

ラーニングコモンズ（option K　インフォメーションコモンズ参照）は図書館の施設という位置づけを超え，ライティングセンターやe-ラーニングシステム，セミナールームやグループワークなど，以前は外部にあった機能や活動を取り込み，大学の教育戦略と連動して，学生のアクティブラーニング（教員による一方向的な講義形式の教育とは異なり，学修者の能動的な学修への参加を取り入れた教授・学習法の総称）を支援する活動の場として大学図書館の新しい姿を示している。ラーニングコモンズにおいては，電子ジャーナルや機関リポジトリはアクティブラーニングのための資源として位置づけることができ，資料が紙から電子に変わっても大学図書館が学習・教育・研究の中核をなす不可欠な機能であることに変わりない。

UNIT 10 ●図書館の政策
諸外国の公共図書館政策

　近代の公共図書館は当初，19世紀後半の欧米社会において市民として義務を果たしうるよう人々に読書機会を与える施設だった。公的資金を投入し地方自治体が運営するといった「政策」が受け入れられ，20世紀に入っては，公共図書館はさらに発展し，今日では，先進諸国だけではなく開発途上諸国においてもコミュニティごとにつくられるようになった。

　図書館政策は，それぞれの各政府機関（国および地方）が，それぞれの状況に合わせて展開していく必要がある。今日，多くの先進諸国では，情報化の急速な進展に対応するとともに，図書館に関する予算削減，あるいはガバナンス（組織運営）構造の変更といった動きもある。また開発途上国においては，必要な資金の不足により，活動の停滞はあるものの，識字問題の解消や情報の自由（表現の自由，知る権利）などに関する政策が確保されつつある。

ガバナンス

識字
情報の自由
表現の自由
知る権利

　そのような展開の中で，ここでは二つの典型的な国の公共図書館政策を紹介してみる。これまで国（連邦）の政策が必ずしも明確に示唆されてこなかった米国のケースと，図書館政策における指針が最も見えやすい北欧のデンマークのケースである。両者は，「小さな政府」と「大きな政府」という対極的な国のつくり方をしてきたという違いもあるが，図書館が直面する課題に対しては，積極的に取り組んでいるという点では一致している。

● 米国における公共図書館政策

　米国では基本的に，公共図書館を含む教育の責任は州政府にあり，それぞれの州が公共図書館に関する法令や基準を定める。連邦政府には，後述する振興策以外は，公共図書館に関与する政策はない。また，州が図書館のあり方を方向づけてはいるものの，それぞれの図書館は各コミュニティが自律的に運営している。図書館を運営するための資金は，82.7％は地元の自治体が支出する公的資金（税）によっている（John Helling, *Public Libraries and Their National Policies: International Case Studies*, Chandos Pub., Oxford, 2012, p.12）。州の資金補助は，平均すると図書館経費の8.7％（オハイオ州61.6％，ハワイ州の88.6％は例外）でしかない。

米国

　また公共図書館の運営単位も，コミュニティの自主性のもとに構築されている。

それは多様で，市，カウンティ，市とカウンティ，独立図書館区，学校区，ネイティブ・アメリカン部族組織などが単位になっている。日本のように，一律に地方自治体の単位が常に図書館運営単位になるわけではない。ニューヨーク市には5つの行政区（バラ：カウンティにほぼ対応する）があるが，図書館システム（中央館と分館からなる運営単位）は三つ（ニューヨーク，ブルックリン，クイーンズ）で，そ

法人　のすべてが法人の形をとっている。それぞれの公共図書館がどの形を選択し，それを構成するかはコミュニティ住民の意向による。

　　UNIT 5でふれたように，米国の公共図書館は多様な運営単位や財政資金のあり方もあって，伝統的には全国的な規模での図書館政策が設定されることはなかった。

図書館サービス法　ただし，1956年に図書館サービス法（Library Services Act）によって連邦政府の
図書館サービス・建設法　図書館への補助金政策が始まり，図書館サービス・建設法（Library Services and Construction Act）に引き継がれ，さらに，情報化社会の進展を受けて1996年に
博物館・図書館サービス法　成立した博物館・図書館サービス法（Museum and Library Services Act）が成立
博物館・図書館サービス機構　すると，連邦政府のエージェンシー（独立行政法人）としての博物館・図書館サービス機構（Institute of Museum and Library Services：IMLS）が設定され，図書館事業助成を政策的に展開するようになった。

図書館サービス・技術法　その成果が，図書館サービス・技術法（Library Services and Technology Act）による図書館サービスの高度化（例えば，ジョージア州全体の図書館をつなぐ
E-Rate　PINESの構築）や，E-Rate（Universal Service Fund）というプログラムである。公共図書館を国民にとっての学習支援機関であり，かつ情報ネットワーク社会にお
ユニバーサルアクセス　けるユニバーサルアクセス（誰もがインターネット情報にアクセスできる状態）の拠点だと位置づけるものであった。公共図書館は，こうした連邦レベルの支援を活用し，インターネットアクセスを確保する政策をあまねく実施することができている。

●⋯⋯⋯⋯デンマークにおける公共図書館政策

　　中央（連邦）の政府機関等が策定する図書館政策を，地方自治体が実施するにはさまざまな難しさがある。財政的な問題のほか，地方自治体は自律的に政策を設定しようとするからである。ただし，欧州諸国の場合，両者がより整合的で，国のイニシアティブが明確に発揮される場合が多い。

デンマーク　デンマークでも公共図書館は，地方自治体の責任で運営されている。多くの国で行われたように，デンマークでは2007年に2度目の地方自治体改革が行われた。これまであった県（アムト）を廃止し，98の基礎自治体（コムーネ）と5の州（レジオン）という「道州制」に移行した。図書館行政は，これまでどおりコムーネに委ねられており，この改革によって，1970年以降は275だったコムーネが，98に減少し，公共図書館の規模は再編成により大きくなった（十分な大きさの32コムー

ネはそのまま残ったが，あとは合併した）。それは図書館単位の再編成をも意味するものだった。

　一方，国の図書館行政は，文化省のもとにあるデンマーク文化機構（Danish Agency for Culture. 2016 年から Danish Agency for Culture and Palaces）というエージェンシー（政府が権限を担い，その任務を代行する機関）が担当している。この機構の中に図書館担当の部署が設けられて，その任務は，図書館政策の策定とその実施に緊密に関わっているほか，デジタル図書館事業を運営する部署（Danskernes Digital Bibliothek）を担当している。

> デンマーク文化機構

　2010 年にこのエージェンシーから，『知識社会における公共図書館』（The Public Libraries in the Knowledge Society: Summary from the Committee on Public Libraries in the Knowledge Society.）という報告書が出された。これでは，現在進行している知識社会やグローバリゼーションにおいては，「知識，革新，そして社会的一体性がこれからの社会発展で不可欠な要素となる。生涯学習こそが，新たなやり方で図書館が貢献できる，戦略的に決定的な要素となる」と図書館を位置づけ，「図書館は，一方ではデジタル情報資源を十分に生かすことによって，またもう一方では，人々の個人的な発展や社会的関与を促す，堅苦しさのないオープンな学習の場，創造的な場，交流の場をつくることで積極的な社会発展を支援することができる」と，その役割を再定義し，その上で，将来の図書館の展開に関する多くの提案から利用者のニーズを踏まえて，次の 5 つの勧告をとりまとめている（http://www.kulturstyrelsen.dk/fileadmin/publikationer/publikationer_engelske/Reports/The_public_libraries_in_the_knowledge_society._Summary.pdf）。

① 新たな場としての，「オープン図書館」
② 人々の創造性と学習を支える役割
③ デンマーク・デジタル図書館の設置（公共図書館向けの電子図書およびネットワーク情報資源の国と地方自治体の連携事業）
④ 他の公的機関，経済活動，市民生活とつながる図書館
⑤ 上記の任務を果たせる専門職の育成

　ここに示された政策方向は，現在他の国々でもおおかた取り組まれているものである。ただ①の「オープン図書館」は異色である。意味するところは，もっと地元のために役立つように，図書館の開館時間を広げて柔軟に使ってもらうという考え方で，複合施設の一つとして図書館を設定することなども含むが，端的にいってしまえば図書館員が一定時間にいなくとも，住民が自由に出入りして使ってよいという方式である。実際，この実施により全国のかなりの図書館で，朝晩，あるいは週末に図書館員なしの開館が実現し，人々の思い思いの時間に使えるようになって，利用者の満足度も高くなった結果が出ている（Jonna Holmgaard Larse. "Open Li-

> オープン図書館

braries in Denmark," *Scandinavian Library Quarterly*. 46(3), 2013, p.1. http://slq.nu/?article=volume-46-no-3-2013-5)。

　このような「職員不在」のサービスはこれまでも考えられたり，一部では実施されたりしたが，デンマークでのねらいは，人件費の削減というよりも，人々の利用機会を拡大するという点にあった。地方自治体合併の後，サービスポイント（地域の小規模な図書館施設）が減少したこともあり，図書館登録者数が60％から55％に落ち込んだ。それを回復させるには，図書館をよりアクセスしやすくする必要があったのである。

　この政策提言は，きわめて大胆なものであったが，幸いなことに，住民は，自分たちの財産である資料を傷つけるようなことはなく，図書館はきちんと利用してもらえるという信頼が確保され，さらに拡大されるに至っている。「3人のうち2人のデンマーク人は，公共図書館を利用し，大人の29％は月に少なくとも1回は図書館を訪れている。2008年には公共図書館は3400万の来館があった。図書館は最も人気のある公共の文化施設である」というデンマークにおいて可能な政策なのかもしれない。

図 10-1　コペンハーゲン市立図書館の分館：
ここでも「オープン図書館」が実施されている

● —— option C

公立図書館整備計画（事例）

　UNIT 7で述べたように，自治体では，地域の実情や公共施設の設置状況などを踏まえて，さまざまな図書館施策を打ち出し，整備計画を進めている。近年の事例をいくつか紹介する。

事例1　魚津市立図書館

富山県魚津市における中心市街地活性化に向けた取組の中で，2005年，「魚津中央地区」に市立図書館が建てられた。それまで市民会館があった跡地への移転改築であり，図書館の跡地は駐車場になった。新図書館はイベント空間を備えた憩いの場として整備。開館時間を拡大し，仕事帰りの利用にも対応するようにした。

事例2　小諸市立図書館

長野県小諸市では，2013年3月，「第1期低炭素まちづくり計画－持続可能な活力あるコンパクトシティをめざして」を公表。地域の特性を活かした持続可能な低炭素社会の実現をめざしている。自家用車の利用などに伴う二酸化炭素の排出削減のため，公共施設の集約を図るとともに（コンパクトシティ化），市立図書館の建て替えによる省エネルギー化を進めようとしている。2015年11月，市庁舎に併設された「こもろプラザ」の1階に，新しい図書館がオープンした。

事例3　高知県立図書館／高知市立図書館

老朽化が進む高知県立図書館と高知市民図書館本館の機能を統合し，複合施設のなかに合築整備する計画が進められた。複合施設内には新点字図書館とこども科学館も入る。「新図書館等複合施設整備基本計画」が2011年7月に決定されたことを受け，2011年度に基本設計，2012から2013年度にかけて実施設計を行った（2018年7月「オーテピア高知図書館」としてオープンした）。

事例4　長崎県立図書館

老朽化し，耐震基準を満たしていない長崎県立長崎図書館の機能を大村市に移転し，新県立図書館として整備する計画が進められた。2014年7月，「『県立・大村市立一体型図書館及び郷土資料センター』（仮称）整備基本計画」が公表された。（県立と市立（大村市）の一体型図書館「ミライon図書館」は，2019年10月に開館した。県立長崎図書館郷土資料センターは旧県立長崎図書館跡地（長崎市）に建設している）。

● option D

図書館の設置及び運営上の望ましい基準

(平成24年12月19日文部科学省告示第172号)

第一　総則

一　趣旨

1　この基準は，図書館法（昭和25年法律第118号。以下「法」という。）第7条の2の規定に基づく図書館の設置及び運営上の望ましい基準であり，図書館の健全な発展に資することを目的とする。

2　図書館は，この基準を踏まえ，法第3条に掲げる事項等の図書館サービスの実

施に努めなければならない。

二　設置の基本

1　市（特別区を含む。以下同じ。）町村は，住民に対して適切な図書館サービスを行うことができるよう，住民の生活圏，図書館の利用圏等を十分に考慮し，市町村立図書館及び分館等の設置に努めるとともに，必要に応じ移動図書館の活用を行うものとする。併せて，市町村立図書館と公民館図書室等との連携を推進することにより，当該市町村の全域サービス網の整備に努めるものとする。

2　都道府県は，都道府県立図書館の拡充に努め，住民に対して適切な図書館サービスを行うとともに，図書館未設置の町村が多く存在することも踏まえ，当該都道府県内の図書館サービスの全体的な進展を図る観点に立って，市町村に対して市町村立図書館の設置及び運営に関する必要な指導・助言等を行うものとする。

3　公立図書館（法第2条第2項に規定する公立図書館をいう。以下同じ。）の設置に当たっては，サービス対象地域の人口分布と人口構成，面積，地形，交通網等を勘案して，適切な位置及び必要な図書館施設の床面積，蔵書収蔵能力，職員数等を確保するよう努めるものとする。

三　運営の基本

1　図書館の設置者は，当該図書館の設置の目的を適切に達成するため，司書及び司書補の確保並びに資質・能力の向上に十分留意しつつ，必要な管理運営体制の構築に努めるものとする。

2　市町村立図書館は，知識基盤社会における知識・情報の重要性を踏まえ，資料（電磁的記録を含む。以下同じ。）や情報の提供等の利用者及び住民に対する直接的なサービスの実施や，読書活動の振興を担う機関として，また，地域の情報拠点として，利用者及び住民の要望や社会の要請に応え，地域の実情に即した運営に努めるものとする。

3　都道府県立図書館は，前項に規定する事項に努めるほか，住民の需要を広域的かつ総合的に把握して，資料及び情報を体系的に収集，整理，保存及び提供すること等を通じて，市町村立図書館に対する円滑な図書館運営の確保のための援助に努めるとともに，当該都道府県内の図書館間の連絡調整等の推進に努めるものとする。

4　私立図書館（法第2条第2項に規定する私立図書館をいう。以下同じ。）は，当該図書館を設置する法人の目的及び当該図書館の設置の目的に基づき，広く公益に資するよう運営を行うことが望ましい。

5　図書館の設置者は，当該図書館の管理を他の者に行わせる場合には，当該図書館の事業の継続的かつ安定的な実施の確保，事業の水準の維持及び向上，司書及び司書補の確保並びに資質・能力の向上等が図られるよう，当該管理者との緊密な連携の下に，この基準に定められた事項が確実に実施されるよう努めるものとする。

四　連携・協力

1　図書館は，高度化・多様化する利用者及び住民の要望に対応するとともに，利用者及び住民の学習活動を支援する機能の充実を図るため，資料や情報の相互利用などの他の施設・団体等との協力を積極的に推進するよう努めるものとする。

2　図書館は，前項の活動の実施に当たっては，図書館相互の連携のみならず，国立国会図書館，地方公共団体の議会に附置する図書室，学校図書館及び大学図書館等の図書施設，学校，博物館及び公民館等の社会教育施設，関係行政機関並びに民間の調査研究施設及び民間団体等との連携にも努めるものとする。

五　著作権等の権利の保護

図書館は，その運営に当たって，職員や利用者が著作権法（昭和45年法律第48号）その他の法令に規定する権利を侵害することのないよう努めるものとする。

六　危機管理

1　図書館は，事故，災害その他非常の事態による被害を防止するため，当該図書館の特性を考慮しつつ，想定される事態に係る危機管理に関する手引書の作成，関係機関と連携した危機管理に関する訓練の定期的な実施その他の十分な措置を講じるものとする。

2　図書館は，利用者の安全の確保のため，防災上及び衛生上必要な設備を備えるものとする。

第二　公立図書館
一　市町村立図書館
1　管理運営

（一）基本的運営方針及び事業計画

1　市町村立図書館は，その設置の目的を踏まえ，社会の変化や地域の実情に応じ，当該図書館の事業の実施等に関する基本的な運営の方針（以下「基本的運営方針」という。）を策定し，公表するよう努めるものとする。

2　市町村立図書館は，基本的運営方針を踏まえ，図書館サービスその他図書館の運営に関する適切な指標を選定し，これらに係る目標を設定するとともに，事業年度ごとに，当該事業年度の事業計画を策定し，公表するよう努めるものとする。

3　市町村立図書館は，基本的運営方針並びに前項の指標，目標及び事業計画の策定に当たっては，利用者及び住民の要望並びに社会の要請に十分留意するものとする。

（二）運営の状況に関する点検及び評価等

1　市町村立図書館は，基本的運営方針に基づいた運営がなされることを確保し，その事業の水準の向上を図るため，各年度の図書館サービスその他図書館の運営の状況について，（一）の2の目標及び事業計画の達成状況等に関し自ら点検及び評価を行うよう努めなければならない。

2　市町村立図書館は，前項の点検及び評価のほか，当該図書館の運営体制の整備

の状況に応じ，図書館協議会（法第14条第1項に規定する図書館協議会をいう。以下同じ。）の活用その他の方法により，学校教育又は社会教育の関係者，家庭教育の向上に資する活動を行う者，図書館の事業に関して学識経験のある者，図書館の利用者，住民その他の関係者・第三者による評価を行うよう努めるものとする。

3　市町村立図書館は，前二項の点検及び評価の結果に基づき，当該図書館の運営の改善を図るため必要な措置を講ずるよう努めなければならない。

4　市町村立図書館は，第1項及び第2項の点検及び評価の結果並びに前項の措置の内容について，インターネットその他の高度情報通信ネットワーク（以下「インターネット等」という。）をはじめとした多様な媒体を活用すること等により，積極的に公表するよう努めなければならない。

(三) 広報活動及び情報公開

市町村立図書館は，当該図書館に対する住民の理解と関心を高め，利用者の拡大を図るため，広報紙等の定期的な刊行やインターネット等を活用した情報発信等，積極的かつ計画的な広報活動及び情報公開に努めるものとする。

(四) 開館日時等

市町村立図書館は，利用者及び住民の利用を促進するため，開館日・開館時間の設定に当たっては，地域の実情や利用者及び住民の多様な生活時間等に配慮するものとする。また，移動図書館を運行する場合は，適切な周期による運行等に努めるものとする。

(五) 図書館協議会

1　市町村教育委員会は，図書館協議会を設置し，地域の実情を踏まえ，利用者及び住民の要望を十分に反映した図書館の運営がなされるよう努めるものとする。

2　図書館協議会の委員には，法第16条の規定により条例で定める委員の任命の基準に従いつつ，地域の実情に応じ，多様な人材の参画を得るよう努めるものとする。

(六) 施設・設備

1　市町村立図書館は，この基準に示す図書館サービスの水準を達成するため，図書館資料の開架・閲覧，保存，視聴覚資料の視聴，情報の検索・レファレンスサービス，集会・展示，事務管理等に必要な施設・設備を確保するよう努めるものとする。

2　市町村立図書館は，高齢者，障害者，乳幼児とその保護者及び外国人その他特に配慮を必要とする者が図書館施設を円滑に利用できるよう，傾斜路や対面朗読室等の施設の整備，拡大読書器等資料の利用に必要な機器の整備，点字及び外国語による表示の充実等に努めるとともに，児童・青少年の利用を促進するため，専用スペースの確保等に努めるものとする。

2　図書館資料

(一) 図書館資料の収集等

1　市町村立図書館は，利用者及び住民の要望，社会の要請並びに地域の実情に十分留意しつつ，図書館資料の収集に関する方針を定め，公表するよう努めるものとする。
2　市町村立図書館は，前項の方針を踏まえ，充実した図書館サービスを実施する上で必要となる十分な量の図書館資料を計画的に整備するよう努めるものとする。その際，郷土資料及び地方行政資料，新聞の全国紙及び主要な地方紙並びに視聴覚資料等多様な資料の整備にも努めるものとする。また，郷土資料及び地方行政資料の電子化に努めるものとする。

(二)　図書館資料の組織化

　市町村立図書館は，利用者の利便性の向上を図るため，図書館資料の分類，配架，目録・索引の整備等による組織化に十分配慮するとともに，書誌データの整備に努めるものとする。

3　図書館サービス

(一)　貸出サービス等

　市町村立図書館は，貸出サービスの充実を図るとともに，予約制度や複写サービス等の運用により利用者の多様な資料要求に的確に応えるよう努めるものとする。

(二)　情報サービス

1　市町村立図書館は，インターネット等や商用データベース等の活用にも留意しつつ，利用者の求めに応じ，資料の提供・紹介及び情報の提示等を行うレファレンスサービスの充実・高度化に努めるものとする。
2　市町村立図書館は，図書館の利用案内，テーマ別の資料案内，資料検索システムの供用等のサービスの充実に努めるものとする。
3　市町村立図書館は，利用者がインターネット等の利用により外部の情報にアクセスできる環境の提供，利用者の求めに応じ，求める資料・情報にアクセスできる地域内外の機関等を紹介するレフェラルサービスの実施に努めるものとする。

(三)　地域の課題に対応したサービス

　市町村立図書館は，利用者及び住民の生活や仕事に関する課題や地域の課題の解決に向けた活動を支援するため，利用者及び住民の要望並びに地域の実情を踏まえ，次に掲げる事項その他のサービスの実施に努めるものとする。

　　ア　就職・転職，起業，職業能力開発，日常の仕事等に関する資料及び情報の整備・提供
　　イ　子育て，教育，若者の自立支援，健康・医療，福祉，法律・司法手続等に関する資料及び情報の整備・提供
　　ウ　地方公共団体の政策決定，行政事務の執行・改善及びこれらに関する理解に必要な資料及び情報の整備・提供

(四)　利用者に対応したサービス

　市町村立図書館は，多様な利用者及び住民の利用を促進するため，関係機関・団体と連携を図りながら，次に掲げる事項その他のサービスの充実に努めるものとす

る。
　　ア　（児童・青少年に対するサービス）　児童・青少年用図書の整備・提供，児童・青少年の読書活動を促進するための読み聞かせ等の実施，その保護者等を対象とした講座・展示会の実施，学校等の教育施設等との連携
　　イ　（高齢者に対するサービス）　大活字本，録音資料等の整備・提供，図書館利用の際の介助，図書館資料等の代読サービスの実施
　　ウ　（障害者に対するサービス）　点字資料，大活字本，録音資料，手話や字幕入りの映像資料等の整備・提供，手話・筆談等によるコミュニケーションの確保，図書館利用の際の介助，図書館資料等の代読サービスの実施
　　エ　（乳幼児とその保護者に対するサービス）　乳幼児向けの図書及び関連する資料・情報の整備・提供，読み聞かせの支援，講座・展示会の実施，託児サービスの実施
　　オ　（外国人等に対するサービス）　外国語による利用案内の作成・頒布，外国語資料や各国事情に関する資料の整備・提供
　　カ　（図書館への来館が困難な者に対するサービス）　宅配サービスの実施
（五）多様な学習機会の提供
1　市町村立図書館は，利用者及び住民の自主的・自発的な学習活動を支援するため，講座，相談会，資料展示会等を主催し，又は関係行政機関，学校，他の社会教育施設，民間の関係団体等と共催して多様な学習機会の提供に努めるとともに，学習活動のための施設・設備の供用，資料の提供等を通じ，その活動環境の整備に努めるものとする。
2　市町村立図書館は，利用者及び住民の情報活用能力の向上を支援するため，必要な学習機会の提供に努めるものとする。
（六）ボランティア活動等の促進
1　市町村立図書館は，図書館におけるボランティア活動が，住民等が学習の成果を活用する場であるとともに，図書館サービスの充実にも資するものであることにかんがみ，読み聞かせ，代読サービス等の多様なボランティア活動等の機会や場所を提供するよう努めるものとする。
2　市町村立図書館は，前項の活動への参加を希望する者に対し，当該活動の機会や場所に関する情報の提供や当該活動を円滑に行うための研修等を実施するよう努めるものとする。

4　職員

（一）職員の配置等
1　市町村教育委員会は，市町村立図書館の館長として，その職責にかんがみ，図書館サービスその他の図書館の運営及び行政に必要な知識・経験とともに，司書となる資格を有する者を任命することが望ましい。
2　市町村教育委員会は，市町村立図書館が専門的なサービスを実施するために必要な数の司書及び司書補を確保するよう，その積極的な採用及び処遇改善に努め

るとともに，これら職員の職務の重要性にかんがみ，その資質・能力の向上を図る観点から，第一の四の2に規定する関係機関等との計画的な人事交流（複数の市町村又は都道府県の機関等との広域的な人事交流を含む。）に努めるものとする。
3　市町村立図書館には，前項の司書及び司書補のほか，必要な数の職員を置くものとする。
4　市町村立図書館は，専門的分野に係る図書館サービスの充実を図るため，必要に応じ，外部の専門的知識・技術を有する者の協力を得るよう努めるものとする。

(二)　職員の研修
1　市町村立図書館は，司書及び司書補その他の職員の資質・能力の向上を図るため，情報化・国際化の進展等に留意しつつ，これらの職員に対する継続的・計画的な研修の実施等に努めるものとする。
2　市町村教育委員会は，市町村立図書館の館長その他の職員の資質・能力の向上を図るため，各種研修機会の拡充に努めるとともに，文部科学大臣及び都道府県教育委員会等が主催する研修その他必要な研修にこれら職員を参加させるよう努めるものとする。

二　都道府県立図書館
1　域内の図書館への支援
1　都道府県立図書館は，次に掲げる事項について，当該都道府県内の図書館の求めに応じて，それらの図書館への支援に努めるものとする。
　ア　資料の紹介，提供に関すること
　イ　情報サービスに関すること
　ウ　図書館資料の保存に関すること
　エ　郷土資料及び地方行政資料の電子化に関すること
　オ　図書館の職員の研修に関すること
　カ　その他図書館運営に関すること
2　都道府県立図書館は，当該都道府県内の図書館の状況に応じ，それらの図書館との間における情報通信技術を活用した情報の円滑な流通や，それらの図書館への資料の貸出のための円滑な搬送の確保に努めるものとする。
3　都道府県立図書館は，当該都道府県内の図書館の相互協力の促進等に資するため，当該都道府県内の図書館で構成する団体等を活用して，図書館間の連絡調整の推進に努めるものとする。

2　施設・設備
都道府県立図書館は，第二の二の6により準用する第二の一の1の（六）に定める施設・設備のほか，次に掲げる機能に必要な施設・設備の確保に努めるものとする。
　ア　研修
　イ　調査研究

ウ　市町村立図書館の求めに応じた資料保存等
3　調査研究
　都道府県立図書館は，図書館サービスを効果的・効率的に行うための調査研究に努めるものとする。その際，特に，図書館に対する利用者及び住民の要望，図書館運営にかかわる地域の諸条件，利用者及び住民の利用促進に向けた新たなサービス等に関する調査研究に努めるものとする。
4　図書館資料
　都道府県立図書館は，第二の二の6により準用する第二の一の2に定める事項のほか，次に掲げる事項の実施に努めるものとする。
　　ア　市町村立図書館等の要求に十分に応えるための資料の整備
　　イ　高度化・多様化する図書館サービスへの要請に対応するための，郷土資料その他の特定分野に関する資料の目録・索引等の整備及び配布
5　職員
1　都道府県教育委員会は，都道府県立図書館において第二の二の6により準用する第二の一の4の（一）に定める職員のほか，第二の二の1，3及び4に掲げる機能を果たすために必要な職員を確保するよう努めるものとする。
2　都道府県教育委員会は，当該都道府県内の図書館の職員の資質・能力の向上を図るため，それらの職員を対象に，必要な研修を行うよう努めるものとする。
6　準用
　第二の一に定める市町村立図書館に係る基準は，都道府県立図書館に準用する。
（「第三　私立図書館」は省略）

　注記　2019年の第9次地方分権一括法成立に伴い，市町村立図書館の「1　管理運営　（五）図書館協議会」，都道府県立図書館の「5　職員」について，地方公共団体の長が所管できる旨の改正が行われた。

● option E

社会関係資本（ソーシャルキャピタル）と公共図書館

ソーシャルキャピタル

　ソーシャルキャピタルという言葉を耳にしたことがあるかもしれない。社会資本といってしまうと道路・港湾・上下水道・公営住宅・病院・学校などや生活の基盤を指すため，「社会関係資本」と訳されることが多い。人々の「協調的行動を容易にすることにより社会の効率を改善しうる信頼，規範，ネットワークのような社会的組織の特徴」（Robert D. Putnam）と定義される。
　注目される一つのきっかけは，市民的参加によって支えられてきた（米国の）コミュニティの基盤が，人々の行動パターンの変化によって減退しつつあるというロバート・パットナムの問題提起であった（Robert D. Putnam, *Bowling Alone: The*

Collapse and Revival of American Community, 2000, 541p. 邦訳『孤独なボーリング』柴内康文訳, 柏書房, 2006)。現代のコミュニティは, 人の出入りが多く, 異質な人々から構成されるようになった。そのような状況では人々同士のつながりが途切れがちになり, それによってコミュニティ運営が難しくなったというのである。そこで, 人々をつなぐ社会的な紐帯の重要性が意識され, 今ではこの概念が社会学, 政治学, 経済学, 経営学などで広く議論されている。

　パットナムには,「分館：コミュニティの鼓動」(*Branch Libraries: The Heartbeat of the Community*) という公共図書館に関する論文がある。シカゴ公共図書館の分館を二つの性格の異なった地域の中間に建設することによって, これまで出会うことのなかった二つの社会階層の人々が交流するようになったこと, そのように図書館が人々をつなげる新たな「サードプレイス」(レイ・オルデンバーグ (Ray Oldenburg) が唱えた人々のもう一つの交流の場〔*Celebrating the Third Place: Inspiring Stories About the Great Good Places at the Heart of Our Communities*, New York, 2001. 224p. 邦訳『サードプレイス　コミュニティの核になる「とびきり居心地よい場所」』忠平美幸訳, みすず書房, 2013〕) となりうること, さらにはシカゴ公共図書館の "One Book, One Chicago" (http://www.chipublib.org/browse_program/one-book-one-chicago/) といった市民が同時期に同じ本を読み語り合う試みを, ソーシャルキャピタルの観点から紹介している (Robert D. Putnam, "Branch Libraries：the Heartbeat of the Community," *Better Together. Restoring the American Community*. Simon & Schuster, ©2003, 2009, p.34-54)。

　また, オスロ・ユニバーシティ・カレッジのアンドレアス・ヴォルヘイム (Andreas Vårheim) らは, ソーシャルキャピタルの醸成に関して, 人々が交流によって一般的な相互信頼を生成するというトックビル (Alexis-Charles-Henri Clérel de Tocqueville, フランスの政治家,『アメリカの民主主義』を著した) やパットナムの立場と, もう一つには公的機関などによるあらゆる人に対する隔てない扱いが信頼を生成するという機関主義の立場があるとしつつ, 公共図書館はこの両者のどちらにも当てはまると指摘している。また, ソーシャルキャピタル醸成について,「OECD諸国においては公共図書館が一般的信頼を生成する最も重要な要素とみられる」し, 実際図書館が排除された人々へのアウトリーチによってより広い信頼をつくっていると結論づける (Andreas Vårheim, Sven Steinmo, and Eisaku Ide, "Do Libraries Matter? Public Libraries and the Creation of Social Capital," *Journal of Documentation*. 64(6), 2008, p.877-892)。

　公共図書館の社会的役割には, このようなソーシャルキャピタルといった観点からも, 注目でき, コミュニティを育むきわめて重要な施設だといえる。

> サードプレイス

UNIT 11 ●図書館の経営

図書館の経営

●⋯⋯⋯経営とは

　一人だけでの仕事にはその規模に限界がある。より大きな規模の仕事をするには共通する目的をもつ複数の人々が協働したほうがよい。経営（マネジメント）とは，このような複数の人が集まって，力を合わせてなんらかのことを行う「協働の体系」（チェスター・バーナード（Chester Barnard）），つまり組織の運営をいう。そして，どのような原理で組織を運営すれば，めざすところが最も効率的に実現されるのかを研究するのが経営学である。

協働

　組織には，営利を目的とした企業や，公益的な活動を行う学校や病院，あるいは社会福祉施設のような営利を追求しない非営利の組織がある。また，別の角度からみれば，組織には民間（民営）の組織として，［私］企業（営利組織）や非営利組織（NPO，NGO と呼ばれるもの）があり，それとともに官庁などの公共の組織がある。現代の社会で大多数を占めているのは，もちろん民間の営利組織である。

営利企業
非営利組織
民間組織
NPO
NGO
公共組織

　経営というと，民間の企業組織の活動がまず想起されるように，経営学は元来企業活動を対象として発展してきた。そのため，非営利組織，それに公共組織（なお今日，公共の営利組織は先進国ではほとんど存在しない）にとって，長らく経営はなじまないという考え方があった。ピーター・ドラッカー（Peter Drucker）が紹介するように，経営とは「非営利組織にとって『ビジネス』（営利活動）を意味し，ビジネスとは，非営利組織が関わらないものの一つだった。事実，当時の非営利組織のほとんどが『マネジメント』と呼ばれるようなものは，なに一つないと信じられていた」。しかし，「いまや，非営利機関は，自分たちが自らの使命に専念することができるようになるにはマネジメントが必要であることを知っている」という（ピーター・ドラッカー著，上田惇生，田代正実訳『非営利組織の経営：原理と実践』ダイヤモンド社，1991，p.xii-xiii）。

　また，近年では公共組織の活動が「行政」や「行政管理」という表現だけでなく「公共経営」とも呼ばれ，経営という言葉がこの領域でもしばしば用いられるようになった。公共組織の場合，政治システムの制約のもとにあるという点で，民間の組織一般のそれとは多少異なるが，これも「組織経営の一般原則によって，公共組織の使命を十分に発揮するよう外部および内部に働きかける活動」（古川俊一『公

公共経営

共経営と情報通信技術:「評価」をいかにシステム化するか』NII 出版,2002, p.14)であることには変わりはない。

　営利組織であれ非営利組織であれ,組織では,一定の経営資源を投入し「付加価値」を産出するための活動が行われる。その活動が円滑に進められるために,「組織のマネジメント」を展開し,かつ組織が置かれている環境への適切な対応（環境を的確に理解し受容するだけでなく環境変化に積極的に対応するマネジメント）を行う。望ましい経営とは,これら「組織のマネジメント」と「環境のマネジメント」が適切に行われ,さらにそこで生じる種々の問題や矛盾に発展的に対処していくことである（伊丹敬之,加護野忠男『ゼミナール経営学入門』第3版,日本経済新聞社,2003）。

<small>組織のマネジメント</small>

<small>環境のマネジメント</small>

●‥‥‥‥図書館の経営

　記録された知識や情報を収集,組織,保存し,人々の要求に応じて提供する社会的機関と位置づけられる図書館は,それぞれの設置者が定めた使命あるいは設置目的を掲げている。図書館の経営とは,そうしたねらいが十分に達成できるように,「組織の内部および外部に働きかける活動」である。

　使命・設置目的は,公立図書館（地方自治体が設置する図書館）では,たいてい「市民の教育及び文化の発展に寄与すること」といった抽象的な表現となっている（ときに,条例等に設置の目的が言及されない場合もある）。そのため図書館の経営活動はまず,使命・設置目的を具体化し活動計画を設計することから始まる。設置目的が無限定的なものであるのに,獲得できる経営資源は限定的であって,活動計画をつくるには十分な検討が求められる。それとともに関係方面との粘り強い折衝をして活動計画に必要な予算を確保し,かつ業務をどのような手順で展開し,また担当する部署をどのように構成するかなどを検討して,実効のある図書館サービスの実現に努める。またその結果については,常に利用者対象者の反応を把握して,そうした評価をとりまとめて次の計画にそれを反映させるのである。

<small>使命
設置目的</small>

　図書館経営においても,計画の策定やマーケティング,組織の運営や人的資源管理などの経営理論は有用であり,図書館活動の文脈にそれぞれが適用される。すでに8版を数え,今日の図書館経営論のスタンダードワーク（標準的な著作）となっている,ロバート・D. スチュアート（Robert D. Stueart）とバーバラ・B. モラン（Barbara B. Moran）,そしてクラウディア・J. モーナー（Claudia J. Morner）を加えた Library and Information Center Management. 8th ed. (Libraries Unlimited, 2013) では,序論のあと,

・計画：戦略計画（意思決定とポリシー）,図書館施設の計画と維持,情報サービスのマーケティング

<small>計画</small>

11. 図書館の経営　73

組織	・組織：組織と組織文化，組織の構造化（専門化と調整），組織の構成
人的資源	・人的資源：図書館における人材配置，図書館の職務，その他の問題
先導	・先導：動機づけ，リーダーシップ，倫理，コミュニケーション，図書館の参加型経営とチーム
調整	・調整：組織パフォーマンスの測定・評価・調整，財務管理

と，最終章に21世紀の経営が加えられた展開となっている。これらの経営課題については，本書では，以下に続くUNITでそれぞれに展開される。

● ……… **現代的経営課題**

図書館の役割は基本的には，普遍的・永続的なものである。しかし，そのあり方は，社会や時代によってかなり違った展開となる。そのために，図書館をとりまく時代状況への対応，すなわち「環境のマネジメント」に意を注ぐ必要がある。例えば，生涯学習社会や少子高齢化社会の到来によって，図書館がどのように対応すべきかを検討する必要がある。

生涯学習社会
少子高齢化社会

情報通信技術
学術雑誌
電子ジャーナル

とりわけインパクトが大きな環境変化はここ数十年の間の情報通信技術の進展で，図書館活動にさまざまな対応を余儀なくしてきた。学術雑誌がここ十数年の間に急速に電子ジャーナルに変わり，出版社がリリースするや否や，世界同時的に，利用者は情報ネットワークに接続している場所ならばどこからでも閲読できるようになった。その便利さは，大学図書館の利用者において今や手放すことができないものである。こうした情報のデジタル化がもたらした事態は，さらに急速に広がっており，電子図書（書籍）や電子雑誌（マガジン）を閲読できるモバイル機器が普及し，昨今では公共図書館においても，その導入が課題になっている。このような環境変化に対応して，図書館の中では，従来型の資料管理の業務が停止されたり，資料の入手が物理的な形をとらずに（情報へのアクセスとして），情報ネットワークを介して行われたりするようになっている。

電子図書
電子雑誌

情報流通体制

また，このような進展は図書館の中だけの問題でないことにも注意しておかねばならない。これまでの社会的な情報流通体制は，情報作成者から，編集者や出版者，書店，図書館を介して情報消費者へという流れであった。しかし，電子資料の利用の場合のように，利用者自らがネットワークを通じて出版社のシステムに直接アクセスし，ときにダウンロードするという方式により，いわゆる「中抜き」（中間に介在する者が不要になること）の状況が生み出される。この事態は，図書館の情報流通体制における位置づけも変える可能性があり，図書館には今後どのような社会的役割があるのかが問われ始めている。

中抜き

ただし，図書館が本来コミュニティにおける知識・情報の拠点として果たしてきた役割には，単に情報を仲介し，伝播させることだけではなく，知識・情報を共有

することによって，人々をつなぎ，コミュニティをまとめるということも含まれていた。図書館に訪れなくとも情報を入手できるリモートアクセスサービスが進展するとともに，人々が実際に寄り集まる場としての図書館サービスといった面も，公共図書館の経営には強く求められるようになっている。

 もう一つの大きな環境変化の領域は，図書館運営の問題である。わが国の「公立図書館」においては，2003（平成15）年の地方自治法改正は，大きな衝撃であった。この改正によって，各地方自治体はこれまでと同じように図書館を「直営」で運営し続けるのか，それとも指定管理者を選び，その運営を委ねるかという決定を迫られることとなった。指定管理者制度に利点があるとしても，その運用次第では取り返しのつかない結果となるかもしれないため，図書館界はこの問題に対してかなり慎重である。また「直営」を選択した場合も，すでに多くの業務が外部委託で行われているという現実もあり，単なる形式的な議論で解決できるほど，ここで提起された問題は，簡単に決着づけられるわけではない。

 行政サービスの改善といえば，これまで各行政組織の内部での運営課題だったものが，この法改正でよりよい担い手を選択するという競争がもち込まれたわけである。お役所仕事の非効率に目を向けて，民間企業における経営手法で改善しようといういわゆる「新しい公共経営」（New Public Management：NPM）（UNIT 46）から生み出されたもので，指定管理者のほかにも，PFI（Private Finance Initiative）といった経営形態（「民間資金等の活用による公共施設等の整備等の促進に関する法律」1999（平成11）年）や市場化テスト（「競争の導入による公共サービスの改革に関する法律」2006（平成18）年）と次々と制度化された。行政サービス向上については誰も異論を唱えることはないが，展開によっては新たな負担や種々の問題をかかえることになる可能性もあり，品質の高い図書館サービスはどのようにあったらよいかを慎重に考えねばならないといえよう。

 現在，図書館をめぐる環境変化には，情報通信技術によるサービスの進展もあれば，図書館の運営主体の変更，さらにはコミュニティ・ニーズの変化などさまざまなものがあり，いずれもかなり速いペースで進展している。これまでの前例主義や横並び主義による対応では，このような変化が意味するところを把握できないだけでなく，図書館のあるべき方向すらも見失ってしまおう。変化にダイナミックに対応できる図書館の経営が求められているのである。

欄外キーワード：
リモートアクセスサービス
直営
指定管理者
新しい公共経営（NPM）
PFI
市場化テスト

UNIT 12 ●図書館の経営
図書館の使命と目的

●………組織設置と「使命」

使命　　　　組織の使命とは、その組織に与えられた重大な役割、任務である。東京都立図書館では、「都立図書館は、経験豊富な職員と豊かな蔵書により、『時代のニーズにあったサービス』を提供することで、国際都市・東京を情報面から支え、都民や都政の抱える課題の解決を支援しています」とそれを表明している。

使命宣言　　どの公共図書館もこのような使命宣言を行っているわけではなく、わが国ではなお少数だといってよい。多くの場合は、図書館等の設置にあたっては、自治体の設置条例にその目的が明示されている。例えば、

　　図書館法（昭和25年法律第118号。以下「法」という。）第10条の規定に基づき、図書、記録その他必要な資料（以下「図書館資料」という。）を収集し、整理し、及び保存して市民の利用に供し、その教養、調査研究、レクリエーション等に資することを目的として、○○立図書館を設置する。

といった具合にである。

　　条例に示される設置目的と上記のような使命とは、類似している。いずれもその役割を規定しているし、法令は安定的であり、使命というものも重大な役割、任務を規定しているから、頻繁に見直されるものではない。とはいえ条例の設置の条項は全般的な目的を規定しているに過ぎず、使命宣言のように、その地域、あるいはその時期の特定のねらいなどを規定してはいない。

　　この違いは、実は次のような点からきている。

　　従来、公的な施設にあっては、法令の定めに基づき施設運営を統制してきた。設置目的は至当なもので、ほぼ変化なく、その施設は公平、平等に運営されることが重要であった。そのため、その管理運営にあたっては手続き的な正当性などが重要視され、その施設が果たす結果の確認は二次的だった。しかし、現在では人々にとって望ましいサービスを実現するには、それだけでは不十分で、公共サービスの原則

手続き的な正当性

公共経営　　を踏まえつつも、より効果的・効率的な結果が得られる「公共経営」が強く求められるようになった（UNIT 0 参照）。

　　つまり、各公共組織において状況の変化を踏まえつつ、どうすれば設置目的が実現できるか、毎年基本的な計画を立て、かつその実施の結果を評価して、次の計画

につないでいくという戦略経営的な視点が導入されるようになったのである。公共経営のプロセスは，①組織の使命の定義や目的の設定，②環境評価あるいは分析，②組織内部とその経営資源の評価，④代替計画の実施とコントロールを順々にたどり，使命とは，この最初のステップと位置づけられる。使命は，ここでは組織の置かれている外的環境を踏まえた経営指針として，不可欠なものなのである。

　例えば，ある図書館の使命宣言に，30年前には「最も求められているあらゆる種類の図書館資料を，できるだけたくさんの住民にたやすく使えるようにし，必要な情報のための利用拠点として機能すること」とあったのが，その後「住民に図書館資料や情報サービスを，費用対効果の高い，つまり需要と利用のレベルが釣り合った方法で，たやすく使えるようにし，図書館以外の資源へのアクセスを提供すること」と変えられ，現在では「われわれの多様なコミュニティのニーズに対応した創造性のある，高品質のサービスを提供する。すなわち，読書の喜びを奨励し，あらゆる年代の顧客に資源を進んで提供し，コミュニティの人々を暖かく迎え入れるスペースをつくること」と更新されている（Robert D. Stueart et al. *Library and Information Center Management. 7th ed.* p.110)。この変化は，その間の社会変化を反映している。

●………図書館の使命

　わが国で，いち早く使命宣言を掲げた静岡市立図書館は，次のようにその使命を宣言した。

　　図書館は，情報の海にこぎ出す市民ひとりひとりの水先案内をつとめます。いろいろな情報をのせた資料を集め，提供することで，
　　1　「図書館の自由に関する宣言」にもとづき，知る自由を守ります。
　　2　市民のくらしや仕事やまちづくりに役立ちます。
　　3　学びを通してさまざまな個性が育つことを助けます。
　　これらを実現するために，職員の専門的能力を高め，市民本位のサービスを追究します。また，運営についての情報も積極的に公開し，市民と行政が協力し合うことで成長する，開かれた図書館をめざします。（平成16年10月22日静岡市立中央図書館）

　　（http://www.toshokan.city.shizuoka.jp/?action=common_download_main&upload_id=582）

　スチュアートらは，図書館の使命宣言は，記録された知識や情報を扱う社会的機関として，なにを，どのようにしようとするかを述べるもので，必ず，誰が顧客か，サービスはなにか，そしてどのような活動をするかを含め，その図書館の置かれた固有の役割や対象領域を意識したものとする必要があるという（*Library and In-*

formation Center Management. p.109)。それに照らせば、ここで顧客は、静岡市民であることが明示され、そのサービスはなにか、どのような活動をするかについては、三つの項目が立てられているとみることができる。

「図書館の自由に関する宣言」　　ちなみにここで引いている「図書館の自由に関する宣言」は、日本図書館協会が1954年に採択したもので（1979年改訂）、「図書館は、基本的人権のひとつとして知る自由をもつ国民に、資料と施設を提供することをもっとも重要な任務とする」という認識のもとに、①図書館は資料収集の自由を有する、②図書館は資料提供の自由を有する、③図書館は利用者の秘密を守る、④図書館はすべての検閲に反対する、という四つの行動基準からなる（http://www.jla.or.jp/ziyuu.htm）（アメリカ図書館協会の「図書館の権利宣言」(Library Bill of Rights（1948年採択、最終改正1996年）をも参照）。

「図書館の権利宣言」

ビジョン　　なお、よく混同されるが、使命とビジョンには違いがある。使命は、組織目的に対する具体的な答えである。それに対して、ビジョンは、時代を先取りし、組織が実現しようとする価値を述べる。先立ってつくられることもあり、使命などの設定を方向づけている。

●……… 図書館の目的

図書館の目的　　ビジョンの表明や使命宣言とともに、図書館活動の照準として「図書館の目的」を設定しておく必要がある。目的は、図書館経営の方針をより具体的に示すものであり、使命では言及できなかった具体的な行動目標について言及する。次の表

具体的な行動目標　　12-1は、上述の静岡市立中央図書館の使命から導かれた目的である。一次、二次とブレークダウンして、サービス方針とつなげている。④以降、重点を置くべきサービス項目が具体的に示されている。

戦略経営プロセス　　冒頭では戦略経営プロセスを「①組織の使命の定義や目的の設定、②環境評価あるいは分析」と順序づけをした。その①は、②やあるいは以前の実施結果の評価などを踏まえたものであり、使命や目的が先験的に設定されるわけではない。つまり、コミュニティ内で住民が使える他の情報資源などに関する情報が入手できれば、ビジョンや使命を具体化し、組織の目的・目標を設定することができる。ここでいう

目的　　目的（goal）とは、組織が実現しようとする抱負であり、目標とは短期的な視野
目標　　での達成課題（objectives）であるとする（目的や目標といった言葉づかいは必ずしも統一した用法になっていないが、本書ではこのような、計画の遂行上の段階をつけるものとしている）。

　　公立図書館の使命や目的に関しては、政府などの図書館担当部署や図書館団体が公表した図書館の役割等を解説した文書等（例えば、文部科学省ウェブサイトにある「これからの図書館像－地域を支える情報拠点をめざして－」(http://www.mext.

go.jp/b_menu/houdou/18/04/06040513.htm) や日本図書館協会「公共図書館の任務と目標」(http://www.jla.or.jp/ninmu.htm)) がその設定作業の参考になる。ただし，それらは一般的な対象を想定していることもあり，どのような活動項目をどの程度まで展開するかについては，その図書館が置かれたコミュニティの状況に基づいて設定する必要がある。

表 12-1　静岡市立中央図書館の目的

一次目的	二次目的	サービス方針
①知る自由を守ります。	①「知りたい」という望みにすばやく確実に応えます。	①本をはじめ，さまざまなメディアや他の図書館とのネットワークを活用して，望んでいるのに提供できない資料，知りたいのに回答できない相談を減らすことに努めます。 ②資料の検索や提供が，より早く確実にできるサービスをめざします。
	②「図書館の自由に関する宣言」の実現に努めます。	③知る自由を保障するべき図書館の責任を説いた「図書館の自由に関する宣言」を守り，その趣旨を広めることに努めます。
②市民のくらしや仕事やまちづくりに役立ちます。	③誰もが情報を自分で使いこなせるよう援助します。	④図書館に来たり利用することが難しい市民にも，望みの資料や情報を提供することに努めます。
		⑤子ども・若者（ヤングアダルト）・高齢者・障害者・外国人など，それぞれの求めや特色に応じたサービスと PR を工夫します。
		⑥図書館サービスを利用できない地域や時間帯を減らすことに努めます。
		⑦本からコンピュータまで上手に情報を使いこなす方法を学ぶ機会を提供します。
	④市民のくらしや仕事やまちづくりに役立つ資料を集め，提供します。	⑧会社・自営業者・市民団体・役所などの活動に役立つ資料を集め，提供します。
		⑨市民のくらしや仕事に役立ち，時事問題への関心に応える資料を集め，提供します。
		⑩静岡についての記録をはじめ，過去を伝える貴重な資料を，次の世代の利用を視野に入れながら，集め，保存し，提供します。
③学びを通してさまざまな個性が育つことを助けます。	⑤知性と感性を刺激します。	⑪さまざまな意見や文化や価値観について知ることのできる資料を集め，提供します。
		⑫子どものときから本の魅力を知り，生涯にわたり読書を楽しむ機会を提供します。
		⑬学校図書館の充実のために，その活動を支援します。
	⑥心の安らぐ機会と場を提供します。	⑭くりかえし来館したくなる，気持ちのよいサービスや対応や場所を提供します。

出典：『静岡市の図書館　平成 25 年度』

UNIT 13 ●図書館の経営
図書館の組織

●⋯⋯⋯⋯組織化の意義

　目的を実現するために，役割をどのように分担し，どのように相互に調整するかの体系が組織であり，次の5つの点からその組織構造は設計される（伊丹敬之，加護野忠男『ゼミナール経営学入門』第3版，日本経済新聞社，2003，p.262）。

分業関係　　① 分業関係：組織における仕事をどのように分担するか
権限関係　　② 権限関係：役割間の指揮命令をどうするか
部門化　　　③ 部門化：どのように役割同士を結びつけグループ化するか
伝達と協議　④ 伝達と協議：役割間の情報伝達と協議のあり方をどうするか
ルール化　　⑤ ルール（公式）化：個々人の仕事の進め方をどの程度まで規則化しておくか

　事業展開のため，組織は分業の利益を活用する。図書館には，例えば資料を取得・登録し，その書誌レコードを管理する整理の仕事（テクニカルサービス）や利用者に応対する仕事（利用者サービス）などがある。分業とは，こうした仕事全部をそれぞれの人が同じように受け持つのではなく，受け持ち範囲を決めて行うことであり，その利益とは，それぞれの仕事を単純化でき，熟練度の低い人々を活用できるし，また，専門化した仕事にあたる従事者が専門性を高め，そのパフォーマンス（実績）を上げることである。一方，分業にはそれがもたらす短所もある。分業の結果，仕事が分割され，限定的な仕事しかこなせない職員が出現し，組織内における人の異動性を阻害したり，他の部署への理解が行き届かず組織内での対立を引き起こしたりすることもある。図書館の仕事も専門化されたものが多くなっているから，この点には十分留意しておく必要がある。

　上記の5つの点を組織上の関係と調整に留意しながらたどってみると，まずは上述したように①の分業関係を設定し，高いパフォーマンスを実現し，かつ円滑に組織運営を行う。それとともに，作業の分割という組織の横の関係に対するいわば縦の分業関係，つまり上司と部下とがどのように権限を分割するかが問題となる。なにごとをも上司が決めるわけにはいかないから，権限を部下に委譲するのは不可欠であり，そのあり方の設計が②の権限関係である。

　こうした分業関係は，そもそも相互の調整を前提として成り立っている。どのように調整をするかを考えておかねばならない。そこで，担当する職務や従事する人々

の間を調整しやすくするため，類似した役割や一体的な役割をグループにまとめる③の部門化が進められる。また，統制可能な管理単位に区分し，それらをまとめる体系を階層的に構成し，全体を整合するように系統づけると，階層化した組織ができる。グループの規模と束ね方（職能別，顧客別，地域別など），つまり部門化の方式は，組織の古くからの基本課題である。

その上で，部門間の相互の調整を行うためのコミュニケーションはどのように行われるか，それが④の伝達と協議という問題である。速やかに伝達でき，協議が容易にかつ効果的に行える構造にしておく必要がある。通常，コミュニケーションの結節点に部門の管理者が位置づけられる。管理者を通じて情報伝達や命令の統一性が確保されるからである。しかし，いちいち管理者を通じるため，時間を要するということにもなる。縦に延びた組織では，その弊害が出やすく，補完的な横断的伝達の経路を設ける必要がある。

分業の調整は日々行われるものであるといっても，ある状態が起きたときに，さほどの問題でなくとも，いちいち協議するのは大きな負担である。どのように対処するかをあらかじめ決めておけば，迅速に対応できる。⑤それぞれの仕事の進め方をある程度決めておくというルール（公式）化は，そのためにある。「一般的に，日常の反復的な作業が多い職場，人の出入りの激しい職場，取り扱いに公正さが要求される職場では，職場のルール化が進む傾向があり」，図書館を含め多くの現場は，これらに該当しよう。ただしルール化とは，組織が培ってきたノウハウのとりまとめではあるが，マニュアル化の弊害（例外的な事態に対応できない）とか，あるいは下に述べる官僚組織の規則万能主義（公式化されたものの遵守が問題となり，なんのためにそれがつくられたかが顧みられない）の問題を引き起こすこともある。

> マニュアル化の弊害
> 規則万能主義

● ……… **組織構造の設計**

組織がそこで行う仕事の種類を決定づける。組織構造を具体的に設計する際に言及されない仕事は，必要であっても取り組まれないことになる。例えば，品質管理や新規の仕事領域などは，顧客満足の向上や時代変化に対応していくために不可欠であり，組織設計でそれをきちんと位置づけておかねばならない。組織構造はまた，その組織の情報の流れと意思決定のポイントも決めるから，どのように情報が集められるか，その結果なにが決定されるかは，これによって規定されるといってよい。現場に沿った判断が必要だとして，権限を現場に近いところに下ろせば，現実的な対応と決定の迅速性が確保できるが，現場の周辺だけの情報に基づき，全体の調整が難しくなるということもある。

> 組織構造

図書館において日常的に経験することであるが，管理部門とサービス部門とは，意見が合わないことがある。これは，組織部署によりすくい取る情報に違いがある

からである。また，それぞれの立場（管理部門は業務の効率性を優先させるが，サービス部門は利用者への効果を求める）で脚色された発言となって伝えられる。組織としてはそれらを統合していく必要があるが，情報がかみ合わず，組織内での対立が発生したりする。現実的には，この種の問題はなくならない。その解決には，上位者が調整をとるか，部門間の協議によるかなどの方法がある。必要なことは，多様な情報の獲得を促し，また建設的に対立を解消しようという姿勢である。

このように組織構造は組織の意思決定などに大きな影響を及ぼす。組織構造の性質により，意思決定に迅速なものもあれば，決定の質の高いもの，変化への対応がしやすいもの，組織の革新性や組織の一体感などが得やすいものなどとそうではないもの，さまざまである。それぞれの組織のもつ特質や置かれた状況により，どれを望むかを考慮し，いくつかの条件を選択し，組織構造を設計する。

これまでたいていは，あらゆる組織に共通して有効であるとして伝統的に確立されたいわゆる官僚制の組織構造が選択されてきた。その原理となった近代官僚制（マックス・ウェーバー（Max Weber））は，組織化の意義で述べた5つの点を満たしている。とりわけ，規則による職務と権限の配分と人事（つまり上位者の恣意的・属人的な管理の排除），階層制（分業による部門化と管理の統制範囲），文書による問題処理（正確性や明確性を確保する），専門化された職務遂行活動などが徹底されている。しかし，R.マートン（R. Merton）がその逆機能を指摘したように，官僚制は一方で規則万能主義，前例主義，セクショナリズム，そして組織の肥大化をもたらすこともある。また，トム・バーンズ（Tom Burns）とジョージ・ストーカー（George M. Stalker）の分析（UNIT 33参照）のように，機械的組織を構成する官僚制には，安定した環境のもとでは適したものといえるが，激しい社会変化には有機的組織のほうが適しているといえる。組織をとりまく環境や技術の動向を踏まえて，上述した条件をどのように選ぶかによって組織構造は決まる。

近代官僚制

規則

階層制
文書

規則万能主義
前例主義
セクショナリズム
組織の肥大化

● ……… **図書館の組織構造**

公共図書館の多くは公共組織なので，いわゆる縦割りの地方自治体組織の一部として構成される。通常，単館で成り立っていない限り，中央館または本館と分館，その他の構成単位で全体の組織が構成されている。そして，ある程度の規模以上の図書館であれば，管理やサービスなどの職能ごとに分化した職能別組織がとられる。

中央館
本館
分館

職能別組織

図書館サービス部門
庶務部門

整理部門

図13-1は，わが国の公共図書館の組織図の一例である。ここでは図書館サービス部門と庶務部門があり，図書館サービス部門のもとに資料相談・情報管理関係，館内サービス関係，館外サービス関係が設定され，それがさらに合計5つの単位に区分けされている。ここでは以前一般的であった図書館の整理（テクニカルサービス）部門とサービス（利用者サービス）部門といった二分ではなく，資料・情報関

係としてテクニカルサービスと利用者支援サービスがくくられ，一方では貸出サービス関係と相互貸借がある。現状の職務の大きさを反映している。また，部課係という名称ではなく，概括的に分けているという点で，縦割りになりがちな官僚制の欠点を意識し，事態に柔軟に対応しようとしていることがみえる。

　分館等は，図書館としてサービス対象の行政地域や大学等のキャンパスなどのサービス範囲や顧客グループを単位として部門化し，ときにはいわゆる事業部制組織のような形をとる。もちろん，規模が大きくなれば，その中でも職能による組織化が行われる。そのほか例外的だが，職能別の担当と事業別の担当を組み合わせたいマトリックス組織（例えば，職務を部門化し通常の組織体系を構成し，資料を主題別に分け持つ）をとることがある。

事業部制組織

マトリックス組織

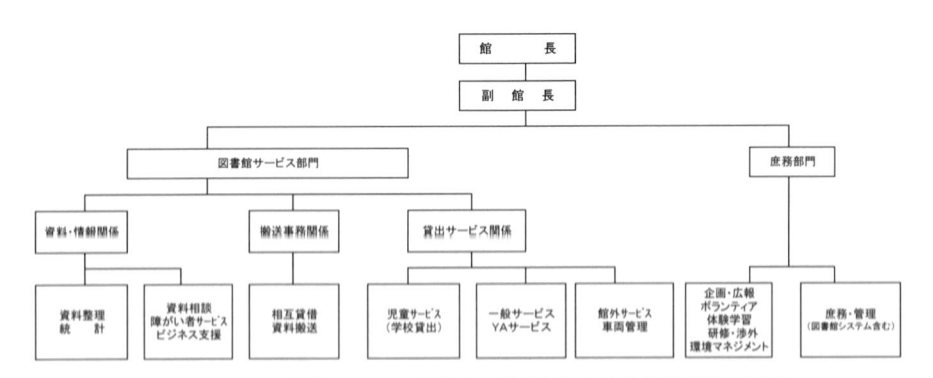

図 13-1　公共図書館における組織図の例（鳥取市立中央図書館組織図）

　また，図書館には行政組織や教育機関の一部として，機構全体からみた位置づけの問題もある。図書館と設置母体の組織的な関係である。わが国の場合，公立図書館は多くは各地方自治体の教育委員会（例外的だが首長部局のものもある）のもとに位置づけられているし，大学図書館などは学内の共同利用組織に位置づけられている。そのため，①図書館の経営が，その上位組織（設置母体）の強い影響のもとで展開される，②図書館の財政は上位組織が決定し，図書館はその範囲内で執行する，③図書館の職員の組織での位置づけ（一般行政職か図書館専門職か臨時的な職員か，あるいは委託先組織の職員かといった位置づけ，採用の方法など）なども，この組織のあり方によって決定されているのである。

図書館と設置母体の組織的な関係

注記　2019年6月，地方分権一括法成立による図書館法改正により，教育委員会から地方公共団体の長へ移管することが可能となった。

UNIT 14 ●図書館の経営
図書館の計画

●……… 図書館経営における計画

　図書館では，他の組織と同様に経営を行う上で利用できる有形無形の資源（経営資源）を投入し，付加価値を産出していく。このとき，経営資源の投入が行き当たりばったりでは，組織体としての存続が危ぶまれる。経営資源をなにに，どのように，どの程度投入していき，どのような付加価値を産出していくのかについて計画を立てることは必須である。当然，図書館においても，経営計画は必須といってよい。

　そして，経営計画は，戦略的なものでなければならない。したがって，図書館の経営計画は，図書館の使命・目的，図書館をとりまく環境，図書館が有する経営資源といったものを適切に評価・分析した上で構築していかなければならない。

　また，図書館経営においては，長期的視点で図書館のあり方をどのように考えていくのかという戦略レベルから日常的な図書館業務レベルまで筋道の立った体系的な計画づくりが必要である。経営学では，体系的な経営計画を考える際に，戦略計画（経営戦略）－中長期計画－短期計画といった形で連鎖して考えていくことを説いている。

> 体系的な計画
> 戦略計画
> 中長期計画
> 短期計画

　なお，実際の組織の経営計画においては，戦略計画が独立した計画ではなく，他の計画（例えば長期計画）に組み込まれていることもある。いずれにしても，組織が経営を計画していく中で戦略を立てることはきわめて重要である。

●……… 戦略計画における使命・目的と環境分析

> 図書館の使命・目的

　戦略計画，というよりも経営計画を考える上で基本となるのが，図書館の使命・目的である。これはすでに UNIT 12 で解説されているが，改めて紹介すると，図書館の使命とは設置母体によって図書館に与えられた重大な役割，任務ということになる。そして，図書館の目的は，使命よりも図書館経営の方針をより具体的に示すものであり，使命では言及できなかった具体的な行動目標について言及するものとなる。

　しかし，地図を手元にもっていても現在位置や進行方向がわからないと道に迷ってしまう。同様に，現在の図書館の立ち位置あるいは進むべき方向がわからなけれ

ば，いくら使命や目的を掲げていてもそこに到達するための道筋は見えてこないことになる。つまり，使命や目的だけで戦略計画をつくることはできず，図書館に関する外の環境を分析して，図書館の状況を深く理解していく必要がある。

さらに，仮に目的地と道筋を把握できたとしても，その道筋をたどることができる能力・状態にあるのかも重要である。仮に現在位置から目的地に至る道筋を完璧に把握していたとしても，目的地が標高数千メートルの山の頂上であったなら，登山装備が必要になる。つまり，使命や目的を達成できる方策を見つけても，それを実行できる資源や能力を図書館の内部がもっているかどうかも冷静に見極めていく必要がある。

以上の点をまとめると，図書館の経営計画の根幹となる戦略計画を考えていくためには，①組織の使命の定義や目的の設定，②環境評価あるいは分析，③組織内部とその経営資源の評価が必要となる。

●……… **環境分析の手法**

環境分析は，さまざまな角度から分析が行われていく必要があるだろう。まず図書館の現状，そして歴史を分析していくことである。これによって得られた結果は内部環境に関する基礎的なデータになるだろう。

> 環境分析
> 図書館の現状
> 図書館の歴史

また，図書館をとりまく外部環境はさまざまなものがあるが，正負を問わず重要な要因となりうるものを以下の観点から見逃していないかをみていくとよいだろう（なお，要因の英語の頭文字からPEST分析と呼ばれることもある）。同時に，図書館の設置母体にとっての外部環境も分析しておく必要がある。図書館は国家，自治体，大学，学校，企業，諸組織というシステムの中に設置されるサブシステムである以上，設置母体を無視して経営することはできないからである。

> PEST分析

(1) 政治（Politics）的要因：政治や法律による要因であり，法律の改正（例えば著作権法改正は図書館サービスに影響を及ぼす），規制緩和などがあげられる。
(2) 経済（Economy）的要因：公共図書館ならば，地域経済の動向，失業率や収入の推移などが関わってくる。
(3) 社会（Society）的要因：人口問題，高齢化，少子化といった社会的変動やライフスタイルのような文化的な要因が該当する。
(4) 技術（Technology）的要因：情報通信技術に代表されるように技術が経営に多大な影響を与えることも多い。

こうした要因を組み合わせて分析する手法として知られているものとしてSWOT分析がある。この手法は，内部環境と外部環境に分けて，さらに，それぞれの好影響と悪影響について，表14-1のように4つの要因として整理して分析しようとするものである。アメリカ図書館協会もウェブサイトでSWOT分析を紹介

> SWOT分析

している（*SWOT ANALYSIS: Your Library's Strengths, Weaknesses, Opportunities, and Threats*）。分析に際しては，SWOT の 4 要素を組み合わせて分析することになる（表 14-2）。基本的には表 14-2 のそれぞれのマス目の中にある方針で戦略を考えていくことになる。

表 14-1　SWOT 分析（板倉宏昭『経営学講義』勁草書房，2010，p.40）

	好影響	悪影響
内部環境	強み（Strength）	弱み（Weakness）
外部環境	機会（Opportunities）	脅威（Threats）

表 14-2　SWOT のクロス分析

	機会（Opportunities）	脅威（Threats）
強み（Strength）	強みによって機会を最大限に活かせないか	強みで脅威を回避できないか
弱み（Weakness）	機会に乗じて弱みを強みに転換できないか	弱みと脅威が鉢合わせになるリスクを回避する

（板倉宏昭『経営学講義』勁草書房，2010 をもとに作成）

● ……… さまざまな計画

　戦略計画を構築したのちは，中長期計画，さらに短期計画を考えていくことになる。中長期計画は 3 年から 10 年程度の計画であり，使命や目的，そして戦略計画をもとに，想定する期間で使命や目的の実現の道筋を示すことになる。なお，期間については，かなりの幅がある。これに対して短期計画は通常は 1 年単位であり，毎年の具体的な活動についての計画となる。

　中長期計画と短期計画は計画の対象となる期間の相対的な長さによる分け方になるが，それ以外にも組織に対応する形で計画を立案していくことが考えられる。図書館においては，職能別に組織が構築されることも多い（UNIT 13）ので，サービス部門の計画になるサービス計画，管理部門の管理計画という構図は比較的わかりやすい形になるだろう。また，児童，高齢者等々の利用者別に組織を設定している場合には，利用者のセグメンテーション別の経営計画を設定することになるだろう。なお，実際には図書館はサービス機関であるということで，サービス計画が実質的にすべての職能に関係する全体計画の名称になっていることも多い。

　経営計画を立案するときには，使命や目的，あるいは戦略を踏まえて次第に期間の短い計画になるように考えていくとよい。すなわち，戦略計画を前提として中長期計画が設定され，中長期計画で示した道筋の一里塚になるように短期計画を考えていくというものである。

● ……… **評価に直結できる計画**

　合理的な経営管理の手法としてよく知られているのが，PDCA サイクル（図 14-1）である。計画（Plan）－実行（Do）－評価（Check）－改善（Act）という一連の活動を行い，最後の改善を次の計画につなげていくことで，全体の活動を改善していこうというものである。

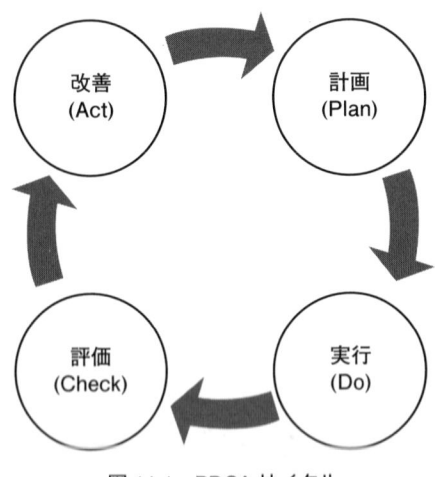

図 14-1　PDCA サイクル

　この PDCA サイクルにつなげるためには，計画の段階で評価に直結した計画にしなくてはならない。具体的には，計画に目標を用意して，その目標の達成度を測定できる評価指標を用意しておくべきである。目標は，実現可能性は確保しつつ意欲的なものとしておき，評価指標はできる限り測定可能でなければならない。

　例えば，すべての人の出会いの場とするという使命に対して，施設面の中長期計画では図書館施設の完全バリアフリー化，1 年目の短期計画では図書館入口にスロープを導入するという目標を設定したとする。このとき，中長期計画では図書館利用者のすべてのスペースを車椅子で利用できる，短期計画では車椅子で無理なく入館できるといった評価指標を用意して，活動を評価することになる。このように評価に直結した経営計画が重要になる。

評価指標

UNIT 15 ●図書館の経営
図書館の評価

● ……… **経営プロセスとしての評価**

　策定された経営計画の目標の達成状況を把握し，経営が有効・適切に行われているかどうかを判断することを評価という。UNIT 14 で紹介された PDCA：計画 (Plan) – 実行 (Do) – 評価 (Check) – 改善 (Act) (PDS：計画 (Plan) →実施 (Do) →点検 (See) ともいう) にあるように，点検・評価は，経営プロセスで，次の計画につながるステップである。評価には，経営全体にわたるものから，個々の作業レベルのものまである。評価から次の計画に反映する（フィードバック）ステップは，したがって，上位組織の意思決定（図書館の場合，設置機関や議会での承認など）にゆだねられ，長くなることも，個々の組織単位で迅速に処理されるものもある。

　行政の一環としての公共サービスは，従来，議会での審議や公務員制度に担保されるとして，出口としての評価に至らないこともあった。しかし現在では，より効率的・効果的なサービスの実現が求められ，評価は公共サービス経営の不可欠な要素となっている。

　法制的にも，公共図書館についてその経営プロセスを適正化すべく，「図書館の設置及び運営上の望ましい基準」（2012（平成 24）年告示）に，図書館はそのサービスの水準の向上を図り，当該図書館の目的および社会的使命を達成するため，各々適切な「指標」を選定するとともに，これらに係る目標を設定し，その達成に向けて計画的にこれを行うよう努めなければならないこと，また各年度の図書館サービスの状況について，目標の達成状況等に関し自ら点検および評価を行うとともに，その結果を公表するよう努めなければならないと規定されている。これは，2008（平成 20）年の「図書館は，当該図書館の運営の状況について評価を行うとともに，その結果に基づき図書館の運営の改善を図るため必要な措置を講ずるよう努めなければならない」（第 7 条の 3）と規定した図書館法改正に基づくものである。

図書館法第 7 条の 3

　なお，公立図書館では，自治体の「行政評価」（行政における目標管理の考え方を導入したりして，業績測定を行っているもの）の一つとして，図書館評価が行われることがある。その設定においても，図書館の実績を積極的に示す必要があるが，限定的な測定値の提示で終わることが多い。経営全体の評価がむろんそれだけで済

むわけではない。

●┈┈┈┈評価のアプローチ

評価の作業では，次のような点を見ておかねばならない。

① 評価の構成（construct）　　　　　　　　　　　　　　　　　　評価の構成
② 評価の文脈（context）　　　　　　　　　　　　　　　　　　　評価の文脈
③ 評価の規準（criteria）　　　　　　　　　　　　　　　　　　　評価の規準
④ 評価の方法（methodology）　　　　　　　　　　　　　　　　　評価の方法

である。

①は，なにを評価するのか，なにがそれには含まれ，どこまでが評価の対象となるか，という評価される対象の構成である。これは，実際上注意を要するところだ。次いで，②評価の文脈，すなわち評価の目的，枠組み，視点などが問題となる。これらは評価のあり方を左右するものである。③評価の規準とは，設定された目標の到達度を測定する際，どのような面を，どのような測り方をするかである。最後の，④評価の方法は，使用するスケールや測定手法，悉皆調査でないとすれば標本の作り方，そしてデータ収集をどのような手順で行うか，さらにデータ分析についてはどうするかなど評価手法に関するものである（Tefko Saracevic. Evaluation of Digital Libraries: An Overview. 2004, 13p.）。

ただし，評価は理論的な枠組みを設定し実施するというよりは，実務として行われているもので，例えば，②の評価の文脈を望ましく設定しても，それに沿った事象が把握しづらく，評価を実施できないことがある。逆に，状況を判断して評価の文脈を設定することもある。つまり，評価の文脈や規準を状況と折り合いをつけつつ，実績に対する評価は行われる。

従来，図書館のどの側面を評価するかという点について，図書館を一つの活動する体系（システム）と見立て，そのシステムの活動を投入（インプット：予算額，職員数など），処理（プロセス：作業量など），そして産出（アウトプット：サービスの提供数など）とにわけて，それを把握するということが行われてきた。また，近年では図書館に設定した目的・目標が達成されたかどうかに注目が集まり，成果（アウトカム）として把握するということも行われるようになったし，その成果を含み，図書館が利用者，あるいはコミュニティ，および社会などに与える影響／効果（インパクト）に注目した評価も普及してきた。また，図書館の価値（バリュー）をとらえようとする評価もある。システム論的にいえば，インプットからアウトプットまでは，図書館のレベルでの評価であるが，アウトカムやインパクト，バリューは，図書館を設置しているより上位のシステム（親機関，コミュニティなど）からの評価である。

投入（インプット）
産出（アウトプット）
成果（アウトカム）
価値（バリュー）

実際の図書館評価において，どのように展開するか，また③および④がどのような状況で出現するかを，次にみておこう。

●………図書館の評価

多くの図書館では，日常的に業務の測定を行っている。例えば，来館者数，利用登録者数，作業処理数，貸出数，イベント参加者数など，いろいろな側面がとりあげられる。一部は機械がその数を計測してくれるようになったし，また，一定期間測定して，それから全体数を推定する場合もある。また，図書館にとって必要な経費や，それによって確保した資料数や職員の雇用に関するデータがある。これらは上に述べた図書館の，投入，処理，産出といった活動のデータである。また，図書館がサービスを提供するコミュニティの人数やその人口構成などのデータももっていよう。

こうしたデータを系統的に集約して，図書館の活動の状態や特性を数的に表現する。これを，統計をとるという。この統計数値を使えば，より客観的に図書館の活動の状況が把握できる。ただし，図書館統計は，それぞれ図書館で独自の方法ではなく，JIS X0814（図書館統計）（option F 参照）といった規格などに則って作成されること（④の評価の方法）がきわめて重要である。規格には，それぞれのケースに応じてどのような統計項目が必要とされ，どの「評価の方法」を使うべきかが列挙されている。規格に基づかない場合は，他の図書館との比較もできず，自館の活動を客観的に把握することが難しい（UNIT 40 参照）。

　図書館統計
　JIS X0814

図書館評価では，単純に統計数を比較するだけでなく，それらに基づいて，サービスを提供するための資源配分の有効性や業務処理における効率性，それに図書館の提供するサービスの有効性を点検する必要がある。それを明らかにするために用いられる数値等を「パフォーマンス指標」という。この指標は，図書館の評価の視点を活動結果（例えば貸出数）にだけ焦点をあてるのではなく，図書館がもっている制約（例えばサービス対象人口数）と対比して図書館の状態を示唆するもので，利用に関しては，わが国でも人口当たりの貸出数やコレクション回転率（貸出数／コレクション数）などがよく使われてきた。

　パフォーマンス指標

option F に示したように，ISO 11620：2014（図書館パフォーマンス指標）には，広範囲の指標が示されている。その中には，効率性の指標だけではなく，サービスの有効性の直接的な表現として，利用者満足度や再訪問意欲度なども含まれている。パフォーマンス指標（③の「評価の規準」）のどれを選ぶかは，各館の評価のねらい（「評価の文脈」）に従い，かつ測定可能性などを勘案して決める。

　ISO 11620：2014

● 図書館のインパクト

　近年，情報技術の進展によって，ネットワーク上に多様な情報サービスが出現したこともあり，先進諸国の公共図書館サービスの実績はやや下降ぎみである。そのため図書館活動の意義をきちんと説明し，また図書館の有効性を人々に訴える必要性が高まり，図書館のインパクト評価が注目を浴びている。

　インパクトとは，図書館サービスとの接触によって生じる結果をいう。個人レベルのものもあれば，集団や社会などに及ぼす変化もある（option G 参照）。個人が，図書館の資料によって学習する，あるいは資料に共感し充実した時間を過ごす，知識を得て，その態度・行動を変化させるなどのインパクト，また図書館の存在や各種のサービスが，コミュニティの人々のアイデンティティを確保し，共生するつながりをつくるといった，インパクトが考えられる。

> 影響／効果（インパクト）

　ただし，これらのインパクトは，直ちに現れるものもあれば，長い時間を要するものもあるし，限定された範囲のものも，あるいは人々の生活の深いところにまで影響を与えるものもある。さらには事前から意図されていた目標の実現（これを「成果（アウトカム）」という）もあれば，意図されなかった結果もある。

　インパクトの多くは，特定の統計値や指標だけでそれを証拠づけられるほど単純ではない。そのために，上述の図書館統計・パフォーマンス指標のいくつかの結果を組み合わせて（例えば「場所としての図書館の評価」について，来館者数＋座席占有率と図書館サービスについてのグループ・インタビューの発言の検討），インパクトを示すこともある。なお，インパクト評価の方法については，量的なものだけでなく，質的なもの，また調査（サーベイ・聞き取り），観察，テストなどさまざまな手法で，さらに利用者だけでなく非利用者を含める広範囲の結果把握が試みられる（option G　ISO 16439（図書館のインパクト評価の方法と手順）参照）。

option F

図書館統計とパフォーマンス指標の規格

　図書館経営では常に，図書館の活動状況を把握し評価し，次の意思決定を行う。図書館活動の把握・評価に使われる典型的なものに，日々のサービスや業務を数値で把握する統計や，図書館のパフォーマンス（実績，あるいは性能）を表す各種指標がある。それらについて，これまであちこちの図書館において実施され，かつ有用だと思われるものがまとめられてきた。国際的なレベルでは，国際標準化機構（International Organization for Standardization：ISO）のもとに設けられた TC46（情報とドキュメンテーション専門委員会）が，国内では日本工業標準調査会（Japanese Industrial Standard Committee：JISC）が，それぞれ ISO 規格とか JIS 規格と呼ばれている標準を，これらに関しても作成している（両者は整合するように設定されている）。

　ISO 規格，JIS 規格といっても，ここでとりあげるものは，他の技術規格とは違って，ISO9000 シリーズとして知られる品質マネジメントシステム（QMS）の領域に入るものである（下図（https://www.jisc.go.jp/mss/qms-9000.html）を参照）。図をなぞっていえば，図書館の場合，ここでの経営者とは館長であり，製品は図書館のサービスである。顧客に求められた製品を提供するとともに，経営上の情報を測定・分析し，かつ改善を施すといった品質マネジメントの情報を把握することが期待されている。なお，顧客からの要求事項のインプットと，製品のアウトプットの矢印が「価値を付加する活動」，経営者と顧客のやりとりおよび満足測定のやりとりの矢印が「情報の流れ」である。

　まず図書館統計に関する国際規格は，「ISO 2789：2022 International library statistics」で，最新は第6版，2022年に発行されている。国内規格は，現時点では国際規格の第4版（2006年）に沿って 2011 年に改訂された「JIS X0814：2011 図書館統計」（http://kikakurui.com/x0/X0814-2011-01.html）である。統計を採集する場合，なにを対象にし，実際にどのように数えるかが重要である。例えば，図書館の

国際標準化機構（ISO）
TC46
情報とドキュメンテーション専門委員会
日本工業標準調査会
ISO 規格
JIS 規格

ISO9000 シリーズ
品質マネジメントシステム

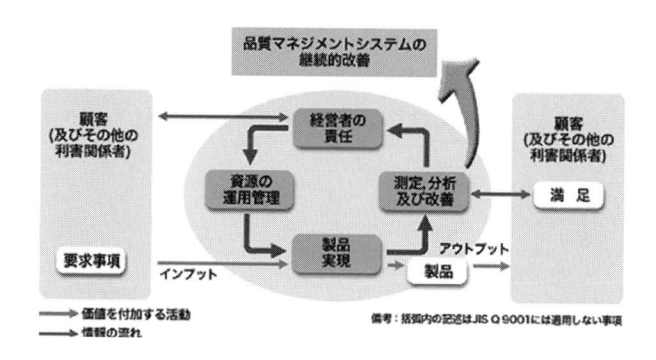

図書館統計に関する国際規格
ISO 2789

JIS X0814

コレクション数として資料をどのように区分して数えるのか，利用登録者数はどの期間で数えるのか，あるいは図書館が対象としている居住地の範囲外の人が入っているのかなど種々問題がある。この規格はそれぞれの統計について望ましいあり方を示唆する。

最新の「ISO 2789：2022」では，統計項目は第5版と同様，図書館，サービスと利用，コレクション，アクセスと施設，経営，資金調達と経費，職員という7つの枠にくくられている。また，附属書の見直しも行われており，附属書Cとして「デジタル利用の測定の方法と問題」が追加された。

ISO 11620：2014 図書館パフォーマンス指標

資源, アクセス及び基盤	利用	効率性	発展可能性
要求タイトル利用可能性	コレクション回転率	コレクション利用当たりの経費	資料収集経費中の電子コレクション経費の比
要求タイトルの所蔵率	人口あたりの貸出数	コレクション利用当たりの収集経費	電子サービス従事職員の割合
アクセス不受理率	利用されない資料の所蔵率	ダウンロード当たりの経費	職員当たりの正式研修参加数
コレクションのデジタル化率	人口あたりのダウンロードコンテンツ単位数	資料収集に要する時間（中間値）	職員の研修参加時間数
機関リポジトリ登録率	デジタル化資料のダウンロード数	資料整理に要する時間（中間値）	連携プロジェクト等に従事する職員の割合
配架の正確性	人口あたりの訪問数（来館及び仮想訪問）	職員の利用者サービス従事率	特別助成金又は創出収入によって得た資金の割合
閉架書庫からの出納所要時間（中間値）	外部利用者の割合	正答率（レファレンス質問）	図書館に向け措置される機関の資金の割合
図書館間貸出の迅速性	外部利用者への貸出の割合	職員経費対資料購入費比	
図書館間貸出の充足率	人口当たりのイベント参加	資料整理に関する職員生産性	
レファレンス回答の迅速性	人口当たりの利用者教育参加者数	貸出等サービスに関する職員生産性	
ウェブ目録経由の稀こう資料利用可能率	利用者用座席占有率	目録作成件数当たりの職員経費	
稀こう資料原本の利用可能率	ターゲット集団への利用率	利用者当たりの経費	
保存・修復が必要な稀こう資料の割合	利用者満足度	訪問数（来館及び仮想訪問）当たりの経費	
人口当たりの利用者用領域の面積	再訪問意欲度		
人口当たりの座席数			
利用需要と開館時間			
適切な保存スペースの割合			
人口当たりの職員数			

これらの項目をみるだけでも，現在図書館がどのような活動をしているかを俯瞰することができる。

パフォーマンス指標
ISO 11620
JIS X812

一方パフォーマンス指標については，最新の規格は「ISO 11620：2014 Library performance indicators」で，第3版である。JIS規格は，「JIS X0812：2012　図書館パフォーマンス指標」(http://kikakurui.com/x0/X0812-2012-01.html)で，ISOの第2版（2008）に対応している。パフォーマンス指標とは，「図書館のパフォーマンスを特徴づけるために用いられる（図書館の統計及びデータから導かれた）数値，記号又は言葉による表現」で，具体的には第3版では，前ページの表の各項目が規定されている。

この表では52の指標が，「バランス・スコアカード」（R. キャプランとD. ノートン）に基づき，組織の戦略ビジョンを分析する4つの視点（財務の視点，顧客の視点，業務とプロセス，および学習と成長の視点）でそれぞれ分類され配置されている。財務の視点とは，組織がどのように財務的に成り立っているかという，いわば過去にさかのぼって整理した，コストの視点といってもよい（ここでは，「資源・アクセス及び基盤」）。顧客の視点は，その名称のとおり，外部からみた視点であり（「利用」），それに対して業務とプロセスは組織内部をみている（「効率性」）。学習と成長の視点は，財務の視点とは逆に将来への視点である（「発展可能性」）。

図書館では，それぞれの役割や環境に応じて，この表に盛られた指標のうち有用と思われるものを使って，図書館のパフォーマンスの状態を判断する。

● option G

図書館のインパクト測定の規格

近年社会の変化に伴い，公共サービスを提供する機関もその存続は必ずしも自明ではない。それが必要なものかどうか，また費用に見合う成果を達成しているかをきちんと人々に示さなくてはならない。図書館も同様で，社会の発展や情報化の進展にあって，コミュニティに十分に寄与しているか説明が要請されるようになった。

それにつれて，図書館がもたらす影響／効果（インパクト）の調査・研究が盛んに行われるようになり，またそのインパクトの把握のための基準として国際規格

ISO 16439

ISO 16439：2014 Methods and procedures for assessing the impact of libraries（図書館のインパクト評価の方法と手順）が2014年に定められた。本文10章と3つの附属書で構成された90ページの文書である。

図書館のインパクト

図書館のインパクトは「図書館サービスとの接触によって生じた，個人又は集団における異なり・変化」と定義される。また，図書館は次の4つのインパクトを生

み出している。
(1) 個人に現れるインパクト（個人の能力や態度・行動の変化等）
(2) 機関やコミュニティへのインパクト（教育・研究成果のランキング等）
(3) 社会的インパクト（社会的包摂や文化的遺産の保存などへの影響／効果）
(4) 経済的インパクト（図書館の投資収益率，地域経済への影響／効果等）

これらのインパクトを立証するためには，次の①～③のエビデンスを用いる。
① 「推論に使うエビデンス」（例：統計，パフォーマンス指標，満足度調査等）
② 「問い合わせによるエビデンス」（例：サーベイ調査，インタビュー調査，自己評価調査，逸話採集等）
③ 「観察によるエビデンス」（例：観察，ログ分析，引用分析，テスト等）

直にインパクトを立証できる場合もあるが，可能性を示すだけの場合もあり，多くはいくつかのエビデンスを組み合わせ使うことが示唆される。

（例）青少年へのインパクトのエビデンスとして
・13歳から18歳までのヤングアダルトの利用者登録を統計によって確認する。
・サーベイ調査あるいはインタビューによって，利用の内容を確認し，図書館を使うことによって変わったことがあったかどうかを尋ねる。
・さらに自己評価テストなどの調査結果を重ね，検討する。

なお，経済的インパクトについては，(1) 図書館サービスを測定するもの（例：代替法，トラベルコスト法，仮想評価法（CVM）等）と，(2) 費用便益分析の手法，(3) 購買者・雇用者としての図書館の需要を測定するものがある。それぞれ専門的な研究書を参照してほしい（option Q 参照）。

代替法
トラベルコスト法
仮想評価法
費用便益分析

UNIT 16 ●図書館サービスの設計
図書館のサービス

●……サービスとは

サービスという言葉は、さまざまな意味で使われている。相手のために気を配って尽くすこと（図書館法では、サービスを「奉仕」と表現している）、品物を売るときに客の便宜を図り値引きや景品をつけること、バレーボールやテニスなどの試合を始めるときの最初の一打、物質的財を生産する以外の労働、といったいくつもの語義が国語辞書には掲載されている。このほかにも兵役や礼拝などといった意味もあり、細かくあげればこれでも足りない。このようにさまざまな意味で使われているとはいうものの、これらに共通する意味合いは、サービスが人の行為だという点である。難しい表現では、「用役」（役立つ働き）とか、役所では「役務」（他の人のために行う働き）といった言葉で表現されることもある。

> サービス＝人の行為

サービス、つまり人の行為による便益の提供（例えば、流通サービス、医療や教育、あるいはコンサルティングなど）が、経済活動として営まれ、社会における経済的交換の主要な領域になっている。経済社会の発展につれて産業の就業人口の比率および国民所得に占める比率が第一次産業から第二次産業、第二次産業から第三次産業へとシフトするというペティ・クラーク（Petty & Clark）の法則を引き合いに出せば、元来、農業等採取産業（第一次産業）から始まった経済活動が、しだいに製造業等の加工業産業（第二次産業）に移行し、現在ではサービス産業（第三次産業）が最も大きな比率を占めるようになっているのである。日本など先進諸国では、すでに7割をゆうに超す人々がサービス産業に従事している。

●……サービスの特性

> サービスの特性

北欧の経営学者クリスチャン・グレンルース（Christian Grönroos）が、サービスの特性について次のようにとりまとめている。サービスとは、非有形（intangible）で、モノではなく、活動あるいは活動のプロセスであり、その生産と消費はある程度まで同時的（Simultaneously）に行われ、また消費者がサービスの生産過程に参加するという特性を備えたものである（*Service Management and Marketing: Managing the Moments of Truth in Service Competition*. Lexington Books, 1990, p.29）。

> 非有形

> 同時的

サービスには、モノとは違って物質的実体がない（非有形性）。サービスを購入

してもそれを家に持ち帰ることはできないし，それに所有権が設定できるわけではない。例えば演奏会での演奏（サービス）は，生産されるというより遂行されるプロセスであり，その効果としての感動を持ち帰ることはできるが，そのもの（サービス）はその場で消滅してしまう。この消滅性（Perishability）ゆえに，サービスには在庫というものがありえないし，輸送もできない。

消滅性

　また，サービス（人に対するサービス）は，生産と消費とがしばしば同時になされる。例えば医療サービスの場合，患者（顧客）はその処置をその場で受ける（同時性）。そのような状況ではサービス提供者と顧客との間の相互作用が重要である。図書館におけるレファレンスサービスなどで質問と回答が並行して遂行される。要求がうまく伝えられれば，よいサービス対応が期待できるし，その逆もいえる。よいパフォーマンスが聴衆の反応を呼び起こし，彼らのよい反応が，さらに演奏を素晴らしくする。顧客が求めていることをサービス提供者がより深く理解すれば，サービスの質を向上させることができる。

相互作用

　サービスはこのようなプロセスをたどり遂行されるうち，顧客の同じ要求であっても担当者やケースによってサービス結果にはかなりの違いが出る。というのも，サービス提供者の力量や，状況とか顧客の差異によってサービスの品質が異なるのである。そのために，サービスを提供する側は，その品質レベルを維持するために，担当者の訓練を行い，できるだけ人（担当者）による差異を除こうとする。ただし，顧客は敏感にその違いを見抜いていて，最も品質のよい条件のサービスを獲得しようとし，そのために特定のサービス提供者を選択することもある（その差異を容認すると，「指名制」といった態勢ができる）。

指名制

●……… **サービスの特性とサービス製品（「人の行為＋モノ」）**

人の行為＋モノ

　サービスの特性を考慮して，その提供のあり方を考える必要がある。例えば，サービスは形を有せず，時とともに消滅してしまい，それは持ち運びも在庫とすることもできない。したがって，どのようなサービスの提供も原則として顧客が集まりやすい場所で，そして顧客の都合のよい時間に展開されなければならない。図書館の場合も，よくいわれることだが，利用者が立ち寄りやすい場所に図書館やサービスポイントを設置し，また開館時間やサービス時間は利用者の都合のよい時間帯を設定する必要がある。

場所
時間

　また，顧客との相互作用で展開されるという同時性を考えれば，サービスにおける顧客との適切なやりとりがその良し悪しを決する。実際どの程度の要求であったのか，サービスがそれに適合しているかなどを理解することが重要である。モノであれば，それを受け渡すことによって双方ともになにをやりとりしたかが明確で，問題があればそれを根拠に話し合えばよい。しかし，サービスではそういう具合に

はいかない。図書館サービスも同じで，利用者とのコミュニケーションに大きく依拠している。

サービスはどのように顧客に提供され，受け止められるのだろうか。

製品化　サービスという便益はモノではないが，通常は人の行為だけではなく，なんらかのモノとからみあって製品化されている。むしろ人の行為だけで構成されるサービスのほうが，例外的であるといってよい。レストランでは，調理した材料やテーブルや食器，あるいは雰囲気づくりの調度品などのモノを伴って食事サービスは提供される。また，純粋に人の行為だけに近いサービスであっても，サービスの提供場所（物理的空間），設備，あるいはサービス提供者にふさわしい服装などが必要で，サービスの提供はモノと切り離せない。サービス製品の中には，モノの部分があり，モノと人の行為による非有形な部分の占める割合の大きなものから，小さなものまでさまざまである。またときには，演奏会の演奏サービス自体を録音したり映像で記録したりしてモノに体化されることもある。

そして，多くの場合これらのサービス製品を人の行為とモノの部分に分けることは難しい（レトルト食品を想定するとわかりやすい）。つまり，人の行為の部分とモノの部分とが切り分けにくく，顧客のサービス製品の評価は，基本的にはそれらの全体に対して下される。人の行為の部分に大きく依存するサービス製品と比較的依存度の低いものを比べてみると（例えば学習塾のサービスと受験参考書を売る書店のサービス），後者のサービスでは当然ながらモノ部分に対する評価比重が高くなる。

●………サービスへの新たな視点

サービスを人の行為とする見方は，衣服クリーニング，機械のメンテナンス，観光などを例にとればわかりやすい。しかしながら，図書館サービスはどうだろう。図書館員のサービス（＝人の行為）として資料収集，整理，提供をとりあげたとき，利用者はそれらを評価しているのだろうか。端的にいって，図書館のサービスのよさというのは，図書館員が直接に関わるところよりも，入手できた資料自体の素晴らしさによると考えることが多いのではないか。利用者が求めていた資料が利用できたとき，それによって利用者にとって有用なアイデアが得られたとき，あるいは図書館で充実した時間を過ごせたとき，利用者は図書館のサービスに満足し，再び図書館に戻ってくる。その際，図書館員の行為としてのサービスが評価される以上に他の要素の寄与しているようである。図書館のサービスとはなんであるか，それがどのように構成されるのかを改めて考えてみる必要がある。

図書館のサービス，構成

21世紀に入って，このサービス議論に関し興味深い問題提起が出現した。S. L. ヴァーゴ（Stephen L. Vergo）とR. F. ラッシュ（Robert F. Lush）によって2004

年に提唱された「サービス・ドミナント・ロジック」という見方である（"Evolving to a New Dominant Logic for Marketing," *Journal of Marketing*, 68(1), 2004, p.1-17）。伝統的なサービス産業だけではなく，教育，医療，レジャー，情報などの新しいサービス産業が誕生して，経済活動の中でのサービス産業の占める割合が圧倒的となった現状において，これまでのモノとサービスという二極的な議論に疑問を投げかけたものである（UNIT 19 参照）。

  従来の経済的な交換の議論は，基本的にはモノ（有形財）が主体で，サービスは付随的であった。無形な財としてサービス（つまり，人の行為としてのサービス，これをサービス・ドミナント・ロジックでは「サービシーズ」という）は，モノを販売するための補助的な位置づけで，そこで問題とされるのはその製品（モノ）そのものであり，その価値は交換に際しての価格（交換価値）であった。しかし，今では人々に必要なソリューションが提供される。モノが主体ではない新たなサービス分野（例えば教育，レジャー，情報分野など）のサービスを顧客は購入するようになったし，販売における人の行為（サービシーズ）も付随的なものではなく付加価値を与えようとするものとなっている。

  この経済のサービス化の流れにあって見えてきたのは，モノとサービシーズとはどちらも顧客に価値をもたらすための提供手段であり，顧客に提供しているのは，モノやサービシーズ自体ではなくて，モノやサービシーズを通じて提供されるソリューション（人々はスマートフォンというモノや接続のためのサービシーズを求めたのではなく，コミュニケーションを求める）だということであった。サービス・ドミナント・ロジックではこの全体を「サービス」という。

  上で触れた図書館サービスのずれは，この論理を使っていえば，図書館員が行う人の行為としての図書館サービス（実は「サービシーズ」）と，利用者が受け止めている図書館サービス（これは図書資料，図書館という場所，図書館員の援助などを含めた総体としてとらえられている）とのずれを意味する。モノ中心の経済活動と違って，サービス領域に属する図書館でさえも，サービスのとらえ方が混乱していたということ（サービスを人の行為として規定すると，図書館サービスが図書館員だけに関わるものになってしまう）である。

  図書館サービスは，このことを前提にすると，図 16-1 のように整理しなおすことができる。サービスは利用者が求める成果，例えば学習（快適な学習エリアという環境で，図書館資料や人的支援（サービシーズ）を得て，そこに埋め込まれているさまざまな知識などを利用者がくみ取ること）や調査研究，発見，創造，記憶，あるいは気晴らし，コミュニティづくり（交流）といった，顧客の要求する活動の実現である。

```
┌─────────────────────────────────────┐
│  図書館サービス                       │
│                                     │
│    学習，調査研究，                   │
│    発見，創造，記憶                   │
│    気晴らし，コミュニティづくりなど    │
└─────────────────────────────────────┘

**モノ**（図書館資料，施設・設備，スペース）と**サービシーズ**（図書館員による収集，組織化および利用者への応対）は，サービスの提供手段
提供されるのは，上のような**ソリューション**（顧客が要求する活動の実現）
```

図 16-1　サービス・ドミナント・ロジックでみる図書館サービス

　ただし，この場合でも図書館資料といったモノや図書館員の支援といったサービシーズが提供されれば，サービスが実現するかといえば，そうではない。これらの効果を生み出す資源（「オペランド資源」(operand resources) と呼ぶ）が揃ったというだけで，それを実際に求める価値に転化させること（例えば利用者の学習結果）が必要である。資源をそのように価値に転化するものは，実は顧客の側にある。顧客がもつ知識やスキル（「オペラント資源」(operant resources) と呼ぶ）である。パソコンを購入したところで，それを使いこなすにはそれなりの知識やスキルが必要であるし，図書館サービスもそうだ。オペランド資源にオペラント資源を合わせてはじめて，サービスの使用価値が得られる。サービス・ドミナント・ロジックにおけるサービスとは，このプロセスまでを含めて全体をいう。

　サービス提供者は，モノとサービシーズを提供し，かつ顧客のオペラント資源を引き出し（あるいはそれを醸成し），顧客がその使用価値を確保できるようにしなくてはならない。それが実現したとき，サービスが行われたと考えられるのである。このプロセスは，サービスが顧客との共創によって価値を実現することを意味する。この論理は，図書館サービスについてとてもあてはまりがよく，図書館のサービスを定義する枠組みを提供していると考えられる。

余白注記：
- オペランド資源
- オペラント資源
- 顧客との共創

UNIT 17 ●図書館サービスの設計
コミュニティ・ニーズの把握

● …………コミュニティとその意向

　コミュニティとは一般に，地域社会や利害を共にする共同体をいい，同じ地域に居住するとか，政治・経済・文化などで共通性をもっている人々の集まりのことである。ここでは図書館を設置するコミュニティを指し，コミュニティの構成員は，公立図書館の場合は，行政区画の住民であり，学校・大学図書館では，児童・生徒あるいは学生と教職員などで構成される。

　教育機関の図書館では，学校へ入学すると自動的に利用者登録がなされ，基本的に利用対象者全体が把握されている。しかし，公共図書館の多くはそうではない。そもそも利用の登録者は対象となる住民のある割合でしかないから，図書館に登録しない住民（「非利用者」も利用対象者である）もいることに十分留意しなくてはならない。いずれにせよ，正確にコミュニティの意向を把握しようとすると利用対象者全体に対する調査が必要となる。

　人々の図書館の用途はさまざまで，仕事や学習に来館する人もいるし，くつろぐために訪れる人もいる。あるいは友人や知人と出会うためにやってくる人もいよう。自分ではなく子どものためにやってくるという人もいる。このように図書館に対する人々の関わり方はまちまちである。利用対象者の意向に沿った経営を確保するためには，それらを洗い出し，コミュニティのニーズとして把握しておく必要がある。

● …………図書館へのニーズ

　ニーズ（必要性）とは一般に，「人間生活上必要なある充足状況が奪われている状態をいう」。ニーズは漠然とした状態のものから，ある程度明確になり表現しうるものまでの範囲があるが，特定のものが欲しいという場合，つまりニーズを満たすためのものをウォンツ（欲望）といい，実際に要求するものをディマンズ（需要）という。ニーズは，基盤的な感情（生理的・情緒的・知的）から，ウォンツ，ディマンズと発展していく。人々のニーズという場合は，したがってディマンズとしてとらえるだけでなく，明確に意識されていないレベルのものも対象となっている。

　ニーズのうち，主として情報ニーズ，つまり，情報に関して不足を感じたり，知識が足りないと考えたりする心理状態に置かれたとき，それを解消しようとして自

［欄外用語］
コミュニティ
ニーズ
ウォンツ
ディマンズ
情報ニーズ

覚されるものが，図書館では主たる対象となる。この場合も情報ニーズが直接的に発現されるわけではなく，人間に基本的な，生理的ニーズ，情緒的ニーズ，知的ニーズが意識され，それを満たすために情報の必要性が知覚され，情報ニーズが設定される（トム・ウィルソン（Thomas D. Wilson））。実際，情報ニーズが明確に意識されていなくとも，図書館は利用される。来館し資料をブラウジングするうちに，人々が情報ニーズを発見したりする場合も多い。漠然とした情報ニーズを明確にするための支援を，利用者が図書館員に求めたりすることもある。

　他方，情報ニーズには直接的に関わりなく，例えば友人との待ち合わせとか，ちょっとした気晴らしのために図書館を訪れる利用者も少なくない。図書館サービスは，資料・情報提供を中心とする便宜の束であり，その便宜を求めるさまざまなニーズに対応する。

　さらに，図書館を求めるニーズには，図書館を自分が使うことを必ずしも前提にしないことすらある。例えば，コミュニティのアイデンティティを確保するものとして図書館の利用の有無を問わず，「存在価値」が言及されるし，次の世代のための文化遺産としての「遺贈価値」を認める場合もそうである。

存在価値
遺贈価値

　図書館ニーズは，基本的には学習，調査，研究，教育，レクリエーションなどのために個人が意識するものである。図書館に対するコミュニティ・ニーズとは，そうしたニーズを集合的にとらえる。これには，また上述したような自分の利用が直接的に関わらなくとも，想定される社会的なニーズとして把握されるものも含まれる。

セグメンテーション

● ………… **コミュニティ・ニーズの把握（利用対象者のセグメンテーション）**

　コミュニティ・ニーズの把握には，個々の利用対象者のニーズをつかむことから始まる。そのために，マーケティングリサーチの市場顧客（消費者）分析の手法が活用できる。

　消費者は一般に，欲求，購買力，購買態度，購買慣行などについて，画一的ではない。たとえ同じ欲求があるとしても，ある消費者はブランドものを好み，他の消費者はノンブランドの製品を選んだりするといった明確な二極化のケースもある。また微細な違いに注目し，購買行動を決定するといったこともある。すべての消費者は決まった一つの製品を選択するわけではない。図書館利用者の場合も同じように，利用者は個々に違いがある。実際，どのような資料を必要とするかはもちろんのこと，サービス支援を受ける際でも，説明を求める利用者もあれば，ほうっておいてほしい利用者もいる。図書館での利用者の行動は多様といってよい。

　とはいえ，通常図書館では，利用者が多く使う，必要性の高いサービスを準備することになる。公共図書館では，地域の利用対象者に例えば高齢者が多いとか，ビ

ジネスに従事する人が比較的多いといった判断によって，それらの人々が求める資料を重点的に整備しているし，大学図書館などでは，カリキュラムや研究領域など考慮して資料を収集する。多様な利用者ニーズに応えつつも，主要な利用者や標準的な利用への対応を心がけるのである。

　このため，利用者のタイプ分け（セグメンテーション）がその第一歩となる。利用者セグメンテーションは，利用者の利用行動に影響を及ぼす可能性のある要因によって，利用対象者を類型ごとに把握することである。社会的・文化的な要因によるものでは，人口統計的な（デモグラフィック）変数（例えば，利用者の性別，年齢（世代），家族数，ライフステージ，職業，所得，教育水準）あるいは地理的変数（地域，都市規模，気候）による類型化が行われる。これらのデータは，行政統計などによって把握できる場合もあるし，あるいはサーベイ調査における回答者の属性として調査する部分（フェイスシートという）で把握できる。

利用者セグメンテーション

フェイスシート

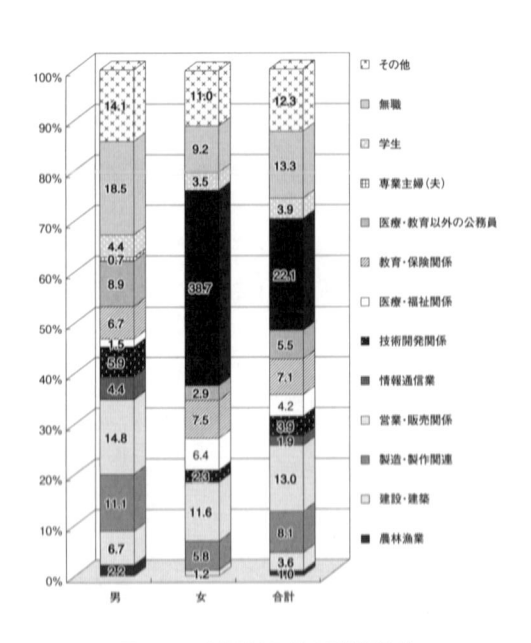

図 17-1　利用対象者の職業類型

　図 17-1 は，都市近郊の地域に設置された図書館のサービス対象とする住民（図書館から半径 2km 以内）の調査結果で，利用対象者（男性）の職業別の百分率によるデモグラフィックなセグメンテーションである。この結果からどのような層の人々が利用対象者かを大まかに把握しうるし，他の属性等とのクロス集計分析（例：通勤の条件や年齢層）をすれば，就業者のうち，都市部へ通勤する層か地元で就業している層か，また「無職」のグループでも，求職者，退職後の高齢者層などを切り出すことができる。

17．コミュニティ・ニーズの把握　　103

その上で，こうしたグループが個々の図書館サービスに対してどのような反応を示すかを把握して，いくつかの類型にとりまとめられたとすれば，それらをコミュニティ（利用対象者の集団）の選好として，図書館のサービス経営の指針とすることができる。

●……… 心理的変数などによるセグメンテーション

しかし利用対象者のセグメンテーションは，デモグラフィックな調査だけで十分とはいえない。一つ目は，利用対象者のセグメンテーションの軸は，社会発展などを考慮すると，人口統計的な変数や社会経済的な変数だけでは粗雑すぎることが多い。またもう一つ問題になるのは，それぞれの区分けされたグループとニーズとの関係が相応するかである。

社会階層
第一の問題に対して，変化しつつある状況を把握するために，心理的変数（社会階層，ライフスタイル，性格など），行動的変数（追求便益，使用頻度，ロイヤリティなど）が活用される。明確なタイプ分けの基準があれば，それでセグメンテーションしてもよいが，心理的変数などについては多くの場合は，基準（変数）がはっきりしているわけではない。そこで，基準を探索するために，直接観測することのできない「潜在変数」が観測できる変数に影響していると仮定し，それ（＝共通因子）を因子分析という手法を使って探り，探索された潜在変数をもとに，人の集団のいくつかにセグメンテーションを試みたりすることがある。

余白：ライフスタイル／ロイヤリティ／因子分析

パターン行列（a） 図書館利用のライフスタイル 因子分析結果

	factor 1	2	3	4	5
III8 なにかを始めるときや始めたい時，図書館で情報を探そうと思う	0.926	-0.230	0.059	0.029	0.192
III28 情報を得るときに，図書館が最初に思いつく場所である	0.823	0.111	-0.157	-0.120	-0.124
III3 図書館では仕事に関する情報や知識を獲得したいと思う	0.358	0.175	0.018	0.164	0.005
III6 図書館は，情報を探すときに使う場所だと思う	0.328	0.039	0.034	0.302	-0.059
III1 図書館は，なにかを考えたり理解する場所	-0.121	0.844	-0.043	-0.113	0.077
III5 図書館にいると落ち着く	0.094	0.683	0.159	-0.090	-0.038
III2 図書館でくるろいだり，ゆっくりしたりするのが好き	-0.022	0.555	0.051	0.102	0.063
III9 図書館で仕事や勉強をすると能率が上がりそうである	0.086	0.519	-0.053	0.128	0.163
III17 私は本をよむためにあまり時間を使いたくない（逆項目）	-0.065	0.031	0.790	-0.109	0.047
III18 よく本を読むし博識でありたい	0.056	0.029	0.509	0.098	0.092
III14 仕事や勉強に関する本以外は読まない（逆項目）	-0.077	0.021	0.493	-0.072	-0.130
III21 コンピュータは私の生活に不可欠である	-0.179	-0.093	-0.027	0.682	0.060
III15 高い給料や昇進をえるためには新しい技術・知識を得る必要がある	0.071	-0.003	0.013	0.473	-0.105
III16 友達や家族とのメール交換にかなりの時間を割いている	-0.032	0.037	-0.305	0.419	0.143
III13 若くとも年老いても，新しいことを学び続けたい	0.131	0.068	0.251	0.362	-0.206
III22 生涯学習は仕事をする上で必要だと思う	0.063	0.196	-0.114	0.351	-0.197
III4 図書館は，いろいろな人と交流できる場である	0.121	0.055	0.029	-0.134	0.665
III10 図書館は，近所の人と会合に使える	-0.032	0.127	-0.053	0.058	0.636

因子抽出法：一般化された最小2乗　回転法：Kaiser の正規化を伴うプロマックス法

図 17-2　図書館利用のライフスタイル（因子分析）

図17-2は，図書館に関して人々の受け止め方を尋ねた調査の，その因子分析の結果である。各因子は，①情報源，②空間やくつろぎ，③読書，④仕事や学習，⑤コミュニティ（交流・会合））と解釈され，図書館のとらえ方の典型を表現している。

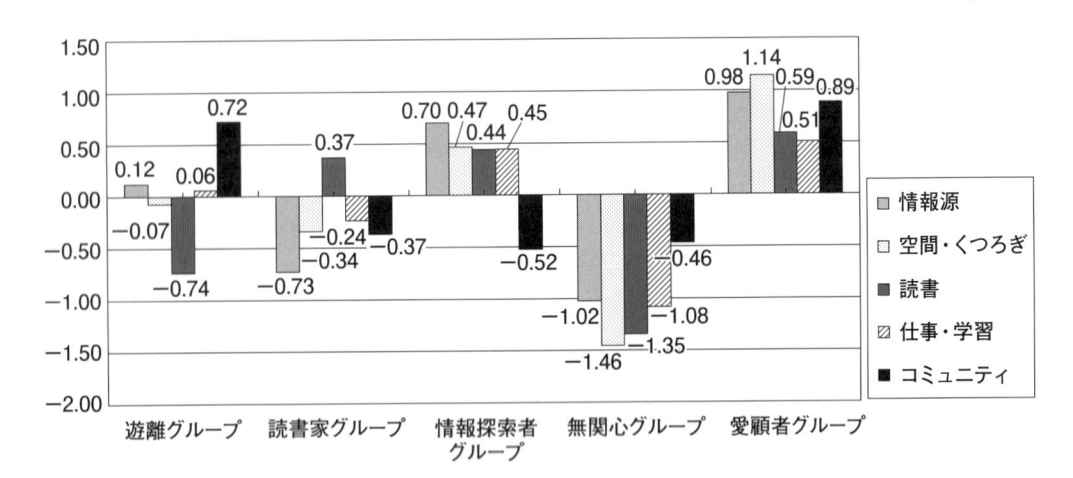

図17-3　因子分析の結果によるクラスター分析

　上の調査によって得た因子得点（各因子と各個体（対象者）の相関度）によって，住民をクラスター分析した結果が図17-3である。5つのグループがとらえられ，その他の分析を合わせて解釈し，図17-3のような名称がつけられた。それぞれのグループ（この分析には非利用者を含んでいる）は，図書館の役割をどのように評価しているかが示されている（マイナスは否定的対応を意味する）。さらに，この結果やそのほかのデータを活用して，図書館サービスをどのように設計したらよいかの一定の結論を得ることができる。

　そして次の問題，利用対象者グループとニーズとの関係については，対象グループとニーズとの相関の分析を行えばよい。ただし，顧客にとって既知の製品への反応はサーベイ調査でもとらえられるが，新しいニーズや新製品の選好については必ずしもはっきりしない。新たなニーズの把握は，発見的な調査（例えば，一定の問題についてグループでの意見交換をする形でのインタビュー：フォーカスグループ・インタビュー）を行う必要がある。

> 対象グループとニーズの相関の分析

> フォーカスグループ・インタビュー

　なお，公共サービスとしての図書館は，必ずしも多数者のニーズだけではなく，少数者，特にターゲット集団（特定のサービスの対象または特定の資料の主要な利用者として想定される利用者の集団。具体的には文化的マイノリティとか経済的に恵まれない人々）として注視しなければならないグループのニーズについても，コミュニティ・ニーズの特定の際に見逃してはならない。

> 少数者

> 経済的に恵まれない人々

UNIT 18 ●図書館サービスの設計
サービス運営計画（サービス領域の設定）

サービス運営計画

● ……… **サービス運営計画の策定**

　図書館のビジョン・使命に基づきサービス運営計画を策定する。実際には，次のような順序でサービスの運営計画がつくられる（Vernon E. Palmour, Marcia C. Bellasai, and Nancy V. De Wath, *A Planning Process for Public Libraries*. ALA, 1985. 田村俊作ほか訳『公共図書館のサービス計画』勁草書房，1985, p.8）。

① コミュニティの図書館ニーズ調査
② 現行の図書館サービス・資源の評価
③ コミュニティ内の図書館の役割の明確化
④ 目的，目標，優先順位の設定
⑤ 戦略の策定と評価
⑥ 戦略の適用
⑦ 目標と到達指標に対する進展状況の追跡と評価　→　①（繰り返し）

　これに示されたように，基盤となるのはコミュニティの状況，人々の意向である。コミュニティ・ニーズから，どのような役割を図書館は担うかを導き，それに基づき具体的なサービス領域を設定する。文化，教育，情報，レクリエーションといった概念的な枠組みや，さまざまな公的な機関などが公表している基準，類似した地方自治体の先行例などから，各領域を設定する，いわば下降的な検討方法がとられやすい。しかし，利用対象者から個別のニーズを掘り起こしていく上向的な方法が，本来めざすべきものだし，より効果を発揮する。図書館が伝統的に果たしてきた役割だけでなく，コミュニティが直面する問題から図書館の役割を位置づけ直す機会でもある。

● ……… **サービス領域の設定**

　公共図書館のサービスの広がりは，コミュニティの人々のニーズを反映するものである。ニーズからどのようなサービスに結びつけるかは，例えば，表18-1の18のサービス領域が参考になる（『成果を目指す戦略計画策定』（Sandra Nelson, *Strategic Planning for Results*, ALA, 2008, p.143-220）。これは，アメリカ公共図書館協会（Public Library Association：PLA，ALAの傘下の組織）が1998年に

アメリカ公共図書館協会

発表していた13のサービス領域を改定したもので,「住民にとってなにが図書館から得られるか」という観点から,サービス領域が見直されている。表中の項目の前半の部分は,住民が受け取るもので,カッコ内の部分は図書館が提供するものを説明している。概念的な以前のもの（①識字能力,②仕事とキャリアの情報,③公共の溜まり場,④コミュニティのためのレフェラル機能,⑤消費者情報,⑥文化の啓発,⑦最新の話題や評判の図書,⑧正規学習の支援,⑨総合案内,⑩行政情報,⑪情報リテラシー,⑫生涯学習,⑬地方史と家系調査）に比べると,利用者が得られる解が描かれているし,また④オンラインの世界につながるといった領域など,新たな状況に適合するように,更新された部分もある。なお,「⑱合衆国に迎えられる（新しい移民へのサービスを提供する）」は,シティズンシップを確保する支援と考えればよく,全体としてわが国の公共図書館にも共通するサービス領域を提示しているといえる。

表 18-1　公共図書館のサービス領域

①情報に通じた市民となる（地域,全国,そして全世界の問題を伝える）
②成功する企業をつくる（営利・非営利セクターの支援をする）
③多様性を大切にする（文化の認識を高める）
④オンラインの世界につながる（人々のインターネットアクセスを支援する）
⑤若い読者となる（早期リテラシーの支援をする）
⑥ルーツを発見する（系図と地方史を提供する）
⑦創造性を表現する（コンテンツの制作・共有を支援する）
⑧事実を迅速に伝える（素早いレファレンスを提供する）
⑨コミュニティを知る（コミュニティについての資源とサービスを提供する）
⑩読み書きを習う（成人,十代,家族の識字能力を支援する）
⑪キャリアを選ぶ（職とキャリア開発を支援する）
⑫情報に基づく決定をする（健康,財産,その他の人生の選択に寄与する）
⑬好奇心を満足させる（生涯学習を提供する）
⑭想像力を刺激する（楽しみのための読書,鑑賞,視聴を提供する）
⑮学校でいい成績を得る（宿題を支援する）
⑯情報の見つけ方,評価の仕方,使い方を理解する（情報の精度を高める）
⑰くつろげる場所を訪れる（物理的・仮想的スペースを提供する）
⑱合衆国に迎えられる（新しい移民へのサービスを提供する）

なお,このリストのすべてがどこの図書館においても計画されねばならないものというわけではない。そのコミュニティのニーズに応じ選択的に使えばよい。コミュニティ・ニーズに応じた設定だという点が肝要で,必要度の高いいくつかの領域のサービスを展開することである。

●………**事例：公共図書館のサービス計画（ブルックリン公共図書館）**

対象となるサービス領域を中心にサービス運営計画を設定する。ここに,ニュー

ブルックリン公共図書館

ヨーク市の図書館システムの一つ，ブルックリン公共図書館のサービス運営計画の事例を示す。

ブルックリン公共図書館は，サービス対象人口が約250万人，中央図書館および60の分館を擁する大規模な図書館である（人口規模からいえば，大阪市よりも少し小さい程度）。2014年度の図書館経費は，歳出が1億3646万ドル，歳入は1億4459万ドル（内訳：ニューヨーク市61％，州と連邦政府8％，寄付金2％，寄付による施設設備および料金23％，投資収入4％，その他3％）という財政規模がある。この図書館では，4年ごと，その期の方針によりサービス計画が策定されている。

サービス計画　最新の『サービス計画（2012.1.1～2016.12.31）』では，使命宣言（「社会の知識・歴史・文化の保存と伝達を確保し，かつブルックリンの人々の教育，レクリエーション，レファレンスのために誰にも開かれたアクセスを無料で提供する」）のもと，図書館サービス計画として，次の10の要素を計画の柱として掲げ，「目標」とめざすべき指標としての「所望の成果」，さらに「評価の方法」を提示している（http://www.bklynlibrary.org/）。利用者に直接的に関わるサービス領域は，要素1と2，および10で，他の部分は，図書館員の育成や資金計画，その他の図書館経営に関するものである。

要素1：資源共有（コレクション形成，統合図書館システム，資源提供サービス，図書館間相互貸出）
要素2：特別な顧客グループ（成人リテラシー，高齢者などへのアウトリーチ，収監者，青少年，特別ケアの必要な児童，支援が必要な住民，求職者）
要素3：専門性育成と継続教育
要素4：コンサルティングと資金調達サービス
要素5：サービス体系の調整（合理化）
要素6：認知度向上とアドボカシー
要素7：ブルックリン図書館の各館のつながり
要素8：他の図書館との協力（ニューヨーク公共図書館，クイーンズ図書館との連携）
要素9：図書館基盤への投資
要素10：中央図書館サービス

図 18-1　ブルックリン公共図書館サービスプラン（10の要素）

要素1の資源共有は，「コレクション形成」と「統合図書館システム」，「資源提供サービス」，「図書館間相互貸出」という4つの項目から構成され，例えば「コレクション形成」については，ブルックリン図書館が対象とするコミュニティの多様な文化や関心およびさまざまな媒体要求に対応すること，それに住民すべての利用を保証することが目標として掲げられている。またその「所望の成果」としては，アクセスできる電子書籍の充実，OCLCワールドカタログにおけるブルックリン図書館所蔵数の向上，利用数の増加が目標として設定されている。電子書籍を含めて，

要求の多い資料を取り揃え，より網羅的なコレクション形成が必要な点も強調されている。二番目の項目「統合図書館システム」では，コレクションをサービスに結びつける，使いやすいインタフェースの充実が，三番目の「資料提供サービス」では，ニューヨーク公共図書館（ニューヨーク市の図書館システムの一つ）との連携の推進が掲げられ，望まれる成果としては，24時間内の資料提供を確保すること，そしてこの合理化によって200万ドルの運営経費を節減することを実現しようとする。四番目の「図書館間相互貸出」という項目では，国際的な資源共有のコンソーシアムに加入し，利用者がもっと多くのコンテンツを入手できるようにするとしている。コミュニティの人々の新たなニーズを踏まえ，かつ現在の図書館の置かれた状況を反映しようというサービス計画である。

　コレクション構築から利用推進までにわたる要素1は，PLAが示した上記のサービス領域でいえば，「①情報に通じた市民となる」や「⑧事実を迅速に伝える」，「⑬好奇心を満足させる」，「⑭想像力を刺激する」など，図書館の基盤的な領域をカバーする。それとともにブルックリンというコミュニティを考慮し，「③多様性を大切にする」を強調している。

　要素2は，特に特別な課題をもつ利用者へのサービスに関するものである。リテラシー支援を必要とする成人，アウトリーチが必要な高齢者・障害者などのグループ，同じく収監されている人，青少年，特別ケアの必要な児童，支援が必要な住民（ホームレスや障害者など），求職者で区分けされている。図18-2はそのうちの成人リテラシーについての規定である。

要素2　特別な顧客グループ：成人リテラシー
目標：ブルックリン公共図書館は，利用者個人の目的，教育や雇用に関する目的を達成するのを，革新的なプログラム，小グループ学習，あるいは1対1の相談により，支援する。
所望の成果：
　－成人利用者は，ニュー・ロッツ分館を含む，学習センターで基礎リテラシーを向上させる。
　－成人利用者は，ニューヨーク市のIDプログラムの一部である身分証明書の重要性を学ぶ。
　－成人利用者は，中央図書館のインフォメーションコモンズでコンピュータリテラシー学習に参加する。
評価の方法：
　－学習センターにおける訓練者の進展を追跡する。
　－IDプログラムについての情報を受け取った成人の数を把握する。
　－インフォメーションコモンズで訓練を受けた者の数を把握する。

図18-2　ブルックリン公共図書館サービス計画：要素2　特別な顧客グループ：成人リテラシー

　これは，市民の日常活動にとって不可欠なリテラシーを身につけてもらうサービスで，PLAの表18-1でいえば，「⑩読み書きを習う」にあたる。また，今日では情報リテラシーもこの視野に入り，さらに「④オンラインの世界につながる」とか，

「⑯情報の見つけ方」にも関わる。

インフォメーションコモンズ

　ブルックリン公共図書館の新機軸だったものは，図18-2中の「インフォメーションコモンズ」である（option K 参照）。インフォメーションコモンズという名称は米国でも大学図書館に一般的で，公共図書館としては珍しい。2013年に開設されたその「S. ホワイト & L. レビー・インフォメーションコモンズ」（図18-3）では，デジタル・リテラシーの学習の場として，さまざまな説明会・ワークショップが開催され，それとともに，地域の創造的な人々の仕事場としても，あるいは行政やNPOの催しや人々との交流の場として使われている。住民のインフォメーションコモンズである。

図18-3　ブルックリン公共図書館のインフォメーションコモンズ

● ……… **留意すべき点**

目標
成果
評価基準

　サービス計画では，重点的なサービスの領域を設定し，それを具体的に展開するための目標，所望の成果や評価基準を明確化しておく必要がある。目標によっては，達成されたか達成されないかという二極的な判定が容易な設定もあるし，難しい場合もある。しかし二極的な基準でなくとも，達成度合いが測定できる設定をすることが重要である。また，低すぎる目標設定では，利害関係者の理解を得て続けていくのは難がある。ときには段階的に目標を設定するといった方法も有効である。

　成果は，サービス計画の実行可能性，特にそれを左右する環境（例えば財源）に大きく影響される。計画実行のために要した対応を事後的に成果判定に際して勘案しなければならないこともある。成果の判定にあたっては，状況を踏まえつつ，常にコミュニティがなにを期待し，実際どの程度人々が満足したかといった点を注視し，サービス品質や満足に影響を与える要素はなにか，それはどのような状態にあるか，それを管理するにはどのようにすべきかを考えておきたい。

UNIT 19 ●図書館サービスの設計
図書館のマーケティング

●··········マーケティングの定義

　マーケティングは，20世紀の初頭，大量に製造された製品を顧客に売り込む必要性から生まれた実践活動であった。米国マーケティング協会（American Marketing Association：AMA）は当時，マーケティングを「財とサービスの流れを生産者から最終ユーザーに方向づける全ビジネス活動である」と定義していた。しかしその後，売り込みを主眼とする企業の活動のゆきすぎが厳しく問われ，その反省の上に立って，本来企業活動とは社会に財（goods），つまり求められる「よきもの」を提供し，その対価を獲得するのであり，マーケティング活動とは顧客のニーズに対応した財と正当な交換をつくることだとされた。1985年にAMAは「マーケティングは，個人と組織の目標を実現する交換を発生させるように，アイデア，財，サービスの構想，価格，プロモーション，流通を計画・実行する過程である」と大幅に定義変更を行った。

　それ以降，マーケティングとは，価値を創造し，提供し，他の人々と交換することを通じて，個人やグループが必要とし欲するものを獲得する社会的，経営的過程であるとし，2007年以降の定義では「マーケティングとは，顧客，パートナー，そして社会一般にとって価値のあるものを創造し，伝達し，提供し，そして交換するための活動，制度，そして過程である」となっている（2013年）。

　また，ピーター・ドラッカー（Peter Drucker）らの主張によって，マーケティング活動は，ビジネスだけでなく非営利組織を含む幅広い組織にあてはまるものと受け止められるようになり，政府やNPOなどもマーケティングに取り組むようになった。さらに，社会的利益のある主張に共感を得ようというマーケティングの活動もある（社会的マーケティングという（フィリップ・コトラー（Philip Kotler））。例えば，東日本大震災後，公共広告機構のコマーシャルで金子みすゞの言葉が伝えられ，人々は困難に立ち向かう励ましを得たことが思い出される。図書館の素晴らしさを伝えるアドボカシー活動なども，この一つであるといってよい。

●··········マーケティングのプロセス

　組織的に，対象となる市場（図書館でいえば「コミュニティ」）を把握し，経営

マーケティングマネジメント	の目的・目標を達成することをマーケティングマネジメントという。マーケティング活動は，単に個人の活動ではなく，また販売促進や宣伝の部分だけを指すものではなく，これ自体が経営サイクルを構成する，次のような4つの段階である。
	①　組織目標に沿って，マーケティングの市場分析
	②　サービス（ターゲット）市場の確認と選定（ポジショニング）
マーケティング戦略	③　マーケティング戦略の立案（マーケティングミックス）
	④　マーケティング活動の実施と評価
使命	①においては，組織の使命に沿って，達成すべき目的・目標を明確に設定し，サービスの展開にどのような機会（顧客ニーズが存在する分野）があるかを分析する。そのためには，できるだけ信頼できる情報が必要である。その情報を取得するには，
市場調査 マーケティングリサーチ	いわゆる市場調査（マーケティングリサーチ）が行われる。この調査の対象は，第一に顧客であり，またその他の関係者（例えば，仕入れ先，競合組織など）である。それとともに，組織をとりまくさまざまな条件（人口統計，経済的・技術的・社会的・文化的動向など）も調査しておく必要がある。
ターゲット市場	次いで②ターゲット市場の選定である。①の分析を踏まえて，組織が最も適切に活動できる領域を設定することである。把握された顧客はどのような人々か，また生活スタイルの変化によって選好は変わっていないかといった点に注意する。
マーケティングミックス	③のマーケティング戦略は，ねらいを定め，それを実現するためのマーケティングミックスや，費用配分を策定することである。マーケティングミックスとは，ジェローム・マッカーシ（Jerome McCarthy）が最初に唱えたもので，製品（product：
製品	具体的には，製品の多様性，品質，デザイン，機能，ブランド，パッケージ，サイ
価格 プロモーション 場所	ズなど），価格（price：表示価格，ディスカウント，など），プロモーション（promotion：販売促進，広告，パブリック・リレーションズなど），場所（流通）（place：立地，チャネル，カバレッジなど），という4つの要素（4P）である。組織はこれらを市場に適合するように設定し，またこれらにかかる費用を適切に配分する。

マーケティング戦略を踏まえて，マーケティング活動を行い，かつその結果を評価するのが最後の段階④である。この結果により，マーケティング戦略の練り直しや，あるいはマーケティングの目的・目標の見直しを行う。そのようにしてマーケティングマネジメントのサイクルが構成されるのである。

●……図書館のマーケティング

　図書館にとってのマーケティングマネジメントは，図書館活動の前提となる市場（顧客）分析と，それを踏まえた図書館マーケティング戦略の展開というプロセスを中心に行われる。もちろん評価と目的の再検討なども重要である。

　どんな利用者（顧客）が存在し，どのような要求をもっているか，それに見合っ

たサービスはなにかなどを把握するのが市場（顧客）分析である。これは，UNIT 18で述べたコミュニティ・ニーズの把握である。図 19-1 は，(1) ニュースや社会・時事問題，(2) 趣味や日常生活，(3) 仕事や勉強といった用途別の情報を，人々はどのような情報源から得ているかを尋ねた結果で（図の数値は，回答者の百分率），情報行動を変数としたセグメンテーションの試みである。多くの人々が，ニュースや時事問題に関しては，マスメディアを，趣味や日常生活，それに仕事や勉強では，雑誌，図書，インターネットを多く使っていることが示される。三つの情報要求の全体を合わせるとインターネットが一番多い。現時点ではインターネットサービスが積極的に取り組まれていない公共図書館サービスのあり方は再検討しなくてはならないことは明らかだろう。

この結果を踏まえて，どのようなニーズが存在するか，さらに顧客のセグメント分析を重ねてどの層（ターゲット）にどのようなサービス需要があるかという問題を解いていくことになる。

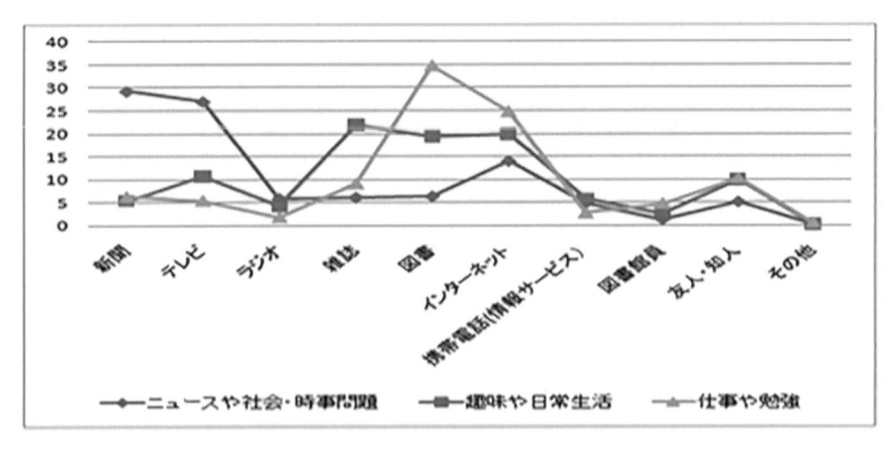

図 19-1　どのような情報源を使っているか（百分率）

もう一つの問題は，次の段階にくるマーケティング戦略の設定，つまり 4P を図書館でどのように展開するかである。

図書館サービスは，資料貸出，情報サービス，あるいは読書スペースなどさまざまなサービスが束になっているものであり，種々のサービスがいろいろな機能や条件で提示される。例えば資料貸出にしても，制限冊数の多寡で異なったパターンがつくられる。調査利用者の便宜のためには，通常は貸出さない参考図書を閉館から開館までの間の一夜貸しをするというサービスを考える図書館もあろう。あるいは，高齢者を元気にするために，その人々の若かった頃の資料を集めて展示する「回想法サービス」(reminiscence service) をつくっている図書館もある。こうした製品は，それぞれの図書館が利用者のニーズ（顧客価値）を反映し考案するものである。

マーケティングミックスの二つ目の価格に関しては，図書館には関係ないと思わ

一夜貸し

回想法サービス

れるかもしれない。しかし課金されていないとしても，人々は図書館を支える税を納めているのであり，また個別の図書館利用についても，利用に要する時間とか交通費を考えると，多少の課金があっても家から情報を獲得できるリモートアクセスのほうが低廉だという場合すら出てくる。また，課金が賄えない人々には利用機会の逸失を意味するから，サービスの公平な利用と負担について総合的な判断が必要になる。

　三つ目は，プロモーションで，図書館の場合，販売促進や広告というよりもコミュニティ構成員とのコミュニケーションの問題となる。つまり，図書館がどのようなサービス対応をとるか，またどのような要求を利用者が有しているかの情報交換が円滑に行われていること，つまり望ましいパブリック・リレーションズを確立することが必要である。

<small>パブリック・リレーションズ</small>

　最後に流通である。これは図書館の場合，利用者がサービスを利用するための便利さという観点で考えればよい。図書館の立地場所の問題だし，また遠隔の利用者などのためには，利用支援の方策（例えば，アウトリーチサービスや，リモートアクセスサービス，あるいはサービススポットの設置など）が望まれる。

<small>アウトリーチサービス
リモートアクセスサービス
サービススポット</small>

●………新たなマーケティングの視点

　人々の間で交換される経済財はモノが主体であったから，マーケティングに人の行為としてのサービスが加えられた後も引き続き，モノ（有形財）を中心として論理が組み立てられてきた。しかし，経済のサービス化，つまり経済活動の主たる部分がサービスとなって，サービスを中心とするマーケティングを問い直そうとする動きが出現した。UNIT 16で触れたヴァーゴとラッシュが唱えたサービス・ドミナント・ロジックという新しい見方である。

<small>サービス・ドミナント・ロジック</small>

　これまでのモノ中心の見方（グッズ・ドミナント・ロジック）のマーケティングでは，製造過程で効用（価値）がモノに埋め込まれている，付加されているという観点に立って，モノ製品をいかに効率よく生産し顧客に販売できるかが問題であった。そこでは，人の行為としてのサービシーズは，非有形の，標準化できない，生産と消費が不可分な，そして消滅してしまう不完全な財として位置づけである。それに対して，サービス・ドミナント・ロジックでは，モノと人の行為としてのサービス（サービシーズ）を合わせたソリューション，つまり顧客が求める事態の解決というサービスこそがマーケティングの対象だという。さらにこのソリューションは，モノやサービシーズというオペランド資源を，マーケティングを通じて顧客のオペラント資源と結びつけるというプロセスであり，例えば，電気炊飯器というモノや使い方の説明というサービシーズ（以上がオペランド資源）に，顧客の知識やスキル（オペラント資源）を応用して，米が上手に炊けるというサービスが実現す

<small>グッズ・ドミナント・ロジック

ソリューション
オペランド資源
オペラント資源</small>

るとみる。

表19-1は,ヴァーゴが説明に使ったもので(Service-Dominant Logic: Overview, Update, and Directions, Presented by Stephen Vargo, University of Auckland, July 23, 2007),グッズ・ドミナント(モノを主体と考える)の概念からサービス・ドミナントの概念への移行の間に,これまでのサービスマーケティングでいわれていたサービス(サービシーズ)のとらえ方を中間に置いた変遷である。交換されるものがモノ,それにサービシーズが加わり,それがプロセスとしてのサービスに変わったという変遷をたどっている。サービス・ドミナントの概念でとらえた場合,顧客が得るのは経験であり,ソリューションであり,それらの価値は,モノやサービシーズの提供者と顧客と共同で生産し実現する。

表19-1 サービス・ドミナント・ロジックへの概念変遷

グッズ・ドミナントの概念	中間的な概念	サービス・ドミナントの概念
モノ(グッズ)	サービシーズ	サービス(プロセス)
製品	提供される行為	経験
特性・属性	便益	ソリューション
付加価値	共同消費	価値の共同生産
価格	価値配給	価値提案
プロモーション	統合的マーケティング・コミュニケーション	対話
製品指向	市場指向	サービス・ドミナント・ロジック(消費者と関係的)

図書館サービスを例にとってみると,この論理はわかりやすい。グッズ・ドミナント・ロジックの見方では,図書館サービスは,資料(モノ)の提供で,その際,図書館員の収集・組織化・提供のサービシーズが付加されていたとみる。一方,サービス・ドミナント・ロジックでは,資料のような有形財も図書館員の働きは単に手段に過ぎず,図書館利用者の力が加わってサービスが実現される。実現されるものは,顧客のニーズにあったソリューション(例えば,必要に応じた学習,研究調査など)である。この観点からのマーケティングは,より顧客サイドからの視点で行われることになる。

UNIT 20 ●図書館サービスの設計
サービスと法制度：著作権法，個人情報保護法

● ……… **著作権制度の概要**

著作物

著作権法により保護される著作物は，「思想又は感情を創作的に表現したものであつて，文芸，学術，美術又は音楽の範囲に属するもの」（第2条第1項第1号）と定義されており，例として，小説など言語の著作物，音楽の著作物，絵画など美術の著作物，地図など図形の著作物，映画の著作物，写真の著作物，プログラムの著作物などがあげられている（第10条）。表現ではないアイデアそのもの（事実やデータ）は著作物に該当しないが，図書館資料の多くは，著作物にあたると考えられる。

著作権
著作者人格権
著作権の保護期間

著作権（および著作者人格権）は，著作物が創作されることにより，登録等の手続きを要せず発生する。著作権の保護期間を経過していない著作物は，著作権法により保護される。著作権の保護期間は，2018年12月30日より，原則，著作者の死後70年，法人等の著作物は，公表後70年，映画の著作物は，公表後70年（著作権法第51～54条）である。

複製権
複製

著作権の中心的な機能は，無許諾の複製を禁止できる複製権である。著作権法第21条は，著作者は，その著作物を複製する権利を占有すると規定している。複製とは，印刷，写真，録音，録画などであり，電子媒体などに蓄積することも含まれる（第2条第1項第15号）。その他，公の上演・演奏・上映・口述・貸与，展示（美術の著作物の原作品と，未発行の写真の著作物のみ），公衆送信（ウェブサイトへのアップロードなど），頒布，譲渡を禁止する権利などが認められている（第22条～28条参照）。

公の上演
演奏
上映
口述
貸与
展示
頒布
譲渡

許諾

これらの行為を許諾なく行うことは，原則として，著作権侵害に該当する。よって，これらの著作物利用行為を行う場合は，事前に著作権者から許諾を得ておき，求められれば使用料を支払わなければならない。

しかし，著作権法は，著作者の権利を守るだけではなく，著作物の利用を促進することで，最終的には文化が発展することを目的としている（第1条）。このような法の趣旨から，私的複製（第30条），図書館における複製（第31条），引用（第32条）など，一定の行為については著作権を制限して，著作物の自由な利用を確保している。

私的複製
図書館における複製
引用
著作権の制限

● ………複写サービスと著作権

　図書館における複写について，著作権法は，①利用者に対する複写サービスを行う場合，②資料保存のために複製をする場合，③入手困難な資料を所蔵している図書館に複製を求める場合について，著作権を制限し，著作権者の許諾なく複製を行うことを認めている（第31条第1項第1～3号）。第31条第1項に基づいて複製することができる施設は，政令で定める図書館であり，国立国会図書館，都道府県・市区町村が設置する公共図書館，大学・高等専門学校の図書館などが対象とされている。

　問題となることが多いのは，利用者向けの複写サービス（第31条第1項第1号）における，複製の分量である。条文上，複製は「著作物の一部分」にとどまらなければならない（ただし，発行後相当期間を経過した定期刊行物（雑誌など）に掲載された個々の著作物については，全部の複製が認められている）。「著作物の一部分」とは，一般には，著作物全体の半分以下とされており，例えば単行本の長編小説であれば，全体の半分のページまでは複写してもよいことになる。しかし，短編小説や詩集などの編集著作物であれば，短編なり詩なりの一つが個々の著作物とされ，複製できるのはその短編小説一編，あるいは詩一遍の半分以下となってしまう。特に，辞書，事典類，歌集の類では複写しうる範囲が狭くなるという問題が生じる（田村善之『著作権法概説』第2版，有斐閣，2001，p.232-236）。裁判例においても，事典の一項目全部は「著作物の一部分」とはいえないとの判断が示されている（東京地判平成7.4.28知裁集27巻2号269頁／判例時報1531号129頁［土木工学事典一審］，東京高判平成7.11.8知裁集27巻4号778頁［同二審］）。

　この問題に関し，日本図書館協会では権利者側との協議に基づき「複写物の写り込みに関するガイドライン」（https://www.jla.or.jp/portals/0/html/fukusya/uturikomi.pdf）を策定しており，そこでは，事典の一項目や俳句の一句のように，独立した著作物ではあるが，全体の分量が少ないため紙面への複製を行うと不可避的に全体が複製されてしまうものについて，写り込み部分についても複製の範囲から除外することを要しないということが確認されている。

　現在の著作権法には権利者側の利益に偏ったバイアスがかかっているという問題が，近時指摘されるようになっている。立法はロビイングなどの影響を受けやすく，少数の者に集中した組織化されやすい利益が反映されやすい反面，多数の者に拡散された組織化されにくい利益は反映されづらい。特に権利範囲が無限定に拡大しやすい知的財産法制度においては，権利者の権利が社会的に望ましい以上に拡大しやすく，利用者の利益への配慮がなされにくいのである（田村善之「法教育と著作権法－政策形成過程のバイアス矯正としての放任との相剋」『ジュリスト』1404，2010，p.38-39）。このような問題も踏まえると，図書館には，現在の著作権法を墨

守するだけではなく，図書館の機能を現代の技術的環境に応じて十分に果たせるような著作権法の解釈・立法に向けて働きかけをしていくことも求められよう。

なお，一般の複写サービス以外の図書館サービスの著作権法における扱いは，表20-1にとりまとめた。

表20-1 複写サービス以外の図書館サービスの著作権法における扱い

サービス	関係する権利	著作権法上の扱い
図書やCDの貸出	貸与権	営利を目的とせず，料金を受けない場合には，公衆に貸与できる（38条4項）
ビデオやDVD（映画の著作物）の貸出	頒布権	政令で定められる図書館等であれば貸与を行うことはできるが，権利者へ相当の額の補償金の支払いが必要（38条5項）（なお，図書館実務においては，著作権者から許諾を得て料金が上乗せされたライブラリー価格のビデオソフト等が利用されている）
映画会・ビデオ上映会	上映権	営利を目的とせず，聴衆又は観衆から料金を徴収しない場合は上映できる（38条1項）。ただし，権利者側が上映会を問題視するようになったため，日本図書館協会と日本映像ソフト協会との間で，権利者への一定の配慮を行うことが合意されている
音楽鑑賞会等	上演権・演奏権	営利を目的とせず，聴衆又は観衆から料金を徴収しない場合は上演できる（38条1項）
お話会／視覚障害者向けの対面朗読	口述権	営利を目的とせず，聴衆又は観衆から料金を徴収しない場合は朗読できる（38条1項）
視覚障害者向けの録音図書サービス	複製権	従来，録音図書を作成できるのは点字図書館等に限定されていたが，2009年著作権法改正により，公共図書館等も貸出のための複製（録音）を行うことが可能となった（37条の2）

● 国立国会図書館による資料の電子化とその利用

<small>2009年著作権法改正</small>

2009年著作権法改正により，第31条第2項が新設され，国立国会図書館は，図書館資料の原本を公衆の利用に供することによるその滅失・損傷・汚損を避けるため，図書館資料に係る著作物を記録媒体に記録することができる旨が定められた。これにより，国立国会図書館は，図書館資料がまだ劣化していない段階であっても（第31条第1項第2号により保存のための複製は以前から認められていた），納本を受けた資料を電子化により複製することができるようになった。

この電子化したデータについて，館内利用以外の活用は課題とされていたが，2012年著作権法改正により，第31条第3項が追加され，絶版などの理由で一般に入手することが困難な図書館資料について，国立国会図書館が電子化資料を地方の公共図書館や大学図書館等にインターネット送信し，利用者が閲覧できるようにするとともに，送信された資料の一部分を，利用者に対し一部複製して提供できるようにすることが可能となった（「図書館向けデジタル化資料送信サービス」）。

● ………個人情報保護法

　2003年,「個人情報の保護に関する法律」(個人情報保護法)と同時に「行政機関の保有する個人情報の保護に関する法律」等,個人情報保護関連五法が制定された。2015年には,「個人情報保護法の一部を改正する法律」が成立し,2年以内に施行されることとなっている。

　個人情報保護法が定義する「個人情報」とは,氏名,性別,生年月日など,生存する特定の個人を識別することができる情報とされている。また,ID・利用者番号など,それ自体では個人を識別できなくとも,他の情報と容易に照合することで,特定の個人を識別できることとなるものが含まれる(第2条第1項)。図書館においても,利用者が利用登録をする際などの情報には,氏名,住所,電話番号,メールアドレスなど,「個人情報」に該当するものが多くあると考えられる。なお,2015年改正法では,個人識別符号(対象者ごとに異なるものとなるように付される符号等)が含まれるものも個人情報として定義された。また,要配慮個人情報(人種,信条,病歴等)が新たに規定され,より慎重な扱いが求められている。

　これらの情報を扱う場合,利用目的を特定し,原則として本人の同意を得ずに第三者に提供してはならない,本人の求めに応じて開示・訂正・利用停止等を行わなければならないなど,情報の取得・利用・提供・管理などのそれぞれの過程で適切な取扱いが求められる。

　ただし,個人情報保護法制の適用法令は,館種によって異なることに留意する必要がある。個人情報保護法は,「民間事業者」を対象としており,私立大学・私立学校の図書館,民間団体が設置する私立図書館が対象となる。国立大学の附属図書館には,独立行政法人個人情報保護法が適用される。公立図書館や公立学校の図書館に適用されるのは,その設置母体である地方公共団体の個人情報保護条例ということになる。また,国立国会図書館は,三権分立の観点から個人情報保護関係法令が適用されないため,自主的な取組による個人情報の適正な扱いが期待されることになる。

　個人情報に関しては,人名録などの個人情報関連資料の図書館における取扱いが問題となる可能性もある。これについては,個人情報保護法関係法や条例でも適用除外とされている場合には,個人情報の利用などが制限を受けることはないのであり,過剰な利用規制にならないようにすることも肝要といえる。

　ところで,図書館においては従来から,「図書館の自由に関する宣言　1979年改訂」や「図書館員の倫理綱領」の採択に示されるように,利用者の秘密を守ることを明確にし,プライバシーを尊重してきた。プライバシーの権利は,日本においては,幸福追求権を定めた憲法第13条に基づき「私生活をみだりに公開されないという法的保障ないし権利」として判例上も保護が認められているが,個人情報の保

護と必ずしも一致するわけではない（新保史生「図書館における個人情報保護とプライバシー保護の区別と対応のあり方」『図書館雑誌』99(8)，2005，p.504）。

　図書館においてはプライバシーを理由とする閲覧制限が行われることもあるが，例えば電話帳や公務員の職位・職場の連絡先に関する情報など，公開情報・公知の事実は，プライバシーが成立しない。この場合も，国民の「知る権利」を保障するという図書館の機能にかんがみ過剰な利用規制に陥らないことが望まれる（夏井高人，新保史生『個人情報保護条例と自治体の責務』ぎょうせい，2007，p.175-190）。

公貸権制度

● ……… **公貸権制度**

　現在，図書館における図書の貸出は，著作権法上，営利を目的とせず，料金を受けない「非営利貸与」（第38条）として，著作権者の許諾を受けたり使用料を支払ったりすることなく行うことができる。他方，諸外国においては，図書館の貸出や蔵書に基づいて著作者や出版者等に金銭を支払う「公貸権（公共貸与権）制度」が導入されているところがある。

公貸権
公共貸与権

　公貸権制度は，1942年にデンマークにおいて最初に法制度として導入された。また，1992年のEU指令では，営利を目的としない無償の貸与に関する権利（公貸権）を国内法で定めることを義務づけており，ヨーロッパでは，近年，公貸権制度を設けるようになった国も多い。

　日本においても，1990年代以降，出版不況を背景に，図書館の貸出数の増加が書籍の売れ行きに影響を与えているとして，著作者や出版社の損害を填補せよとの主張が作家らからなされた。そこでは，「ベストセラーの複本問題」がとりあげられたり，図書館が「無料貸本屋」であるとの批判も展開されたりした（作家側の主張として，例えば，三田誠広『図書館への私の提言』勁草書房，2003参照）。

無料貸本屋

　しかし，図書館業務が出版に与える実質的な影響は必ずしも明らかではない。公立図書館の貸出実態調査においても，図書館規模や対人口数を考慮すると，複本数は必ずしも多くないことが示された（日本図書館協会，日本書籍出版協会『公立図書館貸出実態調査2003　報告書』https://www.jla.or.jp/portals/0/html/kasidasi.pdf）。むしろ，図書館による書籍購入市場が権利者の利益を形成している側面もあり，図書館が出版文化に貢献する役割を果たしてきたことを指摘する声もある。

　諸外国において公貸権制度は必ずしも，著作者等への損害を填補する制度と位置づけられているわけではない。英国では図書館の貸出等による出版への「損害を填補する」制度として位置づけられているようであるが，例えば，スウェーデンなどでは，自国語の書籍のみを対象とし，自国の文化保護政策としての意味合いが強い。

　今後，日本で公貸権制度導入の議論がなされる場合には，その是非や制度の意義等について，慎重な検討がなされる必要があるだろう。

注記1　2018年著作権法改正により，いわゆる柔軟な権利制限規定が導入されるとともに，第31条において，国立国会図書館が他の図書館等に送信することができる図書館送信サービスの送信先に，外国の図書館等が追加された。また，2021年著作権法改正（2021年6月2日公布）により，図書館関係の権利制限規定（第31条）の見直しが行われ，①国立国会図書館による絶版等資料の個人向けのインターネット送信（2022年5月1日施行），②図書館等による図書館資料の公衆送信（施行日：公布から2年以内）が可能となった。

注記2　個人情報保護法について，2020年に改正がなされるとともに，2021年5月12日に三法（個人情報保護法，行政機関個人情報保護法，独立行政法人等個人情報保護法）を統合する改正法が成立した。

option H

ソーシャル・ネットワーキング・サービス（SNS）と図書館

　東日本大震災のあった2011年以降，公的機関においてもソーシャル・ネットワーキング・サービス（SNS）の活用がにわかに注目されるようになった。災害情報の伝達など，コミュニティにとって不可欠の人々をつなぐ機能が評価されたのである。全世界的によく使われているものに，ツイッター（Twitter）やフェイスブック（Facebook），あるいはグーグルプラス（Google+）がある。インターネット上で，システム利用者に自由なデータのやりとりを可能にし，人々を結びつけるソーシャルソフトウェア（図書館にも馴染みのある，画像サイト，フリッカー（Flickr）や動画のユーチューブ（YouTube）のようなメディアサイト，あるいは読後の感想をつけた電子書籍サイトなどもこの類）の一つである。欧米の図書館は早くから，トップページにそのアイコンを表示し，こうしたソーシャルソフトウェアを使って，利用者との間のコミュニケーションを密にするように努めてきた。

　SNSは，コンピュータネットワークを通じて，図書館の伝えるべきサービス情報の広報はむろん，コミュニティの人々から意見を寄せてもらうための場，あるいは地域の人々がとりあげる話題を図書館のコミュニティで語り合う場として使えるし，地域の人々同士のコミュニケーションに発展するという効果も期待できる。また，テキストだけではなく，写真や動画を搭載することもできるようになっているから，コミュニティに関わる情報を掲載することによって，例えば地域の記憶となる画像資料コレクションをつくり上げ，コミュニティのアイデンティティを確認し合うといったこともできる。

　SNSには，登録に実名を使うかどうか，つながりの密接性のレベル，プライバシー設定の有無，投稿の内容，記録性・履歴検索性の機能などそれぞれ特徴があるので，どのSNSを使うかは図書館やコミュニティの人々がどのような展開を期待するかによって決めればよい。

> ソーシャル・ネットワーキング・サービス（SNS）
>
> ツイッター（Twitter）
> フェイスブック（Facebook）
> グーグルプラス（Google+）
> フリッカー（Flickr）
> ユーチューブ（YouTube）

わが国では，コンピュータによるコミュニケーションのマイナス面が喧伝され，公的機関においてはいまだ SNS の運用を逡巡する向きもある。しかし，公共サービス機関としての図書館には，広くコミュニティの人々との対話は必須の要件であり，特に非利用者も視野に入れると，そのことを手軽に可能にする双方向のメディアの役割は大きい。現代社会では，コミュニティの再構築は喫緊の課題でもあり，公共図書館も交流の場として人々をつなぐことが望まれており，この種の事業を推進する必要性は高い。

南アルプス市立図書館のグーグルプラス

東京都墨田区のボランティアグループ，ひきふね図書館パートナーズのフェイスブック

UNIT 21 情報資源の収集

●情報資源の経営

● ……… **図書館の情報資源**

　情報は従来パッケージに閉じ込められる形で利用されてきていた。このようなパッケージを資料と呼び，図書館はそれを所有し，管理下におくことで図書館資料として利用者に提供してきた。そして，ある図書館の管理下にある図書館資料の総体を蔵書と称してきた。

　しかし，情報通信技術の発展により，パッケージにならなくてもネットワークを経由して情報を利用できるようになった。そこで，従来利用されてきた資料だけではなく，ネットワークを経由して利用できる情報も含めた包括的な概念として情報資源，そして図書館で扱う情報資源を図書館情報資源と呼称するようになっている。さらに，情報資源の総体を蔵書として理解するようになっている。ただし，このようになってくると「蔵書」という表現は図書という有力ではあるがさまざまな情報資源の中の一つと結びつきすぎているため，蔵書ではなく，コレクション（collection）と表現することも増えている。

　さて，情報資源，あるいは図書館情報資源という概念は，完全に定着した学術用語といいがたい側面もある。ここでは，図書館が利用者に提供していて，利用者にとって利用できるものになりうる資料や情報を図書館情報資源とする。そして，図書館情報資源をパッケージ化された情報資源とネットワーク情報資源に二分し，前者を図書館資料とする。

　図書館資料とネットワーク情報資源の違いは，従来の図書館の資料の取り扱い方を想定していくとわかりやすい。これまでの図書館は，資料を所有し，管理し，提供していくことで活動を行ってきた。しかし，ネットワーク情報資源は基本的には図書館の外部にあるものであり，図書館としては所有することなくアクセスを保持するだけ，いいかえると情報資源と利用者の仲介のみを提供することになる。ただし，仲介のみ提供と書くと図書館の業務や責任が減っているかのように誤解されるかもしれないが，実際には従来の図書館資料だけを扱うよりも判断事項や業務は増えており，図書館の業務としての負荷はむしろ増大していることを特筆しておく。

　なお，ネットワーク情報資源の問題は相似的に考慮するものとし，ここでは旧来からの図書館資料の問題を中心に扱うこととしたい。

パッケージ

図書館資料

情報資源

コレクション

ネットワーク情報資源

●……「蔵書構成」

図書館情報学においては，さまざまな専門用語があるが，専門ではない人からみて特に誤解しやすい表現の代表格として「蔵書構成」という用語があげられるだろう。この用語は英語では，collection development である。蔵書と collection の関係はまだ理解できるが，構成と development の関係が特にわかりにくいといえる。このわかりにくさを踏まえてコレクション形成（蔵書構築等の表現も使われたりする）とする文章もあるが，依然として蔵書構成という表現も使用されているので注意が必要である。ここでは，伝統的な蔵書構成という表現を採用しておく。

蔵書構成は，以下のさまざまな業務や要素から成り立つ包括的な概念であり，同時にプロセスである。各項目について簡単に見ていこう。

① 選択（selection）
② 収集（acquisition）
③ 蔵書管理（collection management）
④ 除架（weeding）
⑤ 資料保存（preservation）

●……情報資源の選択と収集

選択は，ある情報資源をコレクションに加えるのが妥当であるかを判断するものである。まず図書館の経営資源が有限である以上，図書館において選択は回避できないという現実がある。さらに選択の拠り所を利用者からの要求に求める（要求論）のか，情報資源の価値に求める（価値論）のか，あるいは図書館の目的に求めるべきなのかといった議論（いわゆる選書論。『図書館情報資源概論』参照）もあるため，選択はきわめて難しい業務である。

選択の次のプロセスとして，図書館は情報資源を収集していく。購入（注文による購入や，見計らいに代表される現物購入がある），寄贈，交換といった複数の手段で図書館は収集していくことになる。

●……蔵書管理

収集した情報資源はコレクションの一要素となって図書館のサービスに貢献することになる。しかし，情報資源が有効に機能するためには，コレクションの管理，すなわち蔵書管理が必要である。蔵書管理は，コレクションの点検と評価とに分けることができる。

コレクションの点検は，書架整理（shelf reading）や蔵書点検（inventory）といった活動からなる。書架整理は，日常的に書架の排列を確認し，その乱れを正す作業である。書架整理を行うことで情報資源は請求記号が示す場所に正しく排列されて，

利用者が情報資源をきちんと発見することができるようになる。

　これに対して，蔵書点検は現実のコレクションと書架目録を突き合わせる作業である。蔵書点検は1年あるいは数年に1回実施され，情報資源の現状を把握することを目的としている。情報資源はさまざまな理由で排架されるべき場所に存在しなくなることがあり，書架目録のデータと現実のコレクションが一致しなくなることがある。蔵書点検によってこのような不一致が矯正されて適切なものとなる。

　コレクションの評価，蔵書評価（collection evaluation）は，コレクションが図書館の目的に適合したものになっているのかを確認するものである。基本的には，「利用を中心にした評価法」か「蔵書を中心とした評価法」に分けられる。前者は，利用そのものや利用者について調査を行い分析することで評価を行う。後者は，コレクションの規模，主題領域，利用，支出等の側面から分析することで評価を行う。さまざまな手法が存在しているが，それぞれ長所や短所があることが知られている。さまざまな評価と同様に蔵書評価もコストがかかるので，コストと想定される効用とを比較して妥当な手法を選択する必要がある。

> コレクションの評価

● ……… 除架と資料保存

　除架は，資料を取り除く作業を指しているが，コレクションから完全に除外する作業（除籍）だけではなく，情報資源を別の場所に移動する処置（配置換え）も含めている。配置換えは，情報資源の利用が少ない，書庫スペースが狭隘になっている，あるいは切り取り・盗難の被害から情報資源を保護したいといった目的から資料を別の場所（閉架書庫，館外保存書庫・施設等）に移動するものである。一方，除籍は，完全にコレクションから除外され，廃棄することになるので，慎重な判断が求められる。したがって除籍については，蔵書構成の方針の一部である除籍（廃棄）基準が必要である。

> 除架
> 除籍
> 廃棄

　資料保存は，現在もしくは未来においてもその情報資源が利用できるようにするための措置全般を指していて，予防と修復に分かれる。予防は予想される劣化・損傷要因をあらかじめ取り除く作業になる。パッケージ系情報資源の物理的媒体には最適な保存環境があるので，温度・湿度・光（紫外線）の対策が代表的な予防になる。一方，修復は，劣化・損傷した情報資源への手当てを指している。保存テープや製本による物理的な修復だけではなく，酸性紙を中和する措置（脱酸）や，あるいはメディア変換なども含まれている。資料保存はコストが必要であるので，すべての情報資源に完璧な資料保存措置を施すことは現実的ではない。図書館としての意思決定が必要になる。また，保存に関する図書館協力も必要であろう（UNIT 25参照）。

> 資料保存
> 予防
> 修復

21. 情報資源の収集

●⋯⋯⋯蔵書構成と図書館経営

蔵書構成はこれまで見てきた膨大な作業を伴うものであるため，図書館として経営的な判断が必要になる。まず，図書館の使命に基づいた蔵書構成の方針の作成が必要である。蔵書構成は複数人（図書館員や利用者）が複数の業務に関係するプロセスであるため，一貫した業務を行っていくために必要なものであり，図書館における経営計画の重要な要素である。

蔵書構成の方針としては選択と収集の側面が強調されることも多いが，ここまであげてきた蔵書構成のすべての段階に対応すべきである。例えば図書館の使命から情報資源の長期保存が図書館の目的となっているのに，除籍基準が曖昧である，資料保存がおざなりであるというのは使命の達成に支障をきたすことになる。

また，「図書館の自由に関する宣言」に「図書館は，成文化された収集方針を公開して，広く社会からの批判と協力を得るようにつとめる」という一節がある。近年の説明責任に対する一般の認識と合わせて考えると，すべての図書館で選択・収集に限らず蔵書構成の方針を明文化し，それをさまざまな手段で利用者に提示すべきである。

なお，わが国の蔵書構成の方針では具体的にコレクションの収集の度合いが明記されていないことが多い。例えば，ある分野について内容のレベルとして一般書，入門書，専門書，学術書と設定できたときに，図書館はどのレベルまで購入すべきなのか，あるいはその分野の出版点数のどれだけを購入するのか，といった形で，ある図書館におけるある分野の収集の度合いを記述することができる。しかしながら，まったく用意されていない，総花的な記述で具体性がない，一部の領域のみ言及しているといった図書館が多いのが実情である。可能な限り，蔵書構成の方針を詳細に明文化することが望ましい。

蔵書構成の方針を作成した上で，情報資源に関する経営計画の策定も必要である。蔵書点検，蔵書評価のように蔵書構成に関わる業務の中には長期，かつ大量の人員を必要とするものもある。これらを無理なく実施するためには中長期的な視点に立脚する計画が必要である。

なお，「蔵書構成」という表現にも一因があるが，コレクションには固定された黄金比のようなものがあるという誤解がときどき見受けられる。目標とすべきコレクションの内容は各図書館の使命から決定され，その上で現状をどのように改善していくのかを決定していくことになる。「図書館は成長する有機体である」（ランガナタン）が，コレクションは特にこの指摘が該当している。静的な構成比ではなく，使命を実現するための効果的なプロセスの実行こそが蔵書構成の本質である。

UNIT 22 ●情報資源の経営
情報資源の組織化・提供システム

●……… 書誌的宇宙と目録の整備

　膨大な資料を目の前にし，これを管理することを迫られた人たちは，資料をデータに置き換え，データを管理することで資料を管理することを思いついた。これを書誌的アクセスと呼ぶ。書誌的アクセスとは，文献を識別すること，文献の所在を知ること，文献を実際に手にして利用することである。ピアス・バトラー（Pierce Butler）は『図書館学序説』の中で，書誌宇宙という概念を提唱し，ポール・オトレ（P. Otlet）とラ・フォンテーヌ（H. La Fontaine）は，書誌の整備を世界の知識を把握するという考えのもとで世界書誌目録を構想した。情報資源の組織化・提供システムは世界の知識を把握することをめざし，少しずつ進歩してきた。

　図書館資料の組織化の業務，つまり情報資源のメタデータを整備する仕事は，20世紀の後半までの図書館の主要な業務であった。しかし，情報通信技術の進展により，機械可読目録（Machine Readable Cataloging：MARC）が開発され，国立図書館等によるMARCレコードの頒布が始まり，またそれを，情報ネットワークを通じて共同で使う書誌ユーティリティというシステムができ，この部分の業務の合理化が急速に進展した。日本では民間MARCもでき，特に公共図書館では図書とMARCレコードが同時に納入されるといったルーチンが定着した。それぞれの図書館では，このデータを使って利用者オンライン目録（OPAC）が作成され，ウェブに公開されることによって，利用者は自宅などから所蔵資料を検索できるようになった。

●……… フルテキスト検索の登場

　ウェブの登場とともにコンピュータの性能が飛躍的に進展し，フルテキストを直接扱えるようになると，情報検索の分野も目録検索の技術からフルテキスト検索の技術に大きくシフトし，情報検索研究は図書館情報学のみならず情報科学における主要分野の一つになった。フルテキスト検索は目録検索とは違い，索引語とレコードを単純に結びつけるのではなく，TF-IDF（Term Frequency-Inverse Document Frequency）と呼ばれる単語の出現頻度と特定の単語が出現するドキュメント頻度の積をとることで，重みづけを計算する手法になった。TF-IDFによってフ

書誌的アクセス
ピアス・バトラー
『図書館学序説』
書誌宇宙
ポール・オトレ
ラ・フォンテーヌ
世界書誌
組織化
メタデータ
機械可読目録（MARC）
書誌ユーティリティ
民間MARC
利用者オンライン目録（OPAC）

情報検索
目録検索
フルテキスト検索
情報科学
索引語
レコード
TF-IDF
単語の出現頻度
ドキュメント頻度

ルテキストの基本技術が確立すると，Goo や Infoseek 等，さまざまなアレンジを加えたサーチエンジンによるサービスが登場した。サーチエンジンが世の中に広がる決定打になったのが，グーグル（Google）である。Google は TF-IDF に加え，ウェブページ同士の参照関係を考慮したページランク（PageRank）と呼ばれる手法を開発し，対象とするウェブページの量と検索精度の高さからまたたく間にサーチエンジンの代名詞となった。

● リンキングシステム

　図書館の情報検索が目録検索の方向を維持するのか，フルテキスト検索の方向に進むのかが注目されたが，結果としてそれらを組み合わせた第三の方向に進んだ。リンキングシステムがそれである。図書や雑誌のフルテキスト化が進み，学術的な資料の多くが電子的に提供されるようになったところで，電子資料をフルテキスト検索のみで行う方向もありえたが，TF-IDF だけでは精度が低いこと，図書館ごとに契約している電子資料が異なること，目録データという比較的質の高い情報が整備されていることから，検索は目録データで行い，その書誌に相当する現物（フルテキストおよび物理的資料）に誘導するというリンキングシステムの方向に進んだ。

　リンキングシステムには，ダイレクトリンクタイプとリンクリゾルバタイプがある。ダイレクトリンクは，その名のとおり，目録データの仲介なしに，利用できるフルテキストを直に表示するものである。一方リンクリゾルバとは，書誌データからどの情報資源にリンクすればよいのかを解決する（リゾルブ）機能をもったソフトウェアである（詳しくは，option I を参照）。

　リンキングシステムの登場によって，目録や索引・分類などのいわゆるメタデータと図書，雑誌，事典，新聞のフルテキストを組み合わせ，メタデータ検索，フルテキスト検索，ダイレクトリンキングシステム機能をもった独自のサービスなどがそれぞれ並行し，図書館が提供する情報資源は複雑な状況が生じた。その結果，Google のようなシンプルな使い勝手のシステムに慣れた人々は，図書館の情報資源提供サービスは使いにくいと感じるようになった。図書館はデータベース講習会などを開いて利用者教育を行っているが，そのような講習会に出るのは一部の利用者に過ぎず，根本的な解決になっていない。

● ディスカバリサービス

　こうした状況のもとで必然的に誕生したのがディスカバリサービスである。ディスカバリサービスは当初，次世代 OPAC という名前であった。次世代 OPAC は紙媒体の資料だけでなく，電子情報資源をも横断的に検索でき，フルテキストへもナビゲートしてくれる新しいタイプの OPAC であるという説明であった。

ディスカバリサービスの機能は，図書・雑誌等の所蔵資料，電子書籍・雑誌の記事，各種データベースを統合検索，そしてキーワードの提示やファセットによる絞り込み（表示された検索結果をカテゴリーで絞り込む），レコメンデーション（関連した情報の表示）などの支援のあと，現物へのリンクのステップから構成されている。ディスカバリサービスは，目録検索システム，フルテキストサーチ，リンキングシステムというこれまで開発された技術を，情報資源へのアクセスという文脈で整理・統合した新世代の情報資源提供システムであるといえる。図22-1と図22-2はディスカバリサービスが登場する前と後のいわばアクセスの見方の変化を表している。

> 統合検索
> フレーズ検索
> ファセット
> レコメンデーション

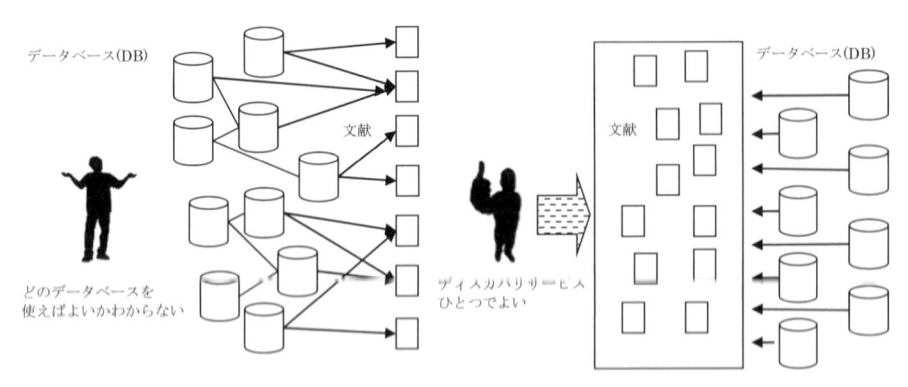

図22-1 DBが乱立する複雑なアクセス　　図22-2 ディスカバリによる簡潔なアクセス

グローバルに広がった情報資源を対象とせざるをえない，ディスカバリサービスにおいて，最も核となる機能がセントラルインデックスである。セントラルインデックスとは，情報資源のメタデータや場合によっては抄録やフルテキストのデータをあらかじめハーベスト（採集）しておく方式のインデックスである。セントラルインデックス方式によって，レスポンスの問題を解消し，さらに検索結果を適合度順で表示するなど，さまざまにコントロールできるようになった。インデックスデータをあらかじめ採集しておく点ではGoogleと同じ方式であるが，Googleが無料のウェブページを対象とするのに対して，ディスカバリサービスは有料の情報資源を含む点が異なる。現在セントラルインデックスを有するディスカバリサービスはBig4と呼ばれるOCLCのWorldCat Local，Ex Libris社のPrimo Central，ProQuest社のSummon，EBSCOのEBSCO Discovery Serviceなどである。

> セントラルインデックス

> OCLC
> WorldCat Local
> Ex Libris
> Primo Central
> ProQuest
> Summon
> EBSCO
> Discovery Service

● ディスカバリサービスの今後

このように，これまで個別にアクセスしなければならなかった多種多様な情報資源がディスカバリサービス一つで到達可能になったという点では画期的であるが，

課題も多く残っている。最も大きな問題は検索結果が膨大で，求める文献がうまく検索できないという点である。多くの情報資源を使い分けるのが難しいからという理由でディスカバリサービスを導入したにもかかわらず，かえって情報検索が難しいと感じるようになったのは皮肉なことである。

　ディスカバリサービスがGoogleのように最初の数件に求める情報が表れないのは，含まれる文献がウェブページのように質に極端な差がないからである。Googleとは，リンクの参照関係によって膨大な情報の中から質の高い上澄みだけをうまくすくい取るシステムであるといえる。セントラルインデックスのために採集した情報が現在のところ貧弱であるため，TF-IDFのようなフルテキスト検索の手法が効果を発揮しない。つまり，機能や性能の問題ではなく，データの質に問題がある。これを補うため，ディスカバリサービスはカテゴリーで絞り込むファセット機能を組み合わせて，うまく検索結果集合をつくることもできるが，それを使いこなすには相応のテクニックが必要である。情報要求もさまざまで，ピンポイントで文献の有無を知りたいという場合もあれば，主題検索をしたいという場合もある。あるいはもっとぼやっと，膨大な文献群を眺め，知らない文献を発見するという使い方もある。

　現在，人々はすでに図書館に頼らずとも資料を入手できるチャネルを数多く手に入れている。例えばGoogleやアマゾン（Amazon）で資料の存在を確認し，しかるのちに購入するか図書館で借りるのかを選ぶというのが一つのパターンである。ウェブによって資料への到達可能性が大幅に拡大した今，図書館で資料を探す意味は変わってきたといわざるをえない。こうした行動の途中で，所蔵先行型の認識をもつ利用者はOPACを求め，所蔵は後回しで，文献宇宙からまずは自分にとって最適な文献を発見したいという利用者はディスカバリサービスに向いていると思われる。

> 到達可能性

●……… ディスカバリサービスの今後と情報の宇宙

　ディスカバリサービスがもっと便利に利用されるようになるには，採集するメタデータの充実と，それに①表示方法と②操作方法の革新，③外部サービスとの連携が鍵になるだろう。近年，図書館目録の世界で大きな動きがあった。英米目録規則（AACR2）の後継として，RDA（Resource Description and Access：資源記述とアクセス）が制定された。これはFRBR（Functional Requirements for Bibliographic Records）という書誌レコードの概念モデルが基本となっている。FRBRは書誌レコードを著作（Work），表現形（Expression），体現形（Manifestation），個別資料（Item）の4つの実体からとらえたもので，利用者がどういう観点で書誌を意識するのかが明確になり，情報検索の利便性が増すことが期待されている。

> 英米目録規則
> （AACR2）
> RDA
> FRBR

FRBRを組み込んだ実装例として国立国会図書館のNDLサーチがある。

　表示方法と操作方法については，OPAC以前の目録検索システムから現在のディスカバリサービスまで，実は表示方法はまったく変わっていない。どれも一列のリスト表示である。ディスカバリサービスのように膨大な検索結果が前提であるならば，リスト表示以外の工夫が必要であろう。操作方法については，例えば先に述べたファセットを自然に使うような誘導デザインが必要であろう。

　最後の外部サービスとの連携であるが，これはアイデア次第でさまざまな可能性があると思われる。文献検索システムは文献を検索する以外の使い道はないというのは固定観念に過ぎない。一つの案として，リンクト・オープン・データ（LOD：Linked Open Data）の活用があげられる。LODとは，ウェブ上の情報資源をURI（Uniform Resource Identifier：統一情報資源識別子）で同定し，情報資源の間の関係をRDF（Resource Description Framework）という共通の記述形式で関係づけることにより，巨大な情報の意味のネットワーク（semantic network）で表そうという試みである。ディスカバリサービスが膨大なメタデータを有するのであれば，メタデータにLODの構造をもたせることで，意味を考慮した結果表示が可能になるかもしれない。

　ピーター・ブロウフィ（Peter Brophy）は，デジタル情報の出現や情報ネットワークの進展によって，情報の宇宙（全世界にある情報の全体）の膨張による対象となる情報の急増と，管轄外の利用者の情報（したがって，利用者の宇宙（全世界の人々））を意識せざるをえないとして，「利用者・情報資源インタフェースとしての図書館モデル」（図22-3参照）を示した。これまで図書館は来館利用者と収集した情報資源を基盤としてサービスを展開してきたが，このモデルのように，図書館の利用者と情報の宇宙をつなぐものに発展するに違いない。そして，その先には，バトラー，オトレ，ラ・フォンテーヌが夢見た世界の知識を把握する世界がみえる。

NDLサーチ

リンクト・オープン・データ
URI

RDF

| 利用者の宇宙 | 利用者インタフェース | 情報資源インタフェース | 情報の宇宙 |

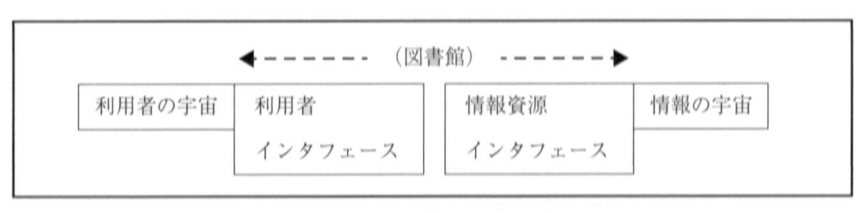

◀------（図書館）------▶

図22-3　利用者・情報資源つきの図書館モデル

UNIT 23 ●情報資源の経営
情報資源利用の支援

●········図書館の情報資源利用の支援の歴史的変遷

　日本の図書館，ことに公共図書館は情報資源の利用支援に関して，1990年代までさほど熱心でなかったといわれている。この背景として野末俊比古は，情報リテラシーについてまとめた論文で「わが国の公共図書館では，歴史的経緯などから，『教育』という考え方，あるいは表現を避ける傾向も見られた」と述べている（野末俊比古「情報リテラシー」『情報探索と情報利用』田村俊作編，勁草書房，2001，p.249-250）。ただしこれは「情報資源利用の支援」をいかにとらえるかに関わっており，情報資源の利用支援をいわゆる「利用教育」に加えて，「レファレンスサービス」も含めて考えるならば，「レファレンスサービス」の普及・発展は日本の公共図書館では不十分でありながらも，長い歴史とサービスの積み重ねを行ってきたといってよい。

　「狭義の支援」としての「利用教育」の状況が変わってきたのは，1990年代からである。後述する「情報リテラシー」のアメリカでの議論の高まりなども受けて，図書館関係誌でも「利用教育」などが頻繁にとりあげられるようになり，日本図書館協会では1989年に利用者教育臨時委員会が発足し，1993年には正規の委員会となった。同委員会は，利用教育のガイドラインの制定をめざして活動を続け，『図書館雑誌』に総合版の案を提示した後，1998年には日本図書館協会から『図書館利用教育ガイドライン－大学図書館版』，『図書館利用教育ガイドライン－学校図書館（高等学校版）』が，総合版の「総論」部分を付録に添付したリーフレットの形で刊行された。1991年には『情報活用教育ガイドライン：図書館利用教育－専門図書館版』，『図書館利用支援ガイドライン：図書館利用教育－公共図書館版』が刊行され，4館種の利用ガイドラインが出そろった（これらは2001年，日本図書館協会図書館利用教育委員会編『図書館利用教育ガイドライン合冊版：図書館における情報リテラシー支援サービスのために』として日本図書館協会から出版された）。

※傍注：情報リテラシー／利用教育　レファレンスサービス／図書館利用教育ガイドライン

●········情報リテラシー

1）情報リテラシーの背景

　「情報リテラシー」が図書館の利用教育のキーワードとなった背景には，いうま

でもなく「(高度)情報化社会」の進展がある。

ダニエル・ベル（Daniel Bell）が『脱工業社会の到来』を出版したのが1973年であり（邦訳はダイヤモンド社, 1975），アルビン・トフラー（Alvin Toffler）が『第三の波』を発表したのが1980年である（邦訳は日本放送協会, 1980）。トフラーは歴史の転換点として三つの「波」を指摘した。彼は第一の波を農業革命→農業時代，第二の波を産業革命→産業社会，第三の波：情報革命→脱産業社会（情報社会）とし，第三の波は1950年代末以降多くの国で起こっているとした。

この第二の波の産業社会（工業・商業社会）で，必要とされた能力が「識字能力（リテラシー）」である。ことに商業社会においては，いわゆる3R（読み：Reading, 書き：wRiting, そろばん：aRithmetic）が必須能力とされた。そして「ポスト第三の波」の社会に必要な能力が「情報リテラシー」ということになる。これは，この能力を欠くと所属するコミュニティにおいて日常生活・勤労・地域社会での営みに支障を来すという意味で，コミュニティ（あるいは近代においては国家）がその能力の獲得を保障しなければならない義務を負うと考えられる。

なお，厳密には「第三の波」の後，社会は「情報化社会」→「高度情報化社会」と移行してきている。この移行は1980年代頃からのパソコンの普及によって加速し，実際の「情報リテラシー」の概念は1980年代頃から提唱されるようになり，1990年代後半以降のインターネットの普及によって新たな意味合いをもつようになった。

2) 情報リテラシーの定義

多くの議論が重ねられてきた米国図書館界において，情報リテラシーの定義として最初にまとまったものとして合意を得たものが，1989年のアメリカ図書館協会（ALA）情報リテラシー諮問委員会の最終報告書（Presidential Committee on Information Literacy: Final Report, http://www.ala.org/acrl/publications/whitepapers/presidential）であり，そこでは「情報リテラシーとは，情報が必要なときそれを認識する能力，および，必要な情報の発見，評価，利用を効果的に行う能力である。……情報リテラシーを身につけた人々は，学びかたを知っている。なぜなら，彼らは知識の組織のされかた，情報の見つけかた，他の人々が学べるような方法での情報の利用のしかたを知っているからである」とされている（邦訳は，野末俊比古『情報リテラシー』前掲, p.258 による）。

日本においては，当初，主に教育行政で「情報リテラシー」の用語より，「情報活用能力」が用いられた。1991年には，「情報化社会に対応する初等中等教育の在り方に関する調査研究協力者会議」の議論をもとに，文部省（当時）が，『情報教育に関する手引き』を出版し，情報活用能力を，(1) 情報の判断，選択，整理，処理能力及び新たな情報の創造，伝達能力，(2) 情報化社会の特質，情報化の社会や人間に対する影響の理解，(3) 情報の重要性の認識，情報に対する責任感，(4) 情

報科学の基礎及び情報手段（特にコンピュータ）の特徴の理解，基本的な操作能力の習得，と定義している（これと前後して種々の定義が乱立する。河西由美子「情報リテラシー」（『図書館情報学基礎 1』根本彰編，東京大学出版会，2013，p.117-151）はその流れをまとめつつ，1990年代を「情報リテラシー概念の定義化」の時代とし，それ以降を「世界的な伝播」の時代として，国際図書館連盟（IFLA）や，国際的な地域比較の研究を展望している）。

国際図書館連盟

● ……… **メディアリテラシー**

メディアリテラシー

「情報リテラシー」の後を追うように，提唱されてきた概念として，「メディアリテラシー」がある。「メディアリテラシー」の定義について，鈴木みどりは，国・地域によって多様であるとした上で，カナダのメディアリテラシー協会の定義を紹介している。それによると，「メディアリテラシーとは，メディアがどのように機能するか，メディアはどのように意味を作り出すか，メディアの企業や産業はどのように組織されているか，メディアは現実をどのように構成するかなどについて学び，理解と楽しみを促進する目的で行う教育的な取り組みである。メディアリテラシーの目標には，市民が自らメディアを創り出す力の獲得も含まれる」とある（鈴木みどり『メディア・リテラシーを学ぶ人のために』世界思想社，1997，p.6-7）。

表23-1　三つのリテラシーの対比

	情報リテラシー	コンピュータ・リテラシー	メディア・リテラシー
情報	コアとなる概念	コンピュータの処理対象（データ）	メディアの伝達内容（メッセージ）
メディア	情報を扱うための「道具」	（コンピュータ）	コアとなる概念
コンピュータ	道具（メディア）の一つ	コアとなる概念	メディアの一つ
中心となる技能	情報の探索・利用	コンピュータ（アプリケーション）の操作・利用	（マス）メディアのメッセージの評価・分析　メディアの操作・利用
適用の主な目的	情報要求の満足　問題解決・意志決定	情報（データ）の収集・加工・発進	メディア（情報）の批判的読解　コミュニケーション
議論・実践の領域	図書館（図書館・情報学），学校（教育工学）など	大学（情報工学）など	学校（教育学，社会学）など

（野末俊比古「情報リテラシー」（『情報探索と情報利用』，p.271）による）

なお，同書の出版された1990年半ばの状況では「メディア」とは，もっぱら「マスメディア」を指すことが多かったが，今日のネット社会では，玉石混淆のネット情報の中で，なにが信頼しうる情報かを評価する力という意味合いももっている。

134　情報資源の経営

このほかに類義概念として「コンピュータリテラシー」があるが，これらの三つの概念の対比を，表 23-1 として示す。

●………図書館の情報資源利用の支援

今後の図書館の情報資源利用の支援については，大学・学校図書館と公共図書館では分けて考える必要があるだろう。

1）大学・学校図書館

一斉教育が可能な大学・学校においては，上述の情報リテラシーやメディアリテラシーの概念のもとに，(1) 新入生に対するオリエンテーションや OPAC，図書館の基本的な使い方，(2) 授業の 1 コマを使った情報リテラシーの授業，(3) 希望者やゼミ単位でのデータベースの使用法など，をとりあげていくことが可能である。図書館は学内で，情報リテラシーの必要性を訴えていくとともに，学内での教員との連携を深め，その協働，役割分担を考えていけばよい。

なお，近年はこうした利用教育，情報リテラシー教育を図書館という「場」で提供していくために，「インフォメーションコモンズ」，「ラーニングコモンズ」が活用される（option K 参照）。

> オリエンテーション
> インフォメーションコモンズ
> ラーニングコモンズ

2）公共図書館

一方，個人による自発的な利用が中心となる公共図書館では，こうした一斉教育的な情報資源の利用支援は，どちらかといえばなじみにくい。慈道佐代子は，2001 年から 2010 年の図書館の利用教育のレビュー論文をまとめる中で，公共図書館でも情報化に対応した取組がグループや団体などを対象に行われているとしつつ，「学習・教育や研究が使命である大学にとって，情報リテラシーは図書館利用教育に限定されない基本的な要件であり公共図書館に大学と同様な取り組みを求めてはいけないことは確かである」と述べている（慈道佐代子「情報リテラシーと利用教育：大学図書館と公共図書館」『図書館界』61(5)，2010，p.495）。もちろん，イベントとしての図書館利用案内講座や，夏休みを利用した子ども対象の講座，あるいは「医療」「法律」などのテーマを設けての情報の探し方講座などは，十分可能であり，それはすでに述べた情報リテラシー，メディアリテラシーの考え方に基づいて行われる必要がある。

一方，それと同時に従来のレファレンスサービスに力を入れ，それぞれの利用者に，個別でパーソナルなレファレンスサービスをその都度提供していくことも重要である。インターネットで玉石混淆の情報が流れている中で，いかに信頼できる情報を複数提示しうるかを示すことは，メディアリテラシーの根幹であり，図書館こそ，それに最も適した機関の一つであるといえるだろう。

UNIT 24 ●情報資源の経営
情報資源に関する連携・協力

図書館間相互貸借　●………図書館間相互貸借

　図書であろうと雑誌であろうと，個々の図書館で利用者のニーズに対応するすべてを取り揃えることはできない。毎年出版されるものの総価格はどの図書館の予算額をもはるかに超えている。そのために図書館が考えた方策は，図書館同士で協力

図書館協力

ILL

し合う（これを「図書館協力」という），資料の図書館間相互貸借（Inter Library Loan：ILL）である。

国立国会図書館
総合目録ネット
ワーク
ゆにかねっと

　公共図書館における総合目録のきっかけとなったのは，1994年に着手された「パイロット電子図書館総合目録ネットワーク」で，1998年に事業化された後，2004年から一般公開も行われている「国立国会図書館総合目録ネットワーク（ゆにかねっと）」である（ゆにかねっとは，2012年からNDLサーチ（国立国会図書館，公共図書館，大学図書館，文書館，博物館等のデータベースを統合検索する検索システム）に統合された。ゆにかねっとへの参加館は2021年現在，1,151館（うちデータ提供館67館）で検索範囲は限定的である）。他方1999年には，相互貸借サービス

「公共図書館間資料相互貸借指針」

を促進するためのガイドライン（「公共図書館間資料相互貸借指針」が全国公共図書館協議会により作成されている。そして，現在は都道府県ごとに総合目録が構築されている（http://www.jla.or.jp/link/link/tabid/167/default.aspx）。

カーリル

　また，2010年にサービスを開始した図書館横断検索サイト「カーリル」は2021年6月現在「7,372館（公共図書館5,476館，大学図書館1,560館，専門図書館336館）」（なお，この図書館数は公民館図書室など図書館以外のサービス拠点を足し込んでいる）の蔵書を一度に検索できる。カーリルは数人で立ち上げたベンチャー企業が作成したシステムで，既存の図書館システムは使いにくいので，なんとかしたいという動機から生まれた。カーリルは複数の図書館の蔵書とAmazon等の書誌データベースを同時に検索できる。お気に入り図書館を登録しておけば（登録は10館まで），その図書館に限定して検索できる。検索に使う書誌を変更することもでき，Amazonのほか，国立国会図書館サーチ，CiNii，楽天ブックス，BooKPortal，WorldCatを選択できる。図書を入手するには，それぞれの図書館に直接申し込むか，Amazonなどに発注することができる。

　一方，大学図書館の世界では，ずっと前からILLは主要な活動領域であった。

手作業で総合目録づくりが行われ,『学術雑誌総合目録』は貴重な共有財産だった。また,長い間懸案だった図書を対象に含め,NACSIS-CAT(全国総合目録データベースを作成するための分担共同目録システム)の運用が1984年から開始された(http://www.nii.ac.jp/CAT-ILL/about/cat/pdf/about_cat.pdf)。これにより,全国の大学図書館等の目録・所在情報(書誌情報とどこにその資料が所蔵されているのかの情報)が日々蓄積されている。そして,このデータベースを活用し,1992年からは図書館相互貸借システム(NACSIS-CAT/ILL)の運用が開始されている。目録情報を検索すれば,その資料を所蔵している図書館をシステムが表示するから,そのうちで最も適切な図書館に資料貸借を申し込めば,即座に受付館に依頼が到着するシステムである。このシステムは国内だけでなく,図24-1のようにOCLC(北米を中心として170か国の約2万9000の会員図書館で構成されたライブラリーサービス機関)などとも接続している。

学術雑誌総合目録

NACSIS-CAT

NACSIS-CAT/ILL

OCLC

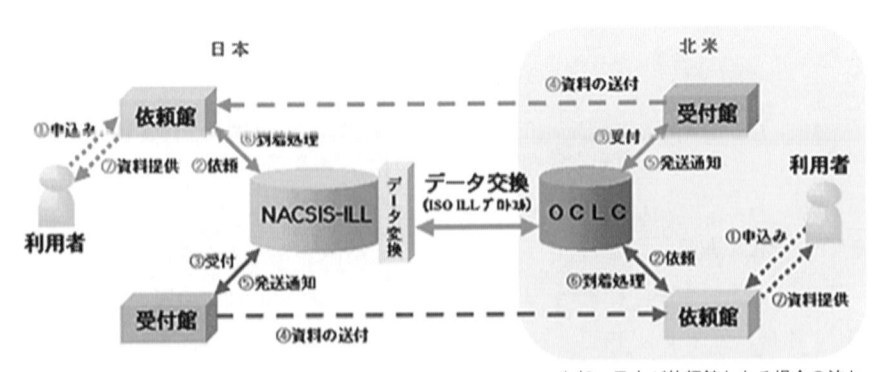

図24-1 NACSIS-ILL(グローバルILLによる)処理の流れ

● 図書館協力の枠組み

そうした相互貸借を含む図書館協力の大多数は,米国では1960年から70年代につくられ,大きく発展した。その際,このような仕掛けの名称としては,大学図書館ではコンソーシアムと呼び,公共図書館ではシステムと呼んだという(Louis Kaplan, "Library Cooperation in the United States", *Encyclopedia of Library and Information Science*. Vol.15. New York, M. Decker, 1975, p.247-264)。またその後,情報通信技術の進展によって,図書館協力が図書館のコンピュータや通信技術を基盤とする書誌ユーティリティを核として展開されたため,そうしたものを図書館ネットワークと呼ぶようにもなった。

2001年に施行された「公立図書館の設置及び運営上の望ましい基準」は2012年

コンソーシアム
システム

書誌ユーティリティ
図書館ネットワーク

に「図書館の設置及び運営上の望ましい基準」として改正された。その際，より明確に表現されたものの一つが次のような図書館の連携・協力である。

① 図書館は，高度化・多様化する利用者及び住民の要望に対応するとともに，利用者及び住民の学習活動を支援する機能の充実を図るため，資料や情報の相互利用などの他の施設・団体等との協力を積極的に推進するよう努めるものとする。

② 図書館は，前項の活動の実施に当たっては，図書館相互の連携のみならず，国立国会図書館，地方公共団体の議会に附置する図書室，学校図書館及び大学図書館等の図書施設，学校，博物館及び公民館等の社会教育施設，関係行政機関並びに民間の調査研究施設及び民間団体等との連携にも努めるものとする。

また，公共図書館と大学図書館との連携に，ここ数年熱心に取り組む地域が現われ，その内容も閲覧利用から相互貸借に拡大する等，連携の緊密さが増してきた。例えば，鳥取県，愛知県，和歌山県などの例がある。公共図書館と学校図書館の連携は公共図書館が蔵書の少ない学校図書館を支援するという形で部分的には行われていたが，本格的に広がりを見せたのは2006年度の文部科学省「学校図書館支援センター推進事業」が開始された頃である。この事業は学習情報センター，読書センターとしての学校図書館の機能充実を図る目的で行われた（option J 参照）。

学校図書館支援センター推進事業

MLA 連携

●………MLA 連携

博物館（Museum），図書館（Library），文書館（Archives）の間の連携，通称MLA連携は欧米では1980年代から議論が行われてきたが，日本ではIFLAとOCLCからMLA連携についての報告書が出されたのを契機に2008年頃から急速に関心が高まった。2009年には日本のMLA連携の方向性を探るラウンドテーブルやアート・ドキュメンテーション学会創立20周年記念の研究フォーラム「日本のアート・ドキュメンテーション20年の達成：MLA連携の現状，課題，そして未来」など，日本各地でMLA連携関連のイベントが開かれ，2010年にはMLA連携の図書が相次いで出版されるなど，ブームに近い盛り上がりをみせた。

図24-2にみるように，資料も機能も相互関係が深い。博物館資料はモノとしての存在，しかもオリジナルであることが重要で，見かけは寸分たがわずとも，コピーの価値はオリジナルに比べて著しく劣る。図書館資料は基本的にすべてコピー（大量複製物）であり，その中身（コンテンツ）に価値がある。モノにはあまり価値を置かない。文書館資料はその中間で，人や組織の活動の証拠を示す中身が重要であるが，モノとしての存在も重要である。

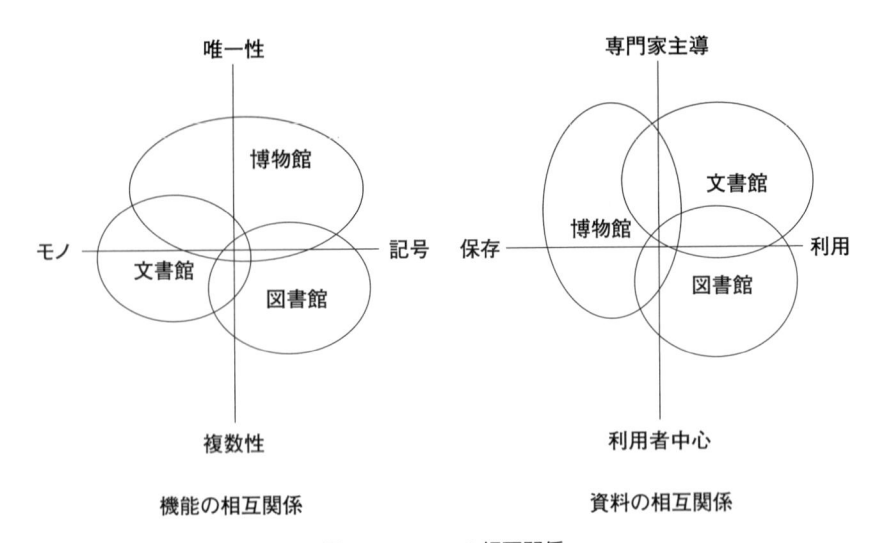

図 24-3　MLA の相互関係
（『つながる図書館・博物館・文書館』東京大学出版会，2011，p.22-23 を元に作成）

　MLA 連携は以前から部分的に行われてきたが，近年クローズアップされたのは，ウェブの普及とそれに伴うデジタルアーカイブの発展による。MLA それぞれが所蔵する資料を相互にリンクすることで，文化情報資源を例えば「鎌倉幕府」といった主題から，鎌倉幕府が残した資料を文書館で閲覧し，その資料に出てくる刀や弓を博物館でみて，その研究論文を図書館で読むといった，これまでばらばらだった資料へのアクセスが透過的にできるようになる。

　海外では，このような文化情報資源を一体的に扱おうという意識が強いが，日本ではそれらは別々に発達してきたため，MLA 連携のイメージをもつ力が弱い。

文化情報資源

UNIT
25

●情報資源の経営

情報資源の蓄積・保存

資料保存

プリザベーション
コンサベーション

●……「資料保存」という概念

　資料保存には「プリザベーション」(preservation) と「コンサベーション」(conservation) の二つの側面がある。国際図書館連盟 (IFLA) の『資料保存の原則』によれば，プリザベーションとは，「図書館・文書館資料およびそれに含まれる情報を保存するための保管・設備の整備，職員の専門性，政策，技術，方法を含むすべての運営面，財政面の考慮」を指し，コンサベーションとは，「図書館・文書館資料を劣化，損傷，消失から守るための個々の政策と実務で，技術系職員が考案した技術と方法を含む」を指す。簡単にいえば，資料保存をどのように位置づけて実行するかを決める戦略面がプリザベーションで，戦略に従って実際にどう資料の劣化を防ぐかを考える戦術面がコンサベーションである。

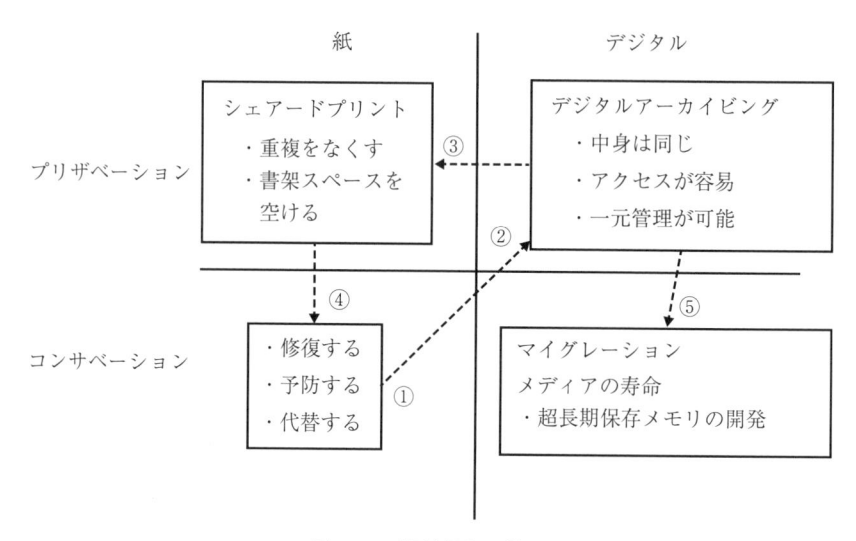

	紙	デジタル
プリザベーション	シェアードプリント ・重複をなくす ・書架スペースを空ける	デジタルアーカイビング ・中身は同じ ・アクセスが容易 ・一元管理が可能
コンサベーション	・修復する ・予防する ・代替する	マイグレーション メディアの寿命 ・超長期保存メモリの開発

図 25-1　資料保存の構図

　図 25-1 は紙資料とデジタル資料におけるプリザベーションとコンサベーションの関連を示した図である。

修復

　① 伝統的な資料保存は，紙資料のコンサベーションが議論の中心であった。ただし，劣化に対する方策は修復だけを意味しない。モノとしての状態，現物と

して残す必要性，利用の頻度を総合的に判断して，本当に修復作業が必要なものだけを修復する。修復は物理的な状態を変えてしまうので，維持の観点からはなるべく避けたほうがよく，近年は修復よりも予防に重きが置かれる。また，資料の中身がわかればよいという利用に対しては，別のメディアを使用してもらうことで現物に手が触れられることを避ける。

② 代替するメディアはこれまで主にマイクロフィルムがあったが，ウェブの登場によってデジタルメディアにとってかわるようになった（安全のためにマイクロフィルムとデジタルメディアの両方を作成するところもある）。デジタル資料の特徴は，インターネットを介していつでもどこからでもアクセスできるようになることで，資料共有が容易になった。 <!-- マイクロフィルム -->

③ デジタル資料の集積であるいわゆる「デジタルアーカイブ」の構築が急速に進むことで，紙資料と中身が同じものが増えてきた。その結果，デジタル資料としてアクセスできる紙資料は重複を減らし，どこかの図書館にあればよいという考えが生まれる。これがシェアードプリントという概念である。 <!-- デジタルアーカイブ -->

④ シェアードプリントで保存する紙資料のコンサベーションは注意深く行う必要があるが，これまでより紙資料のコンサベーションにかけるコスト（手間，時間，費用）は下がると思われる。 <!-- シェアードプリント -->

⑤ デジタル資料はマイグレーション（データを定期的に新しいメディアに移行すること）によって後世に伝えていくことになる。これは現在のデジタルメディアは数十年しかもたないといわれていること，また，新しい情報機器が次から次に開発されることが理由である。これらの問題に対しては，JIS Z6017：2013やISO 11506：2009等の規格で，長期保存の指針が示されている。さらに，科学技術振興機構の研究開発戦略センターの戦略プロポーザル「デジタルデータの長期安定保存のための新規メモリ・システムの開発」では，まずは百年，最終的には千年もつメディアの開発をめざすと書かれている。すでに複数の企業で研究が進んでいるようである。 <!-- マイグレーション / JIS Z6017 / ISO 11506 / 科学技術振興機構 -->

以上のように，現代の資料保存は，情報資源のデジタル化が加速する社会を前提として，デジタル資料で保存するものと紙資料で保存するものを状況や性質に応じて適宜組み合わせながら行っている。しかしながら，長期保存という観点からはデジタル資料のマイグレーションは確実とはいえないので，長期保存が確実に行えるデジタルメディアが開発されるまでは紙媒体やマイクロフィルムなどは保存のための不可欠なメディアである。

● 学術雑誌の保存

デジタル資料による保存を主体にしているのが学術雑誌である。デジタル化され

た学術雑誌である電子ジャーナルは，わざわざ図書館に足を運ばすとも，研究，教育，学習の現場で読むことができるので，今では電子ジャーナルを使うのが当たり前となっている。そのため，ほとんどの大学図書館は電子ジャーナルで読める学術雑誌は印刷体の購入を中止している。電子ジャーナルの長期保存については，CLOCKSS（Controlled Lots of Copies Keep Stuff Safe）という国際プロジェクトがその役割を負い，出版社と図書館との協働で成り立った学術コミュニティ全体で責任を分担・共有するように設計されている。

<small>CLOCKSS</small>

CLOCKSSは，通常はそこに保存されているデジタル資料にはアクセスできない。あくまでなにか起きたときの保険として保存している。通常のアクセスを許し，保存機能をもつのは「機関リポジトリ」である。機関リポジトリとは，大学や研究機関が主体となって所属研究者の知的生産物を電子的に収集，蓄積，提供するシステム，またそのサービスを指す。もともとは価格が高騰した電子ジャーナルへの対抗手段ないし代替手段として出発したが，その後紆余曲折があり，今では大学等機関の活動をコンテンツで示す情報発信の役割が強くなっている。また国内では2013年に，学位規則の一部を改正する省令（平成25年文部科学省令第5号）が施行され，これまで印刷公表だった博士論文が，インターネットを利用して公表することが義務化され，学位授与大学等の機関リポジトリを利用することが基本とされた。

<small>機関リポジトリ</small>

● ………… 図書の保存

図書は学術雑誌に比べて電子化が遅れていたため，図書の保存をデジタルで行うという発想にはすぐには至らなかった。とはいうものの，保存スペースが足りないという問題は深刻であり，紙の図書を減らすことは避けられない。そこで出てきたのが，デジタルアーカイビングとシェアードプリント（共同保存）を併用する方法である。モノとしての側面が強い図書ではあるが，中身が読めればよいという考えに立ち，デジタル資料のアーカイブを構築する。その上で，モノとしての紙の図書も保存する。ただし，重複を減らし，必要部数だけ保存しようという考えである。こうすることで，図書館の長年の懸案であった書架の狭隘化も解消する。

<small>デジタルアーカイビング
シェアードプリント</small>

図書のデジタル資料の集積共同利用システムとして有名なものにハーティトラスト（HathiTrust）がある。ハーティトラストはミシガン大学とインディアナ大学を含む米国中西部の大学コンソーシアムの13大学，カリフォルニア大学，バージニア大学により2008年10月から運用が開始された。2015年現在参加している図書館は110，協力しているコンソーシアム等が4つある。ハーティトラストに登録されたコンテンツは，図書と定期刊行物であり，グーグルブックスで電子化されたものを基本としている。資料の数は，図書689万2226タイトル，定期刊行物が36万6207タイトルで，容量は620テラバイトである。ハーティトラストと類似のサービスが，

<small>ハーティトラスト</small>

<small>コンソーシアム</small>

インターネット上にアーカイビングする動きの一環として行われている「オープンライブラリー」(Open Library) である。オープンライブラリーでは，現在100万件の電子書籍が利用できる。2015年には「米国デジタル公共図書館」(Digital Library of America：DPLA) と共同でコレクションの充実を図ることを発表した。

一方，シェアードプリントは，図書館が所蔵する冊子体（紙媒体）の図書や雑誌を複数の図書館が共同で保存・管理することで，方法としては，各図書館がそれぞれ担当する資料を決め，それを各図書館で責任をもって保存する「分散型」と，各図書館が共同で使える書庫を用意し，対象となる資料をその書庫へ移送して保存する「集中型」がある。少し紛らわしいのは保存書庫との違いである。保存書庫（保存図書館）とは，保存を主目的とする書庫のことで，利用頻度の高い資料を効率よく提供できるように，利用頻度が減った資料を別置して収納する。これに対して，シェアードプリントの目的は紙資料の重複資料を減らすことである。2011年に行われた「大量のデジタル化の先にあるもの」というシンポジウムの質疑において，北米の代表的なシェアードプリントであるウェスト（Western Regional Storage Trust：WEST）のプロジェクトマネージャーのリザン・ペイン（Lizannne Payne）は「保存図書館は他の図書館にはない専門性の高いコレクションをもっているのに対して，WESTでは他の図書館との重複資料を管理するもの」と述べている。ただし，このあたりの用語の使い方はまだ定まっていないので注意が必要である。

日本の公共図書館においてもシェアードプリントの話が進む可能性がある。公共図書館の例として，東京の多摩地区の共同でのデポジットライブラリーの構想がある。

● 歴史資料の保存

資料のデジタル化は当初，著作権の関係から歴史資料がメインであった。「デジタルアーカイブ」（月尾嘉男）という言葉も，最初は歴史資料をデジタル化したものという意味合いが強かった。歴史資料のデジタル化が学術雑誌や図書と異なるのは，モノとしての価値が非常に高いことである。博物館や美術館のモノ資料はオリジナルであることに意味がある。しかし，価値が高く貴重であるがゆえに，簡単に実物をみることができない。そこで，デジタル化を行うことで，モノには触れられないがその中身については簡単にみることができるようになった。

デジタルアーカイビングの発達によって，近年デジタルヒューマニティーズという新しい学問領域が注目を集めている。デジタルヒューマニティーズは情報資源の保存と利用に関し，さまざまな学術分野から総合的に研究する分野である。デジタルヒューマニティーズを説明する一つのキーワードに「方法論の共有地」がある。これは，哲学・歴史学・文学をはじめとする人文学と技術的な問題を含めて議論す

る情報科学等，さまざまな分野の分析手法など，これまで異なる学問分野で別々に発達してきた方法論がデジタルヒューマニティーズという分野で共有することで，新しい学問への扉が開くという考え方である。

　歴史資料のデジタルアーカイビングとして，わが国には，国内の図書館，博物館，公文書館等の機関が所蔵している2729万の公開コンテンツとりまとめた「ジャパンサーチ」がある。また，国際的な，次のような大規模なものもみておこう。

・「アメリカの記憶」

　最初に大規模なデジタルアーカイビングを実現したのは，米国議会図書館のこのプロジェクトである。ここには建国から現在まで米国の歴史を記憶すべく，文書，写真，動画，音声など多種多様な歴史資料のアーカイビングを行っている。1990年に開始された「アメリカの記憶」は，現在では900万点以上の資料が蓄積されている。「アメリカの記憶」の規模と国の歴史を提供するという考え方は，その後のデジタルアーカイビングに大きな影響と刺激を与えた。

・「ヨーロピアーナ」

　これに対して，EUの総力をあげてデジタルアーカイビングの成果が2008年に公開された「ヨーロピアーナ」である。ウェブサイトによれば（http://pro.europeana.eu/about-us/mission），資料登録数は5800万件を超えたという。米国の「アメリカの記憶」を強く意識していることは明らかで，EUの強い意思がうかがえる。「ヨーロピアーナ」はそのコンテンツの豊富さもさることながら，サイトの機能とデザインが先進的である。検索語の補完機能，SNSとの連携機能，APIの提供，洗練されたビジュアルデザインなど，現在のウェブの技術動向を踏まえたサイト構築は特筆に値する。

・「米国デジタル公共図書館」

　「ヨーロピアーナ」に刺激を受け，米国の多様な文化情報資源を広く市民に利用できるようにすることを目的として構築されたのが，2013年公開の「米国デジタル公共図書館」である。「米国デジタル公共図書館」は2010年頃，ハーバード大学ロースクール図書館長であったロバート・ダートン（Robert Darton）が発起人となって構築が進んだもので，図書館や美術館が協力を表明し実現したものである。「米国デジタル公共図書館」はサービスハブという運用形態をとっており，協力機関をつなぐことで文化情報資源への統合的なアクセスをめざしている。公開当初から「ヨーロピアーナ」との連携を表明しており，2015年5月には，「米国デジタル公共図書館」は「ヨーロピアーナ」およびクリエイティブコモンズ（著作権を保持しつつ作品を自由に流通させるという著作権ルールを提供している国際的な非営利団体）と共同で，「国際的な権利声明の標準化のための提言」と「技術的なインフラのための企画案」という二つの白書を出している。

option 1

現物へのリンキングサービス

　書誌的アクセスとは，文献を識別すること，文献の所在を知ること，文献を入手することである。このうち，文献を入手することを飛躍的に高めたのがリンキングサービスである。OPAC 等の文献検索システムで検索するものはメタデータ（書誌データ）であって，文献自体ではない。したがって，現物を入手するには，図書館に足を運んで館内を歩き回ることになる。つまり，メタデータと現物はリンクされていない。ところが，電子ジャーナルや電子書籍のように現物が電子化されると，両方ともウェブ上にあるのだから，メタデータと現物をリンクし，文献検索システムの検索結果をクリックすると，現物の PDF ファイルが表示されるようにしたほうが自然である。これがリンキングサービスである。

　リンキングサービスのタイプには，ダイレクトリンクとそれに類似する CrossRef，それにリンクリゾルバの 2 種だといってよい。一般のダイレクトリンクは，リンク元となる文献検索システムからリンク先である電子ジャーナルサイトに直接リンクを張るものであり，CrossRef は主に DOI（Digital Object Identifier）と呼ばれる識別子をソースから送ると，該当するターゲットの URL（Uniform Resource Locator：インターネット上の資源を特定するための文字列）を返すサービス，リンクリゾルバはソースとターゲットの対応関係を保持したナレッジベースを内部にもったものである。実サービスではこれらを併用しているものが多い。

　リンキングサービスの代表格であるリンクリゾルバの仕組みは，次の図にみるような動きである。検索リンク元となるシステム（ソースと呼ぶ）で検索結果がクリックされると，メタデータがリンキングサービスを行うリンクサーバに送られる。サーバでは，ナレッジベースを参照し，現物の URL をクリック元へ返戻する。返戻された URL をクリックすると現物のあるサーバ（ターゲットと呼ぶ）を参照し，PDF ファイルが表示される。このとき，ソースからリンクサーバに送られるメタデータは OpenURL という標準の書式で送られる。

ダイレクトリンク
CrossRef
リンクリゾルバ

DOI

ナレッジベース

OpenURL

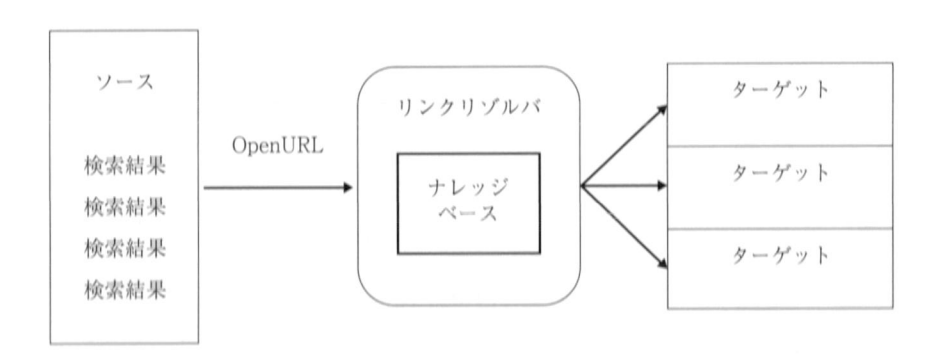

option J

学校図書館支援センター関連組織

下表は UNIT 24 でふれた学校図書館支援センター関連の組織一覧である（http://www.kodomo.go.jp/study/link/school.html）。

学校図書館支援センター関連組織

全国	全国学校図書館協議会		千葉県立図書館　学校の先生方へ
	日本学校図書館教育協議会		市川市教育センター（学校図書館支援センター）
	日本図書館協会　学校図書館部会		柏市教育委員会　学校図書館 Online
	学校図書館図書整備協会		袖ヶ浦市学校図書館支援センター
	ぱっちわーく		横芝光町立図書館　学校等連携事業
	学校図書館問題研究会		東京学芸大学学校図書館運営専門委員会　授業に役立つ学校図書館活用データベース
	学校図書館プロジェクト・SLiiiC（スリック）		東京都立多摩図書館　学校支援サービス
	学校図書館を考える全国連絡会		学校図書館問題研究会東京支部
北海道	北海道学校図書館協会		墨田区立図書館こどものページ　小学校・中学校の先生方へ
	札幌市学校図書館協議会		狛江市立図書館　学校図書館支援サービス
	石狩管内高等学校図書館司書業務担当者研究会		東久留米市立図書館　学校支援サービス
	渡島学校図書館協議会		稲城市立図書館　団体利用（学校向け）
東北	青森県立図書館　学校図書館アシスト事業		神奈川県学校図書館員研究会
	岩手県学校図書館協議会		川崎市立図書館　授業支援
	一関地区学校図書館支援センター	中部	新潟市学校図書館支援センター
	秋田県立図書館　学校支援		五泉市立図書館　学校図書館サービス
	福島県学校図書館協議会		上越市立図書館　学校への支援サービス
	福島県立図書館学校図書館活動支援セットのご案内		石川県立図書館　学校図書館支援サービス
	いわき市立図書館こどものページ　市内小中学校の先生方へ		石川学校図書館を考える会
関東	茨城県立図書館　学校関係者の皆様へ		白山市学校図書館支援センター
	結城市　ゆうき学校図書館		福井県立図書館　学校図書館向けメニュー
	宇都宮市立図書館　　学校関係者のページ		鯖江市学校図書館支援センター
	群馬県立図書館　子どもの読書活動推進と学校支援		山梨県立図書館　学校支援
	埼玉県学校図書館協議会		学校図書館問題研究会長野支部
	埼玉県高等学校図書館研究会		岐阜県図書館　学校関係者のページ
	学校図書館問題研究会埼玉支部		多治見市図書館　学校支援のご案内
	埼玉県立図書館　学校への支援（調べ学習・体験学習等）		関市立図書館　学校連携
	学校図書館支援センター（さいたま市）		浜松市立図書館　学校図書館支援（学校の先生方へ）
	学校図書館問題研究会千葉支部		豊田市立図書館　学校図書館支援

	安城市中央図書館　学校への支援サービス		出雲市立図書館　学校図書館支援センター
	愛知県学校図書館研究会		岡山県学校図書館協議会
	名古屋市学校図書館研究会		岡山県 SLA 司書部会
	学校図書館を考える会豊橋・あいち		岡山県立図書館　学校・先生へのサービス
	豊橋市学校図書館支援センター		広島県立図書館　学校・読書ボランティアのページ
近畿	滋賀県学校図書館協議会		広島市立図書館　学校支援図書セット貸出
	草津市学校図書館支援センター		尾道市学校図書館支援センター
	湖南市教育研究所　学校図書館支援センター		鳥取県立図書館　学校・先生のためのお役立ちメニュー
	京都府立図書館　学校支援		島根県　子ども読書活動推進事業
	大阪府立中央図書館　学校支援のページ		山口県立山口図書館　子ども読書支援センター
	大阪府学校図書館協議会	四国	鳴門市立図書館　学校支援（各先生方へ）
	大阪府高等学校図書館研究会		香川県立図書館　子どもの読書応援ページ
	大阪市中学校教育研究会図書館部		愛媛県教育研究協議会学校図書館委員会
	大阪市立図書館　大阪市内の学校支援のページ		新居浜市立図書館　学校図書館支援
	堺市立図書館　学校支援のページ		高知県　学校図書館の部屋
	池田市立図書館　学校向けサービス─学校の先生方へ	九州	福岡県学校図書館協議会
	学校図書館問題研究会兵庫支部		福岡県立図書館　学校支援のページ
	兵庫県立図書館　学校関係者のページ		那珂川町図書館　学校セット貸出
	奈良県学校図書館協議会		佐賀県　教育庁　学校図書館担当者のためのホームページ
	五條市教育委員会　学校図書館資源共有ネットワーク事業		佐賀県立図書館　学校支援のご案内
	和歌山県立図書館　団体貸出		佐賀市立小・中学校図書館ホームページ
中国	鳥取県学校図書館協議会		熊本市学校図書館支援センター
	米子市立図書館　学校図書館支援		大分県立図書館　学校図書館ハンドブック
	島根県学校図書館協議会		宮崎県立図書館　県内学校専用
	松江市　学校図書館活用教育について		

UNIT 26 ●図書館施設の経営

図書館施設の設置

●………公共図書館の設置推進と基準

　現在わが国における公共図書館の設置状況を『日本の図書館2014』にみると，都道府県立図書館は47都道府県に60館，市区立図書館は803自治体に2,565館（設置率98.7％），そして町村立図書館は508自治体に601館（設置立54.7％），設置されている。公共図書館の総数は，これらに私立の20館を加えて3,246館（管理単位（中央館と分館等を合わせたもの，「図書館システム」という）では1,378）である。設置されている自治体の人口と対比してみると，市区立図書館では，約4万5000人に1館，町村立図書館では1万4000人に1館の割合である。例えば米国の公共図書館数は，管理単位で数えると9,082館，述べ数では，中央館は8,895，分館は7,641で，合計1万6536館である（*American Library Directory*™ *2014-2015*）。国土の広さも関係するから単純な比較は難しいが，人口比でいえば（米国人口が約3億2000万人（US Census Bureau 2015）），わが国の図書館数はそれに比べてかなり少ない。下の表26-1「G7各国の状況」にみるように，日本の10万人当たりの図書館数は，G7では一番低い数である。

図書館システム

表26-1　G7各国の状況（日本図書館協会等調べ）

国名	調査年	人口	図書館数	10万人当図書館数	人口当貸出数
ドイツ	1998	8209万人	1万2134館	14.78館	3.95点
カナダ	1995	3049万人	3672館	12.04館	6.66点
イギリス	1998	5874万人	4630館	7.88館	9.76点
アメリカ合衆国	1995	2億7620万人	1万5946館	5.77館	6.13点
フランス	1997	5890万人	2577館	4.38館	1.45点
イタリア	1997	5730万人	2155館	3.76館	4.50点
日本	2005	1億2682万人	2931館	2.31館	4.86点
フィンランド（参考）	1999	517万人	1151館	22.26館	19.2点

http://warp.da.ndl.go.jp/info:ndljp/pid/286184/www.mext.go.jp/b_menu/houdou/18/04/06032701.htm　なお，この数値は『ユネスコ文化統計年鑑1999』等によっている。

● ‥‥‥‥‥公立図書館設置の基準

　これまでさまざまな設置推進の動きがあり，それを先導してきたのは，国や日本図書館協会によって公刊されてきた図書館の基準等である。主なものに，図書館法施行規則，文部科学省「公立図書館の設置及び運営上の望ましい基準」（1973年案，1992年報告，2001）および「図書館の設置及び運営上の望ましい基準」（2012），あるいは日本図書館協会「公立図書館の任務と目標」（1989，2004），これからの図書館の在り方検討協力者会議「これからの図書館像－地域を支える情報拠点を目指して（報告）」（2006）がある。

　いっとき各自治体等がどの程度の図書館施設を整備すればよいかについて，「公立図書館の最低基準」が示されていたこともある。それは，国の補助金を受けるための最低条件を示したもので，蔵書冊数，司書および司書補の数，建築物の大きさを規定していた。しかし地方分権・規制緩和の流れの中で地方分権一括法案が成立した際に，図書館法の改正（1999）が行われ，国庫補助を受けるための図書館長の司書資格やこの最低基準はともに廃止された。その後，図書館法第18条に基づく「公立図書館の設置及び運営上の望ましい基準」が2001（平成13）年に告示されたものの数値基準は示されず，それを改正する形で出された「図書館の設置及び運営上の望ましい基準」では，公立図書館の設置について次のように定められた。

〔欄外〕公立図書館の最低基準

　　市（特別区を含む。以下同じ。）町村は，住民に対して適切な図書館サービスを行うことができるよう，住民の生活圏，図書館の利用圏等を十分に考慮し，市町村立図書館及び分館等の設置に努めるとともに，必要に応じ移動図書館の活用を行うものとする。併せて，市町村立図書館と公民館図書室等との連携を推進することにより，当該市町村の全域サービス網の整備に努めるものとする。

　一方，日本図書館協会における「公立図書館の任務と目標」（1989，2004）には，「付録　数値的な目標」および「図書館システム整備のための数値基準」がある。「これは『日本の図書館　1999』をもとに，全国の市町村（政令指定都市及び特別区を除く）の公立図書館のうち，人口一人当たりの『資料貸出』点数の多い上位10％の図書館の平均値を算出し，それを人口段階ごとの基準値として整理した上で提案されたものである。［中略］『日本の図書館2003』によって新たに平均値を算出し，これをもとにした『数値基準』として提案する」（http://www.jla.or.jp/library/gudeline/tabid/236/Default.aspx）としている。日本図書館協会はその後，「図書館の設置及び運営上の望ましい基準」に対応して『手引き』（2001，2014）を刊行し，その際，人口段階別の貸出密度上位10％の市町村における各種指標の平均値を示している。このデータは，毎年『図書館雑誌』5月号に掲載され，更新されている。

　池内淳が制作したウェブサイト「公共図書館の基準について」（http://www.ic.daito.ac.jp/~ikeuchi/publib/standard_1.html）では，これらのさまざまな基準数値を根拠に，

〔欄外〕「公共図書館の基準について」

それぞれの市町村が図書館を整備するとき要求される条件がどの程度であるかを，住民人口を入れると算出できる（上述の日本図書館協会の指標を援用し，各種の基準数（図書館数，職員数，司書数，蔵書冊数，開架冊数，図書年間購入冊数，雑誌年間購入種類数，新聞年間購入種類数，映像資料数，聴覚資料数，登録者数，貸出点数，図書館費，資料費，図書費）を導き出す）。図書館施設を検討する上で，基礎的なツールとして活用できるものである。

● ……… **図書館システムの構成**

図書館は「住民の生活圏，図書館の利用圏等を十分に考慮し」，また「全域サービス網の整備に努める」といった指針を踏まえて設置される。その際，考えておかねばならない問題が二つある。

一つ目は，これまでよりどころとなってきた「公立図書館の任務と目標」といった基準値の意味合いの再検討である。それが，どのようなサービスの側面を満足させうるか，またそうでない面にはなにかあるかをきちんと理解しておかねばならない。実際，小さな人口の自治体の図書館だけでなく，ある程度の規模の図書館でも，コレクション（蔵書）が住民のニーズに合致していないとしばしばいわれる。そうだとすれば，基準値をクリアしたとしても（これは，貸出密度だけを主指標としている），より広範な人々の利用に応えられるだけの，つまり必要とされる知識・情報コレクションが確保されない可能性がある。貸出だけでなく，別の図書館機能の観点からも補完しておく必要がある。このことを考えるために，東京都特別区とニューヨーク市の図書館システム事例をここに引いておく。

● ……… **東京都特別区とニューヨーク市の図書館システム**

東京都特別区（特別区の人口904万，面積622㎢）には，この地域をカバーする図書館システム（中央図書館と分館等からなる管理単位）が23存在し，総図書館数は225館ある。それに対して，米国ニューヨーク市（人口840万，1,214㎢）には，図書館システムはニューヨーク公共図書館（NYPL），ブルックリン公共図書館（BPL），クイーンズ図書館（QL）という三つしかない（自治体［バラ］の数は5つ）。ただしそれぞれに，大きな中央図書館とともに東京都特別区と同程度の分館数がある（NYPLの図書館数：92館，BPLの図書館数：50館，QLの図書館数：71館，ニューヨーク市の総図書館数213館）。

ニューヨーク市と東京都特別区とは，人口では近似しているし，また総図書館数もさほどの違いはない。しかし，図書館システムの組み方が大きく違う。一方は23の図書館システムがあり，他方は3に集約されている。両者の違いにはもう一つあって，東京都特別区のものはすべて地方公共団体のもとにある図書館であるが，

ニューヨーク公共図書館
ブルックリン公共図書館
クイーンズ図書館

ニューヨーク市の各図書館システムは歴史的経緯により非営利法人（NPO）となっていること（市の税金のほか多額の外部資金も獲得できている）と，ニューヨーク市の図書館財政の大きさは東京都特別区の数倍であることだ（NYPL の研究図書館としての財源を除いても，2〜3倍となろう）。

東京都特別区の蔵書冊数の合計は2691万冊で，わが国の都市では突出して大きい。ただし，その過半は貸出用コレクションであって，それらは，一定の期間に更新される対象である。また23もの図書館システムにまたがっているから高い比率の重複がある。一方，ニューヨーク市の場合，それぞれのシステムごと貸出図書館と参考図書館との区別の上にコレクション構築が行われる（ニューヨーク公共図書館は世界的に有名な研究図書館でもある）。そのために，東京都特別区の図書館のコレクションは広がりのないものになってしまうのに対し，ニューヨーク市のコレクションはずっとバラエティに富んだ網羅的なものとなっている。例えばビジネス支援のための資料，データベースなど（都立中央図書館のものを入れても），ウェブサイトなどをのぞいてみれば，まったく比較にならない状況がみえる。

表26-2　東京都特別区とニューヨーク市の公共図書館

	東京都特別区	ニューヨーク市
人口・面積	904万・面積622km^2	840万・1,214km^2
図書館システム（総図書館数）	23（225館）	3（213館）
公共団体数（区とバラ）	23	5

出典：平成26年度東京都公立図書館調査，ニューヨーク市の各図書館の年次報告等

コレクションの状況は，財政規模の問題も関係はするが，図書館システムの組み方が反映していると思われる。稀用資料はともかく，人々が利用しようというコレクションの広がりは小さなシステム構成では賄いきれないことにもっと留意すべきだろう。コレクションの広がりは個別の図書館だけで解決できず，協力ネットワークとして考えられねばならないとされるが，そのためにはまず，個別の図書館システム（管理単位としての規模）のレベルでのコレクションの豊かさが確保されねばならず，規模のメリットを見据えた図書館システムが構成される必要がある。地方公共団体の広域化などの動きも視野に入れ，図書館施設の設置についてまずは，適切な図書館システムがどうあったらよいかを改めて検討する必要がある。

● ……… 情報化の中の，もう一つの議論

考えておかねばならないもう一つの問題は，近年の情報ネットワークや資料デジタル化の進展に対し，図書館システムのあり方はどのようにしたらよいかという問題である。図書館システムの構成要素である中央図書館と分館等とが，これまで生

活圏・利用圏のような枠組みでその配置が決められてきた。とりわけ全域サービスの実現については，分館を細かく配置し，足りない部分に移動図書館を走らせるというやり方だった。しかし，情報ネットワークを通じて，図書館資料が利用者の居場所（自宅）をサービスポイントにしてしまう状況が生まれ，資料の受け取り場所という意味ではそれらの配置の必要性は減る。

　実際，電子書籍・雑誌の提供を一足先に始めた欧米の公共図書館では，物理的な資料の貸出量低下が現れた（したがって貸出のための来館者は減少した）。その一方で，電子資料の利用は急激に増大し，その勢いは年々伸張している。しかし，利用者が図書館に来館しなくなっているわけではない。図書館には貸出のために立ち寄るだけではなく，その場で読書をしたり，調べものをしたり，あるいは気ままにときを過ごしたり，人々が交流したりすることに使われるようになっている。かえって物理的資料だけであったときよりも，コンピュータやタブレットが整備されたため，情報の入手やインターネットを使ったコミュニケーション（通信）のために人々が図書館に足を運ぶようにもなっている。

　このように図書館施設には今後，物理的資料が主だった時代とは違った利用需要が出てくる。さらに，これまでの資料を提供する役割だけではなく，コミュニティを支える寄り合い場となっていく。その意味で，図書館は単に静謐第一とする場所ではなく，多くのところで暮らしのために必要な公的施設や民間施設とともに配置されるようになってもいる。わが国でも，複合施設の中の図書館は珍しくなくなったし，人々の便宜を考えスーパーマーケットなどの商業施設と隣接する場合もある。一方，図書館システムとしては，新しい情報機器を整え，全体として包括的なコレクションや，高度で使い勝手のよい情報通信機能も用意しなくてはならない。特に，中枢となる図書館には，その機能高度化が不可欠だろう。

寄り合い場

複合施設

図 26-1　オークランド市立図書館の分館
（ニュージランド）

UNIT 27 ●図書館施設の経営
図書館建築のスペースの設計

●……… **図書館建築・改修の計画**

　図書館が設置されてからかなりの年月がたって、コミュニティの発展や情報技術の進展に合致した図書館活動が施設の面から難しくなっている自治体（老朽化や旧耐震基準のもとで建てられたものを含む。松本直樹「公立図書館の老朽化に関する全国的傾向：公共施設再配置の動きの中で」『明治大学図書館情報学研究紀要』5, 2014, p.2-7 参照）や、新たに図書館を計画しているところでは、図書館建築・改修計画が検討される。これには全体ではなく、増築あるいは一部改修の場合もある。

　図書館建築・改修計画は、一般に（1）人口動態、（2）コレクションの伸び、（3）新しいサービス領域の出現、（4）旧図書館の構造的な損傷（耐震工事を含む）の具合といった点をかんがみ着手される。わが国の公共図書館の場合、（4）や（3）が目前に迫った主たる要因となることが多い。

　自治体などで図書館の建築・改修が検討される際には、その図書館の使命や目的に沿って、図書館のこれまでの活動や果たしてきた機能を再評価し（まったく新規の場合も、人々はどのように読書機会などを得ているかを調査する）、図書館の設計にあたる。特にサービスの範囲やコレクションのあり方、あるいは開館時間、さらには利用者ニーズや技術の進展に応じたサービスの展開方法が主たる論点となる。

●……… **図書館のスペース設計**

　図書館には、建築上必要なスペース（建物制御、通路、柱など）のほか、利用者サービスのためのスペース、資料収蔵スペース、図書館運営のためのスペース、イベント・展示等のスペースなどが必要である。そしてこれらのスペースは、図書館の種類（公共、学術、学校など、公立図書館のうちでも県立か市町村立、あるいは中央館か分館か）によってかなり大きく異なる。またコレクションのサイズ、コレクションの排架方法、利用に対するポリシー（貸出利用か館内利用）、その他のサービスの展開方法（セルフサービスの活用、グループ利用、イベント利用など）などの図書館活動のあり方によっても、図書館の必要面積にはかなりの違いが生じる。

　それに加えて、児童サービス、音楽資料サービス、美術資料サービス、あるいは市民サービス（自治体のサービス窓口）、貴重書・文書コレクションなど特別なサー

図書館建築・改修

利用者サービスのためのスペース
資料収蔵スペース
図書館運営のためのスペース
イベント・展示等のスペース

ビスのためのエリアについては，別途に考慮しなければならない。

図書館の適正規模
建築の目的
制約条件

　植松貞夫によれば，図書館の適正規模は，①建築の目的と②制約条件によって決まるという。建築の目的に関しては，(1) 需要に応える（想定される利用に対応できる），(2) 利益をあげる（住民が得られる便益が出資額を超える），(3) 情念を満足させる（住民が望む図書館像を満足させる）という点を考慮する必要があり，また制約条件としては，(1) 予算，(2) 敷地，(3) 法規・基準，(4) 安全性，(5) 機能上の条件（住民の要求を満足させるコレクション数など），(6) 管理上の条件，(7) 技術的条件，(8) 環境的条件，(9) 資源・エネルギー問題がある。ただし，これらすべてを満足することはできず，「建設の目的についてはその『達成度』を，制約条件については『適合度』を，個別的に評価することから始め，各条件の間での優先順位やウェイトづけをもとに，ケース・バイ・ケースで総合的に判断しなければならない」。

　そして規模算定の実際は，「延べ床面積や蔵書冊数などの全体の面積や数量と，定員や室数，座席数などの機能単位による数量や部屋ごとの面積・寸法」が把握され，次のようなアプローチで算定されるとする（植松貞夫『建築から図書館をみる』勉誠出版，1999，p.30-37）。

面積規模算定

◆面積規模算定のアプローチ
　・積み上げ法：各室の面積や，部分の規模を積み上げて全体の規模を算定する方法
　・分割法または配分法：全体の規模を決め，それを各部に面積配分していく方法

原単位法

◆原単位法（原単位とは人口当たりの蔵書冊数，利用者当たりの床面積などとして示される値，それらを参照する方法）
　・基準として与えられている例：例えば旧学校図書館法施行令の冊数と書架の長さ
　・面積原単位算出の例：床面積当たりの書架収容冊数の算出

　いずれのアプローチをとろうと，原単位法の活用が試みられる。そして，ここで示唆されているような基準こそ，スペース設計に参考にしたいのではあるが，わが国にはそうしたものは設定されていないし，状況の違いや事態の変化を考えると，専門家以外はそれに代わるものとしてなにを参照してよいかもわかりにくいのが実情である。

国際標準化機構
『技術レポート：
図書館建築の質的
条件と基本統計』

●……… **国際的な参考値**

　2012年に国際標準化機構（International Organization for Standardization：ISO）から『技術レポート：図書館建築の質的条件と基本統計：スペース，機能，

デザイン』(ISO/TR 11219：Qualitative Condition and Basic Statistics for Library Buildings --- Space, Function and Design.) が刊行された。規格ではないものの，それの前段階の「技術レポート」で，図書館建築に関する国際的な参考数値が初めて示されている。今後，図書館のスペース設計にとっては，この数値を参考にすることもできよう。以下に，利用者用，コレクション，職員用，管理運営用の各スペースの数値等をみておく。

1) 利用者用スペース

現代の図書館は，読書や学習，調査・研究のための場所であるばかりでなく，情報や交流のセンターとなった。多くの図書館では来館者数に大きな変化ないとはいえ，長時間の利用も増え，利用者スペースが不足する事態も起きている。公共図書館は人々の学習やレクリエーションのために，資料提供サービスを中心に展開してきたが，講習や文化的なイベントが行われ，また人々の交流の場となって，コミュニティの人々をつなぐ役割も果たしている。

このような状況にかんがみて，各図書館は，利用座席として「小図書館では少なくとも，1学級の生徒（約30名）分の座席が必要であり，一般的には，繁忙時を含めどのような場合においても来館者の三分の一が座れるだけの座席数が望ましい」と表明するとともに，このレポートでは，利用者用座席・スペースは，基本的に表27-1のような算定を勧めている（想定する座席の利用者数を乗ずると，必要スペースが求められる）。

このほかに，イベントや展示のスペース，貸出のためのスペース（カウンターで

表27-1　利用者用座席・スペース

集中管理席 （必要スペース [s] ＝机の幅× 列の机の中央距 離（最低95cm） ＋ 0.90m^2	標準席	机 120 × 80cm（ラップトップPCが置ける広さ） 必要スペース[s] = 1.2m × (0.8m + 0.95m) + 0.90m^2 = 3.00m^2
	IT席	s=1.6m × (0.8m + 0.95m) + 0.90m^2 = 3.70m^2
	貴重書席	s= 標準席 + 1.00m^2 = 4.00m^2
	キャレル	s = 4.00 m^2 調査用ブース等の場合は 7.00m^2
読書・視聴個席		80 × 80cm，隔たり 95cm　s = 2.00m^2 から 2.5 m^2
簡便な目録情報 探索席		60cm × 60cm，隔たり 95cm 1.50m^2 から 2.00m^2
グループ学習室		4人から8人ほどの収容。3.00m^2 から 3.50m^2
研修スペース		各席 3.00m^2 から 3.50m^2　講師用スペース：7.00m^2
レクリエーション・交流エリアの席		遮音設備やWi-Fiを提供したリラックスコーナー 小テーブルと安楽椅子4席で，4m^2 から 6m^2，ラウンジは安楽椅子と長椅子が置かれ，5m^2 から 8m^2
児童サービスエリア		児童には 2.00m^2，IT用には 3.00m^2，グループ用あるいはマルチメディア用には 6.00m^2
講堂の座席		1.00m^2　（中クラス以上の規模は，講堂が必要）

の貸出に加え，今後増えていくセルフサービス機器のため），レファレンスサービスのためのスペース，玄関，受付，ロッカー，便所，複写室等のスペースが必要となる。

2) コレクションのスペース

物理的なコレクションに必要なスペースは，その資料の種類やサイズによる。またそれを書架に配置するとすれば，その書架の容量（奥行き・高さ・幅）と書架間隔などにより必要なスペースが算定される。最も標準的な図書の場合の書架容量は次の表のとおりである。

書架容量

表27-2 図書の書架容量（背表紙を見せて立て並べ）

書架配置場所	1mの書架当たりの図書冊数
閉架書架および集密書架（受入順排架）	25冊から35冊
開架書架（受入順排架）	25冊から35冊
開架書架（分類排架）	20冊から30冊
開架エリア，レファレンスおよび閲覧室	20冊から30冊
児童図書	25冊から50冊
製本雑誌	15冊から25冊

書架間隔

また，書架間隔としては，閉架書架（0.80m～0.90m），開架書架（0.90m～1.50m），開架エリア，レファレンスおよび閲覧室（1.20m～1.50m）としている。このような数値をもとに書架排架の必要スペースは，次の定式で求められるとする。

必要スペース＝（両面（複式）書架の中央間距離（m）×片面書架の幅（m）／2）×（排架資料数／一棚に収容される資料数×段数）×移動区域係数*

* 移動区域係数とは，書架スペース中の書架間隔や通路といった移動区域の割合を係数化したもの。例えば，書架列が多いほど移動区域係数は小さくなる。例えば8mの書架列で閉架書架では，このレポートでは移動区域係数は1.35となっている。

その結果，標準的な図書および製本雑誌の必要スペースとして次のような数値が示されている。

表27-3 図書・製本雑誌の書架排架必要スペース

書架配置場所	書架奥行	書架間隔	書架棚(段)数	冊数／1m	平均書架列長	移動区域係数	㎡／千冊	冊数／1㎡
閉架書架および集密書架（受入順排架）	0.30m	0.80m	7段 6段	40冊	8連	1.35	2㎡	296冊 508冊
開架書架（分類順排架）	0.30m	0.90m	6段	30冊	6連	5.8	5.8㎡	171冊

そのほかこのレポートには，雑誌・新聞や視聴覚資料，電子資料（主としてパッケージ型のもの。ファイルに収容するものは，IT機器として扱われる。クラウド型については考える必要はない）などの資料についても，また，多くの図書館で使われている集密書架や自動化書庫の数値も詳しく言及しているから，それを参照されたい。

3）職員のスペース

職員のスペースについては，図書館の規模によって大きく異なる。また，図書館組織や図書館員の役割や処遇の問題もあり，かなり国によっては違いがでるところでもある。いくつか代表的な数値を拾っておくと，次のようである。

表27-4　職員のためのスペース

資料とともにある事務室	1スタッフ当たり15m^2
バックヤード作業場	1スタッフ当たり9m^2
館長室	24m^2
研修室	1席当たり3m^2〜3.5m^2＋インストラクター用7m^2

4）管理運営のためのスペース，ほか

図書館にはさらに，駐車場，倉庫，仕分け室，郵便物処理室，守衛室，清掃職員室，廃棄物処理室，光熱水設備，製本・修復室，複写・デジタル化やIT機器設置のためのスペースが必要である。

なお，スペースの設計のほか，建築・改修の際には，いくつか考慮しておかねばならないことがある（これらの技術的仕様がISO/TR 11219に付録として添えられている）。

コレクションに関していえば，書庫の状態が適切なのかどうか，建物荷重は考慮されているか，あるいは搬入などは円滑に運べるかなど技術的な問題があげられるし，その他電子機器などの図書館資産の管理も問題であろう。

また利用者の観点でみれば，図書館が居心地のよい環境であるためには，空気調整，音響管理，照明あるいはフロアや什器の快適性が確保されなければならない。なかんずく利用者の安全を考慮し，同時に火災や地震に強く，そうした危機に円滑，迅速に対応がとられている必要がある。

近年は，われわれの世界が持続可能であるように，図書館に限らず構造物にもさまざまな配慮が行われている。例えば，エネルギー消費を少なくする設計となっているか，そのパフォーマンスは満足できるものか，機器類も資源を多く必要としない設定になっているかなどにも留意する必要がある。

UNIT 28 ●図書館施設の経営
バリアフリーと永続性のある設計

バリアフリー
ユニバーサルデザイン

●………バリアフリーの思想と法的整備

　バリアフリーと混同されがちな概念として，ユニバーサルデザインがある。バリアフリーが，障害のある人や高齢者に対するバリア（障害）を取り除くという考え方であるのに対して，ユニバーサルデザインは，はじめからすべての人に使いやすく計画するという考え方である。さらにユニバーサルデザインには，機能性のよさだけではなく，見た目のわかりやすさや美しさ，親しみやすさが求められ，その意味でグッドデザインと同義になるといってもよい（UNIT 49 参照）。

　図書館を新築する場合や改修する場合は，ユニバーサルデザインに基づいた設計を行うことが望まれる。しかし，既存の建物をユニバーサルデザインに対応させるには，多大なコストがかかることから，まずは建物のバリアフリー対応を行うことが求められるであろう。

施設におけるバリアフリー

　施設におけるバリアフリーとは，多様な人々が使うことができない原因となっているバリアを取り除いて，誰でも使えるように環境を整備するということである。言い換えると，利用できないデザインを修正して，できるだけ多くの人が利用できるようにすることである，具体的には，段差のない出入口や通路，手すりの設置，車椅子利用者のための通路確保やトイレの設置，エレベーターの設置といった対応がそれにあたる。

ノーマライゼーション

　バリアフリーの基本となっているのは「ノーマライゼーション」の思想で，これは障害者を保護あるいは特別扱いすることなく，普通の権利をもち義務を負う社会の一員として扱う考え方である。1950 年代に北欧でいち早く提唱されたノーマライゼーション運動では，生活や学び働く場の環境を整えていくという社会をめざしたのである。

　このような思想を背景として欧米では，1970 年代から住宅のバリアフリーデザイン条項の建築法への導入が進んできた。そして，建築物から物理的な障害を取り除くという出発点から，製品や環境全般にまでその範囲は広げられ，バリアフリーはデザイン手法一般の名称となってきた。

ADA 法

　米国ではさらに，人々の意識や法制度などのソフト面からバリアフリー問題を改善する試みがなされ，その成果として 1990 年に連邦法である ADA 法（アメリカ

障害者法：Americans with Disabilities Act）が制定された。ADA法は，雇用，公共的な施設，交通機関，聴覚障害者のための通信などの分野で，障害を理由とした施設の均等な利用機会を阻むあらゆる差別を禁止した法律である。例えば，図書館閲覧室では座席の5％は車椅子利用者がアクセスできるものにすることなど，施設面での具体的な整備目標も盛り込まれている。

　日本でも欧米にならって，1994（平成6）年に「高齢者，身体障害者等が円滑に利用できる特定建築物の建築の促進に関する法律」（通称ハートビル法）が制定された。また2000（平成12）年には，「高齢者，身体障害者等の公共交通機関を利用した移動の円滑化の促進に関する法律」（交通バリアフリー法）が施行されている。さらに2006（平成18）年には，前記二つの法律を統合・拡充する「高齢者，障害者等の移動等の円滑化の促進に関する法律」（バリアフリー新法）が施行され，前記2法律は廃止された。

> 高齢者，障害者等の移動等の円滑化の促進に関する法律（バリアフリー新法）

　バリアフリー新法では，一定規模以上の特別特定建築物（不特定かつ多数の者が利用し，または主として高齢者，障害をもつ者などが利用する建築物）を建設する際には，出入口や扉の幅，エレベーターや多目的トイレなどを基準に適合させることが義務化されている。また既存の建築物にも，基準に適合するよう努力義務が課せられている。

● バリアフリー計画の実際

　図書館におけるバリアフリー計画を考える場合，図書館の利用者行動を洗い出し，それぞれの場面で関連する装備・家具等を想定して，配慮すべき点について対策する必要がある。その具体的な対策例を，以下に列挙する（日本建築学会編『コンパクト建築設計資料集成　バリアフリー』丸善，2002）。

① 図書館外部（駐車場・アクセス・出入口）
 ・敷地への入口や駐車場から図書館エントランスまで，安全でアクセスしやすい通路を確保する。
 ・入口は，誰でもが入りやすい自動扉とする。
 ・ブックディテクションシステム（BDS）などを設ける場合には，段差がないようにするとともに，車椅子でも通りやすい幅とする。

> ブックディテクションシステム

② 図書館内部
 ・館内の床は平坦にして，通行に障害となる段差を設けない。
 ・家具などが移動の障害物とならないように配置する。
 ・トイレ・エレベーターなどはわかりやすい位置に設け，誰にでも使いやすいようにする。
 ・サインは，見やすい位置に見やすい大きさで設置する。

③　書架・閲覧机など
・書架間の通路は，車椅子やブックトラックの通行を考えて，105cm以上の幅を確保する。最低でも90cm以上とする。
・一般図書用の書架は，車椅子の利用者が資料に手が届くような書架の高さとする。
・子どもの書架は，自分で本に届くように，資料の対象年齢に配慮した高さとする。
・新聞・雑誌などは，誰でも手の届きやすいように配置する。
・閲覧机間の幅は，車椅子の通行・利用を考慮して120cm程度は確保する。
・閲覧机の高さと椅子の高さの関係は，車椅子の利用者を含めて，適切な姿勢がとれるように配慮する。
・高齢者や視覚障害者に配慮して，拡大読書機やルーペなどを配置する。
・対面朗読室の設置も考慮する。

④　カウンター
・貸出・返却カウンターの高さは，子どもや車椅子使用者に配慮して，70〜80cm程度に設定する。
・レファレンスカウンターは，図書館員と利用者が対面して座り，資料を広げることができるよう70〜80cm程度の幅を確保する。

⑤　避難誘導
・災害発生時に，車椅子使用者を介助して適切に誘導する人的体制をつくる。
・災害発生時に，視覚障害者・聴覚障害者を適切に誘導する設備を備える。

永続性　　●………永続性のある設計

　近年，日本におけるバリアフリーは，よりユニバーサルデザインに近いものとなってきている。従来のシルバーシートは，高齢者と障害者優先の席であったが，昨今は妊婦，乳幼児を抱いた人，松葉杖を使用している人の絵表示（ピクト）が描かれている。

シルバーシート

高齢化社会
　また，高齢化社会が進展していることも，より多くの人々にとって使いやすいものとするユニバーサルデザインの考え方を推進する要因となっている。加齢に伴う身体機能の低下は誰にでも起こるものであり，しかも徐々に進行することから，健常者と高齢者の間には大きな差はない。その意味で，高齢者対応を想定したバリアフリーは，おのずとユニバーサルデザインに行き着くのである（植松貞夫「バリアフリーデザインと図書館建築」『現代の図書館』37(3)，1999，p.128-135）。

　こうして，バリアフリーから始まった障害を取り除く試みは，車椅子を使う特定の障害者のみならず，誰もがなる可能性のある高齢者や妊婦，小さな子どもを抱い

た人，乳母車を押している人，松葉杖を使っている人，大きな荷物をもっている人など，あらゆる人々にとって使いやすい施設を実現する方向へと向かう。誰もが共同で利用でき，安心安全なユニバーサルデザインはまた，将来的にも永続性のある設計であるといえる。その意味で私たちは，ユニバーサルデザインの観点から図書館施設を見直さなければならない（木野修造「図書館のユニバーサル・デザイン」『建築設計資料97．図書館3』建築資料研究社，2004）。

近年，これらのことを前提にし，将来を見据えた「永続性」のある設計が注目されるようになった。永続性には，価値ある記念物として将来も維持されることという意味もあるが，ここでは「サステナブル」，つまり維持しやすく，長期間にわたって使い続けることのできる，とりわけエネルギー消費など環境への負荷が小さいことに配慮したという意味である。『技術レポート：図書館建築の質的条件と基本統計：スペース，機能，デザイン』（ISO/TR 11219：Qualitative Condition and Basic Statistics for Library Buildings --- Space, Function and Design.）においては，以下の点が示唆されている。

設計の最初の段階で，(1) ガラス製のファサードや自然の冷却や換気の導入，(2) 天井の高低などによって異なった温度環境になることへの配慮，(3) 微気候（地表面の気候）の調整（光よりもコンクリートやレンガなどによって調整可能となる）が留意され，特にエネルギー効率という点から，①電力エネルギーの極小化（光源の変更や感知光源の利用など），②保温性能（暖房・冷房エネルギーを抑える設計など），③再生可能エネルギーの利用，を考慮する必要があるという。

図28-1は，上述のような永続性を考慮し，太陽熱，自然光照明，植生緑屋根，滞留冷却を導入した図書館である。

図28-1　米国ミシガン州アンナーバ・カウンティ図書館マレット分館

UNIT 29 ●図書館施設の経営
図書館のファシリティマネジメント

●……ファシリティマネジメント

ファシリティマネジメント（FM）とは，組織体がその活動のために，施設とその環境を総合的に企画，管理，活用する経営活動である。ここでいう環境とは，光，音，熱，空気，香り，色，空間などの要素を意味する。図書館の施設・設備管理は，図書館ファシリティ（施設とその環境）の企画，管理，活用という，より広い観点の経営活動としてとらえ直す必要があろう。

FMには，経営から日常業務に至る三つの管理レベルがある。

経営レベルのFMとは，全ファシリティの最適なあり方を求める戦略あるいは計画立案である。図書館としての省エネルギー対策，図書館の耐震工事計画，バリアフリーの改修のための予算要求などの活動がこれにあたる。

管理レベルのFMとは，ファシリティの年間運営・維持計画の策定，計画に基づいたプロジェクトの実施，運営維持および評価を通じたファシリティの効率化，改善計画の実施などの管理活動である。年間の光熱水料やファシリティの保守・補修経費の積算・管理，スペースの利用度評価や再配分，情報漏洩に対するセキュリティ対策の実施，適切な照明設備への改修などの活動がこれにあたる。

日常業務レベルのFMとは，日常的なファシリティの運営・維持業務である。定期的な照明設備のメンテナンスや冷暖房の温度管理，各スペースの清掃などのほか，エレベーターの保守点検，防災設備の点検などの法定業務もこれに含まれる。

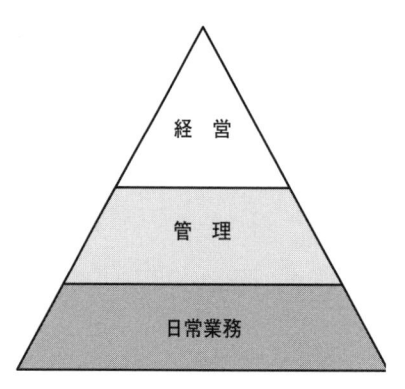

図29-1　FMの三つの管理レベル

なお，これまで公的な機関に所属する図書館においては，従来の公会計制度においていわば価格レベルで財産管理ができておらず，そのために機動的なFMを行うための財政的な裏づけがなかったという批判がある。新たな会計制度を導入している機関も出てきており，適切なFMが行われる環境が整い始めているといってよいかもしれない。また，PFI施策の導入などにより，FM全体の外注という方策も現実的になった。今後そのような選択も考慮してもよいだろう。

●……経営レベルのマネジメント

　図書館の経営レベルのFMを行うためには，まず既存ファシリティの現状把握を行う必要がある。その上で，中期的な目標・計画を立て，その実現に向けた実行計画を策定する。例えば，書架に耐震対策が施されていない，省エネルギー対策が不十分であるなどの現状の把握から，耐震工事の実施計画，省エネルギーの方策検討などの中期的な目標・計画の策定が始まる。既存ファシリティの現状把握

　既存ファシリティへの改善対策の代表的なものとしては，省資源・省エネルギー，防災，セキュリティ，バリアフリー，室内環境（空調・照明・防音），家具・備品，情報機器，ネットワーク，エルゴノミクスなどがある（UNIT 28参照）。省資源・省エネルギー
防災
セキュリティ
バリアフリー
室内環境
エルゴノミクス

　図書館を新築する場合は，上記のファシリティ対策をあらかじめ建築計画に含んでおく必要がある。既存ファシリティへの改善の場合は，どの程度のコストがかかるか，図書館としての優先順位をどうするかなどの検討をしておかなくてはならない。

　地球温暖化対策の観点から，図書館ファシリティでも省資源・省エネルギー対策が求められている。具体的には，人感センサーによる自動照明設備の設置，省電力型照明器具への改修，トイレの自動水洗化，断熱サッシの採用などがある。

　防災に関しては，日本の場合は特に地震対策が重要である。地震発生時の人的被害を最小限にするために，書架などの耐震工事は最優先で計画するべきであろう。

　セキュリティ対策としては，特に個人情報保護の視点からの見直しが必要である。電子的な個人情報ファイルのみならず，紙媒体の個人情報についても，漏洩のないようなファシリティ管理（建物・部屋の施錠，ファイル庫の施錠など）を行わなければならない。

　施設におけるバリアフリーとは，多様な人々が使うことができない施設環境上の障害を取り除くことである。主に段差のない出入口や通路，手すりの取り付け，車椅子利用者のための通路幅やトイレの設置，エスカレーター，エレベーターの設置といった対応が行われている。2006（平成18）年の「高齢者，障害者等の移動等の円滑化の促進に関する法律」（バリアフリー新法）により，バリアフリーに対応した公共施設が整備されている。

室内環境は，利用者および職員の居住性に関わるものである。環境の要素としては，光，音，熱，空気，香り，色，空間などがある。これらを左右するファシリティとしては，照明，建物構造（床・壁），冷暖房および空調，インテリアや室内レイアウトなどが存在する。

　エルゴノミクスとは，人間と作業環境との適切な関係を，人間の特性から究明する学問である。図書館ファシリティにおいては，通路，階段，エントランス，閲覧室，書架，家具に至るまで，人の身体寸法と動きを考慮して，人の動線や通路の幅，段差，形状などがエルゴノミクスに基づいて配慮されていなければならない。

●……… 管理レベルのマネジメント

光熱水料

保守・補修

　管理レベルでのマネジメントを行うためには，既存ファシリティの年間運営・維持計画の策定が重要である。そのためには，光熱水料などの定常的な運営経費と，保守・補修などの臨時的な運営経費を分けて把握する必要がある。年度単位での執行実績数値を把握した上で，年間所要額を積算し，その年度の運営・維持計画を策定するのである。そして必要予算額が確保できれば，改善プロジェクトの実施やファシリティの効率化を進めることになる。

　改善プロジェクトの実施にあたっては，適切な時期にスケジュールを定める必要がある。図書館ファシリティの時期的な利用度を考慮して，改善・改修の実施時期を決定するのである。長期的な工事の場合は，比較的ファシリティ利用度の低い時期にスケジュールを設定する。短期的な工事の場合は，閉館日や閉館時間帯に実施するなどの配慮が望ましい。

　図書館の各ゾーンやエリア，さらには設備の利用度を測ることで，ファシリティ利用度の評価を行うことも重要である。例えば，ビデオカセットデッキの利用が低下している場合は，他規格の機器との交換，研究個室の利用度が低い場合は，それらをグループ学習室に転用するなどの措置をとることができる。また，利用度を向上させる施策をとることも重要である。読み聞かせ室の利用度が低い場合は，ボランティアや職員による読み聞かせ会を企画する，自動貸出装置の利用度が低い場合は，その利用を促進するための積極的案内を行うなどの対策を講じることができる。一方，利用度が高いファシリティについては，スペースを拡張する，閲覧席などの設備を補充するなどの対策が必要となる。

定期的評価

　定期的に，ファシリティの居住性や安全性・防犯性・耐用性などを評価することも重要である。各ファシリティでの照度は適切か，音響・騒音レベルが高くないか，熱環境・空気環境は適切か，不快な匂いはしないか，快適な空間となっているかなどの居住性について，利用者の視点で管理者が確認・評価する必要がある。さらに，ファシリティ内に危険な場所はないか，誘導灯が適切に動作しているか，防犯的な

見地から改善点はないか，耐用性の面で問題がないかなどについて，定期的に巡回点検する。

●……… 日常業務レベルのマネジメント

　日常業務レベルのマネジメントとしては，冷暖房や照明，通路や閲覧室の保全（点検・保守・整備・修繕）や清掃・衛生管理などの日常管理業務と，エレベーターや防災設備，非常用電源などの保全といった法定業務がある。単に法規で定められた法定業務を遵守するだけではなく，日常管理業務に積極的に取り組むことが，質のよいファシリティを維持することにつながる。　　　　　　　　　　　　日常管理業務　法定業務

　日常管理業務の範囲は，「施設そのものの管理」と「環境の視点からの施設の管理」からなる。施設そのものの管理とは，日常的な保全（点検・保守・整備・修繕）である。一方，環境の視点からの管理とは，熱・空気，照明，音・振動，給排水衛生，清掃，害虫防除，廃棄物・リサイクル，植栽などを管理することである。　日常的な保全

　施設の保全としては，多くは異常や故障が発生したとき，あるいは確認された段階で実施する「事後保全」という方法をとる。蛍光灯の交換，照明器具の故障，定期清掃などは事後保全に該当する。　　　　　　　　　　　　　　　　　　事後保全

　環境の視点からの施設の管理では，照明および騒音・振動が適切か，給排水に問題がないか，清潔で衛生的に清掃しているか，廃棄物が適切に処理されているかなどの視点で保全することになる。

　ファシリティの日常巡回点検を行い，ファシリティの現状を把握する一方，施設と環境の保全を積極的に遅延なく行うことで，よいファシリティが利用者に提供できるのである。

　利用者の安全に関わる保全は，法定業務となっている。法定業務による定期的な点検により，施設の機能・性能の劣化の有無や兆候を把握し，事前に保全を行うのである。これを「予防保全」という。エレベーター・エスカレーターの保守点検，消火栓・消火器や誘導灯などの防災設備の保守点検などがこれにあたる。自動ドアの点検は法定業務となっていないが，事故の可能性もあるため定期的に点検することが望ましい。　　　　　　　　　　　　　　　　　　　　　　　　　　　　予防保全

UNIT
30

●図書館施設の経営

図書館における危機管理

●⋯⋯⋯図書館施設における危機管理

危機管理

　危機管理とは通常，大地震などの自然災害や不測の事態に備えて，迅速・的確に対処できるよう対策を講じておくことである。しかしここでは，災害のみならず図書館に日常的に発生するさまざまなトラブルとその対策について，法的観点から整理しておくこととしたい。

　図書館は公共性が高く，誰でもが利用できる知的空間であるが，資料の延滞や盗難・汚損，騒音発生などの迷惑行動や職員に対するクレームなどの問題行動が多く発生する施設でもある。こうした日常的なトラブルに関しては，その都度適切に対応することが，より重大な問題の発生を防止することになる。そのためには，具体的な対応に関する法的な評価を行い，図書館職員自身の行為の法的根拠を明確にしておく必要がある（鑓水三千男ほか『図書館が危ない！運営編』エルアイユー，2005）。

●⋯⋯⋯資料の利用に関する危機管理

延滞
図書館利用規則
利用制限

　返却の長期延滞，督促への無応答，回数を超えた貸出更新の要求など，利用規則に違反するトラブルは多々ある。このような利用者には，「図書館利用規則」の定めるところにより，貸出停止など一定の利用制限を課することが可能である。この利用制限は，利用者間の公平性確保・利用調整の一環として必要な処置である。図書館利用者は，公的な施設としての図書館のルールに従って利用する責務を有するのであり，勝手気ままに利用できるものではない。不正な利用を防止するためにも，貸出期間，貸出冊数，貸出更新回数の制限などを記載した「図書館利用規則」の周知にも努力する必要がある。

盗難

　資料の盗難も多発する問題であり，特に郷土資料など容易に入手できない出版物は，盗難にあうことのないよう，図書館としても十分な対策を講じる必要がある。図書館資料の盗難自体は犯罪であるが，適切な対策を講ずることなく見過ごすとすれば，図書館職員として任務怠慢と評価される可能性がある。代替性のない資料の

ブックディテクションシステム

場合は特に，閉架書庫への配置換え，閲覧室へのバッグ等の持ち込み禁止，ブックディテクションシステム（BDS）等の盗難防止装置の導入など，必要な措置を講じ

る必要がある。

　図書への書き込みなどの汚損行為，雑誌の切り取りなどの破損行為も，通常「図書館利用規則」で禁じられているものである。また，民事法的には損害賠償の対象となるものであり，刑事法的には器物破損罪に該当する。このような行為が判明した場合，当然当人に注意の上，是正を求めなければならない。損害賠償を求めることもできるが，軽微なものであれば法的な責任は否定されることもあるので，法的に訴えることには注意が必要である。当該行為が反復継続するのであれば，利用停止の措置も可能であるが，まずは再発防止の指導と他の利用者への注意喚起を行うことが必要である。汚損・破損資料の展示を行い，利用者に周知することも有効である。

● 利用環境に関する危機管理

　直接的な危害を加えるわけではないが，行動・挙動が不審な人物がいる場合の対処は慎重に行いたい。図書館の利用を目的として入館していると思われない行動を継続している場合は，図書館員から声をかけて，来館の目的や用件を確認する必要がある。その上でなお，回答をせず，利用目的にそぐわない行動があるようなら，利用目的外の施設利用に当たるとして，退館を勧告することが適切である。職員が少人数であり女性職員が多い場合は，カウンター職員の複数配置，男性職員の応援，不審者来館時の管理職による対応などの措置を講ずる必要がある。なお，トイレや階段における盗撮やのぞきなどの痴漢行為に関しても，同様の対策がなされる必要がある。

　カウンター職員に対して大声で罵声をあびせたり，怒鳴り出したりする利用者に対しては，図書館利用規則に基づき退去を求めるなどの対応が可能である。また，言動により職員を脅迫した場合も同様の対応が可能であるし，刑法に定めるところの公務執行妨害もしくは威力業務妨害に該当する行為として対処する必要がある。このような事態に遭遇した場合は，複数の対応者により記録や緊急時の通報などの役割分担を行うことが望ましい。

　手荷物を置いて閲覧席を離れたすきに盗難にあった場合は，落ち着いてそのときの状況を確認し，警察に被害届を出すよう促す必要がある。図書館としては，いつなにがなくなったのか，どこかに忘れたか，別の荷物に入っていないかを再確認し，記録として聴取しておくことが重要である。盗難防止については，基本的に利用者が自らの責任において行うべきである。しかし，図書館としても再発を防ぐために，館内の見回りや，利用者への声かけ，注意喚起の貼り紙などの対処も必要である。また，見通しが悪いために置き引きが頻発するのであれば，対策を講じないことについて，図書館の構造上・管理上の責任を問われる可能性もあるので，十分注意し

たい。なお，防犯カメラの設置については，肖像権やプライバシーの侵害を問われることのないよう，カメラの管理運用方針を設けて，記録を適切に管理することを利用者に明らかにしておくべきである。また，「防犯カメラ監視中」などの掲示を行うことも必要である。

　また，階段の手すりが壊れていたにもかかわらず，図書館側で対策を講じなかったためにけがをしたなどの場合は，国家賠償法に基づき，図書館を設置した公共団体などがその損害を賠償する責任を負うことになりかねない。図書館施設の欠陥については，日常的に点検し，すみやかに修理などを行うべきである。

●………災害に関する危機管理

　2011年の東日本大震災の発生以来，図書館の施設・設備の地震対策が話題となっているが，図書館が注意しなくてはならない災害は，火災・水害・火山災害など多岐にわたる。特に事前の対処が可能な，防火対策・震災対策については，施設・設備の整備と日常的な点検を怠らないようにしなければならない。

　収容人員が50名以上の図書館は，防火管理者を定め，防火管理に係る消防計画の作成およびその計画に基づいた防火設備の維持・管理などが，消防法で義務づけられている。防火管理者には法的資格が定められており，防火管理講習を受講する必要がある。防火管理業務としては，消防計画の作成，その計画に基づく防火管理上必要な業務（消火・通報・避難の訓練の実施，消防の用に供する施設・設備の点検・整備，火気の使用または取扱いに関する監督，避難または防火上必要な施設・設備の維持管理）がある。

　火災訓練の実施は消防法で定められており，図書館の場合は年1回以上実施することが義務づけられている。火災訓練は，消火訓練・通報訓練・避難訓練のほかに，安全防護訓練・応急救護訓練，そして以上の訓練を一連の流れとして実施する総合訓練などに分けられる。この訓練は，火災発生時に消防隊が現場に到着するまでの間，図書館員により効果的な消防活動ができるようにすることを目的としたものである。迅速かつ的確に自衛的な行動を可能にするには，火災時の一連の活動を繰り返して身体に覚えさせておくことが重要である。

　以上のような防火管理業務はまた，地震などの災害対策にも有効であり，事前の施設・設備の点検・整備，避難訓練の実施という面での危機管理が必要とされる。自然災害である地震は，発生そのものを防止することは不可能である。しかし，過去の震災経験に学び，地震発生時に起こる危険性を予測し，対策を講じておくことは可能である。図書館の場合，具体的には建物に対する耐震補強工事の実施，書架および家具の耐震対策を講じる必要がある。書架・家具は床固定・壁固定・上方つなぎ（頭つなぎ）を行うとともに，スチール書架には背面ブレースの補強を施して

おく。書籍の落下防止に関しては，ストッパーによる方法や傾斜棚によるものがあるので，適切な方法を選択したい（神谷優『図書館が危ない！地震災害編』エルアイユー，2005）。

地震時の避難訓練も，火災訓練と同様に実施しておくべきである。避難訓練に際して一番大切なのは，利用者と職員を避難場所まで安全に誘導することである。地震発生時には，大声で書架から離れるよう指示を出し，職員が手分けをしてすみやかに，館内の利用者を避難場所まで誘導できるよう，日頃から繰り返し訓練しておく必要がある。そのために，避難訓練の手順を示したマニュアルを用意し，図書館職員全員で共有しておくことが重要である。

避難訓練

●………危機管理マニュアルの作成

災害時の対応に限らず，日常的なトラブルに対する危機管理のマニュアルを作成しておくことは，より適切な対処を行うために有効である。このとき重要なのは，自館で実際に発生したさまざまな事例を出発点として，具体的に行った対応や考えられる対策を蓄積することである。各事例に関して，失敗した対応なども記載し，行ってはならない行動も共有しておきたい。そして，作成した危機管理マニュアルは，図書館職員全体で学ぶとともに，現場で実際に運用して，絶えず検証していく必要があるのである。

危機管理マニュアル

● ──── option K

インフォメーションコモンズ

インフォメーション　　インフォメーションコモンズは，図書や雑誌など旧来の図書館資料だけではなく，
ンコモンズ　　　　　ネットワーク情報資源を含む電子資料の活用ができるように機器や設備を充実させ
（長時間にわたる利用になるために，よりリラックスできるなどの配慮を含む），ま
た個人単位だけでなく，お互いに議論などをして課題を解決するような，グループ
での利用も想定し，人々が協働する場として設定されたものである。

　情報通信技術の進展により，多くの情報がコンピュータやネットワークを介して
入手されるようになり，20世紀の終わり頃にはコンピュータ機器を図書館に持ち
込んで，インフォメーションコモンズがつくられ始めた。その後，特に大学図書館
を中心に，学生の学習支援（作文支援や学習・研究のためのコンテンツや人的な支
ラーニングコモン　　援の展開）に重点を置いた展開（ラーニングコモンズという）も現れた。
ズ
　大学図書館が主としてこれを展開してきたが，公共図書館においてももちろん今
では物理的資料だけではなく電子資料も必要であり，またワークショップの開催や，
さらには地域の人々の交流を図り，協働を促すために，このような「場」としての
図書館機能が求められるようになっている（UNIT 18のブルックリン公共図書館
の例を参照）。このような名称でなくとも，今では類似のスペースが多くのところ
で確保されている。

　元来図書館そのものが人々のためのインフォメーションコモンズ，つまり知識・
情報の共有地だったのであり，このような機能はもともと図書館が果たしてきたも
のといえる（Nancy Kranich, "Libraries: the Information Commons of Civil Society", *Shaping the Network Society*, MIT Press, 2003）。

英国リバプール中央図書館

option L

アフォーダンスを考えよう

　アフォーダンスとはアメリカの心理学者 J. J. ギブソン（James Jerome Gibson）が提唱した概念で、もともとは彼の生態学的視覚論において誕生し、その後心理学や哲学にも大きな刺激を与えているものである。

アフォーダンス

　アフォーダンスの意味するところは端的に、「環境が動物にアフォード（afford）するもの」ということである。水を例にすると、それを知覚するとき、水は「飲むこと」や「汚れを洗い落とすこと」を人間に対してアフォードしている。水が提供する「意味」や「価値」が、アフォーダンス（affordance）なのである。

　この概念を図書館に適用すると、図書館にある机・椅子・パソコンなどの設備は、利用者に対して「読書」や「学習」をアフォードしているといえる。そして、それらの設備の配置の仕方により、異なるアフォーダンスが生まれてくる。例えば、囲み型・向き合い型・内向き円形の配置（ソシオペタル）だと、人々が集いそこで語らうことをアフォードする。逆に、背中向け型・外向き円形の配置（ソシオフーガル）だと、他人同士が関わりあいなく利用されるアフォーダンスとなる。カウンターに横並びの配置だと一人で読書や学習を行う雰囲気となるし、ボックス席の場合は親密にグループで学習してよいことをアフォードすることになる。

　アフォーダンス理論によると、他者も豊富な社会的アフォーダンスをもっているという。図書館の中でアフォードしているのは設備だけではなく、他の利用者もまた「読書」や「学習」のアフォーダンスとして機能している。そして、レファレンスサービスや講習会を行う図書館員の姿は、「学習支援」をアフォードする。図書館員がビジビリティの高い場所でそれらのサポートを行うことは、図書館の教育的機能をアフォードする意味で重要なのである。

学習支援

開架書架の一角を閲覧席に（ワルシャワ大学図書館）

UNIT 31 ●人的資源の経営

図書館の人的資源

人的資源管理

●……… 人的資源管理とは

　サービスは一般に，担当する人によって左右される。図書館サービスも，同じことがいえよう。蓄積された貴重な資料群も，これまでの図書館員の努力のたまものであり，あるいは図書館に情報サービスの快適なインタフェースを備えるには，優れた図書館員なしでは実現しえない。しかし，人という資源をどのように扱えば図書館にとってよい結果を生むかという議論は，理論的にも実践的にも難しい。

人事管理
労務管理

　人事管理とか労務管理といわれてきた人についての問題が，1970年代頃から米国で人的資源管理とも呼ばれるようになった。その理由には人に関する理解の変化がある。従来の人事管理・労務管理では，労働力として人を把握し，その効果的な活用をめざしていた。しかし人的資源管理においては，人の行動を経済的要因のみならず，社会的・心理的要因をも含めた多様な側面より理解し，職員の潜在的な能力を引き出し開発することが重要であるとし，それを経営戦略に積極的に結びつけて考える。アルフレッド・チャンドラー（Alfred DuPont Chandler, Jr.）が60年代に『組織は戦略に従う』（有賀裕子訳，ダイヤモンド社，2004）で指摘したように，常に経営戦略に沿って，人の採用，評価，報酬，あるいは能力開発などを適切に実行しなくてはならないというのである。

　図書館の世界で，人的資源管理の概念が問題になったのは，米国では1980年代末からといわれており，「契約交渉の管理，おびただしい法的事案の解釈，報償や手当，そして職員の研修や育成に関わる一連の問題」は，図書館の人事担当によって担われるべきだとしたことがきっかけになったのだという（Janice Simon-Welburn, & Bet McNeil, ed. *Human Resource Management in Today's Academic Library; Meeting Challenges and Creating Opportunities.* Westport, Conn., Libraries Unlimited, 2004, p.xi）。

インセンティブ
行動モデル
組織論
労働関係法
人的資源の計画
人的資源の開発

　人的資源管理には，インセンティブなどに注目した人の行動モデル，その形態や文化などを論じる組織論，労働関係法と労務管理の実際，人的資源の計画（確保や管理），それに人的資源の開発（教育訓練，評価など）といった領域がある。ここでは，人的資源管理の計画に関わるところをとりあげ，図書館組織の運営に関する議論はUNIT 33で，人的資源の開発は情報専門職の養成の問題を含めてUNIT 32

および option M においてそれぞれとりあげる。また，UNIT 34 では，図書館長の責務などをとりあげる。

● ………… **公共図書館における人的資源**

1) わが国の公共図書館の職員数と業務の構成

　図 31-1 は，ここ 15 年ほどの公共図書館数と職員数（専従か兼務かの区別や正規職員，非常勤・臨時職員，委託・派遣職員）の数の推移である。この間，図書館の予算総額は 1372 億円から 1318 億円といくぶん減少しているものの，図書館数は 561 館余増加しているし，蔵書冊数は，2 億 7657 万冊から 4 億 2382 万冊，貸出数（個人）は，4 億 5337 万点から 6 億 9527 万点に増加し，この 15 年の間で蔵書冊数，貸出数とも 1.5 倍程度となった（ただし，2011 年をピークに貸出数は減少に転じている）。

専従
兼務
正規職員
非常勤・臨時職員
委託・派遣職員

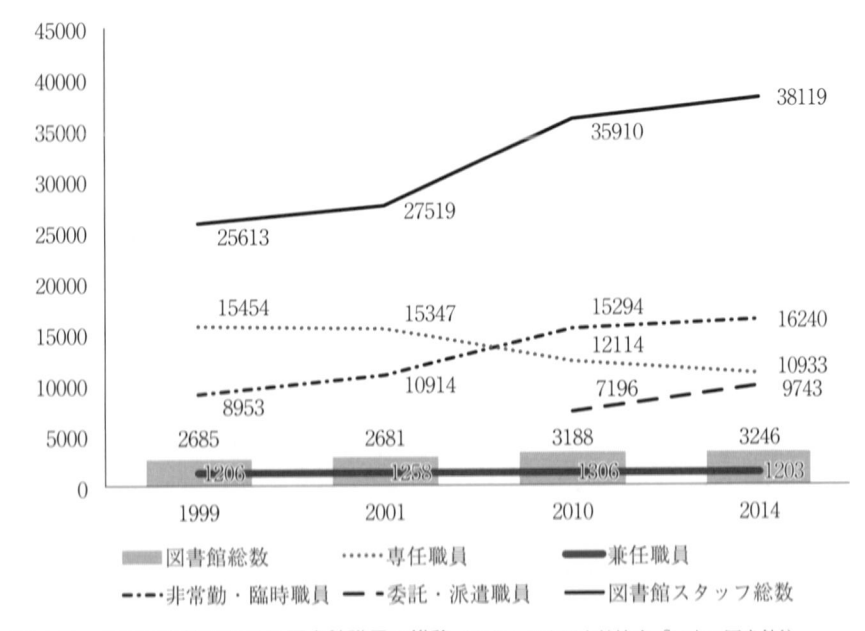

図 31-1　公共図書館における図書館職員の推移（出典：日本図書館協会『日本の図書館』）

　それに対して，職員数は単純に比較すれば 1.48 倍の増大である。図書館数や業務量の増加に伴って生じた増加である。しかし専任職員は 2011 年までの 10 年ほどの間に 20 数％程度減少となっており，人員増加はもっぱら，非常勤・臨時職員と委託・派遣職員などによるものだということが明確に示される。専任職員と，非常勤・臨時職員（2009 年以降はフルタイム換算）のグラフとは 2000 年代後半には交差し，専任職員が少数グループになった。そして，さらに 2009 年からは，委託・

派遣職員が項目として立てられ，その後は委託・派遣職員と非常勤・臨時職員の増加だけが図書館職員総数を押し上げている。

　一方，専任であろうと兼任であろうと，さらに非常勤・臨時職員であろうと，これらの職員が，公共図書館に求められている「司書又は司書補」（図書館法第4条）の資格を有している率からいうと，2001年ではそれぞれ専任49.3％，兼任10.4％，非常勤48.4％，臨時29.5％，2014年は専任52.4％，兼任10.6％，非常勤68.4％，臨時40.6％，委託・派遣57.4％となっている。専任職員については，およそ半数（兼任職員は10％程度）が専門的職員の配置となっていて，非常勤職員や委託・派遣職員のほうが，「司書・司書補」の資格を有している率は若干高いという現状である（『日本の図書館』）。なお，これらの比率については，公共図書館の規模などによってかなり差異がある。

2）図書館における職務

図書館の設置及び運営上の望ましい基準

　図書館法や「図書館の設置及び運営上の望ましい基準」には，公共図書館は司書・司書補を中心とした運営をすること，職員にそれらを確保することが強調されている。図書館サービスを展開するためには専門的職員が必要だという社会的容認があるといってよい。しかし，実態はどうであろうか。ここでは少しさかのぼるが，包括的な実態調査，文部科学省生涯学習局社会教育課『図書館職員の資格取得及び研修に関する調査研究報告書（平成19年3月）』による結果報告を参照してみる。

　「現在の図書館で行っている作業内容」に関する調査では，80％を超す「司書」が現在行っている作業として，貸出処理，返却処理，返却図書の排架作業，レファレンスサービス，リクエストの受付・処理をあげており，50％を超す者が一般書・児童書・参考資料の選定，資料の発注・受入，複写サービス，書誌データの加工・修正をあげている。レファレンスサービスや資料選定は専門的な知識・技術を必要とする職務であることは異論のないところだが，貸出や返却処理はもはや機械処理の対象となる職務である。

　次いで，「それぞれの作業比率はどのくらいか」という問の結果（図31-2）を，同じ種類のものを合わせて整理してみると，多い順に，①貸出・返却，排架作業，②選書・資料の選定（リクエストの受付を含む），③資料発注，書誌データ等情報管理，④レファレンスサービスとその他のサービス，⑤事業運営・広報活動といった配分となる。このようにしてみると，図書館員の職務分析などによる非専門職的なもの（①）あるいは準専門職的なもの（③）が比較的上位を占める。

職務分析

　このことからわが国では，おおざっぱにいえば「司書」の働き方は，半分に近い部分が専門的な知識・技術を要しない職務となっている。とするならば，図書館における専門的な知識・技術を必要とするものがどの程度の割合存在するのか（実態とあるべき姿には違いがあろうが）の単純な推算だが，例えば，大規模図書館で職

員のうち半数近くが「司書」だとし，その「司書」の仕事の半分程度が専門的な知識・技術を必要とする職務だということならば，それは全体業務の4分の1程度となり，図書館の仕事のうち専門職的なものはその程度だということになる。

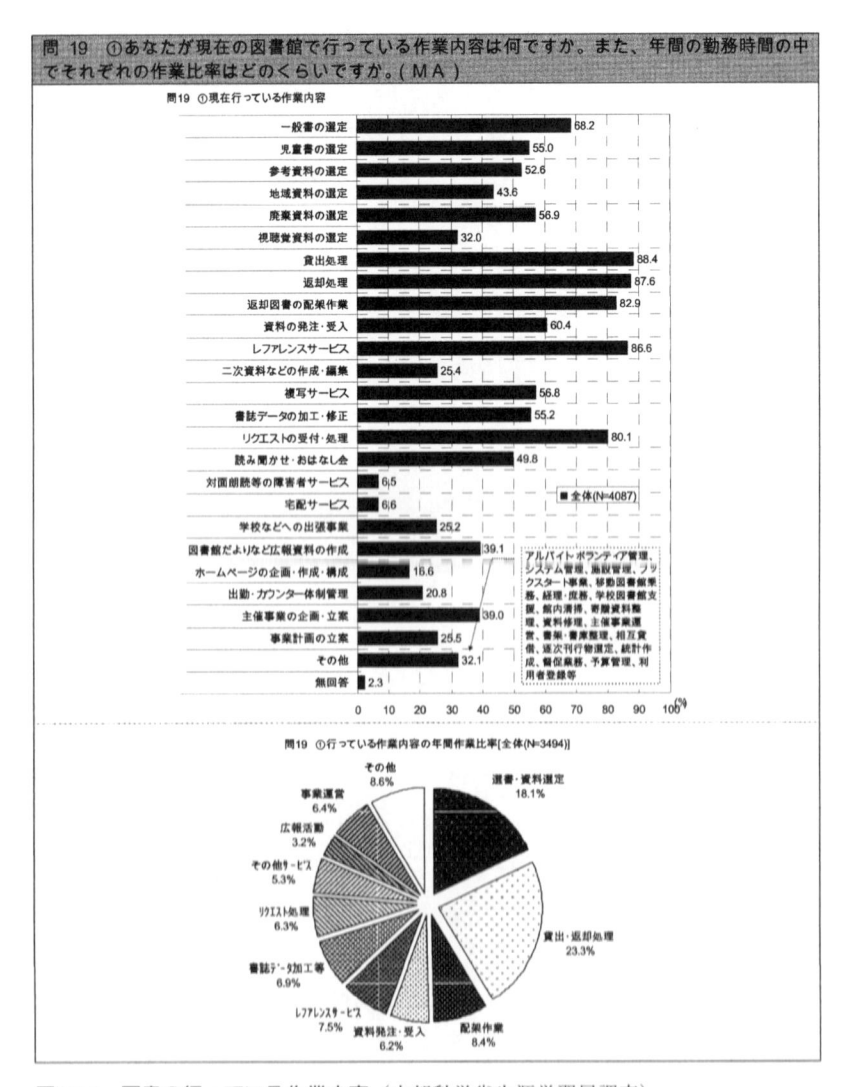

図31-2 司書の行っている作業内容（文部科学省生涯学習局調査）
http://www.mext.go.jp/a_menu/shougai/tosho/houkoku/07090599.htm

しかし，近年では情報技術などの進展によって，図書館サービスの電子化や，図書館がコミュニティの情報や生涯学習の拠点となり，さまざまな領域で人々への直接的な支援が求められるようになった。司書は，そうした役割の変化に合わせて，これまでよりも利用者の個別的な課題などを解決しなくてはならないだろう。それとともに，いわゆる司書（図書館員）だけではなく，文書館員（アーキビスト），「情　アーキビスト

31. 図書館の人的資源　175

報処理技術者」(情報処理推進機構の所管する資格),あるいは生涯学習専門家などといった,多様な人材が図書館には必要になっているといった指摘もある。

3) 人的資源の確保

わが国ではほとんどの公共図書館は公立図書館であり,地方公務員の任用のシステムに沿って行われており,図書館が独自で職員の採用をするわけではない。ただし,上記の文部科学省生涯学習局の調査によれば,「公立図書館における司書配置基準」を設定している図書館は,都道府県・市区町村ともほとんどみられないという。設定されている数少ない図書館でも,年間貸出数当たりの司書数や窓口委託業務の委託契約での司書割合等の基準が報告されているのみである。公立図書館の具体的な人材配置の基準があるわけではない。

配置の実数としては各都道府県の教育委員会では平成17年度に専門職として司書を配置したのは30.2人で,そのうち8割が「正規(常勤)職員」である。一方市区町村の教育委員会では,平均4.4人配置され,「正規(常勤)職員」は,1.9人(43.2%)であった。

4) 人的資源の外部化

必要な人的資源を採用せずに,人的資源を外部化(アウトソーシング)することも考えられる。アウトソーシングという言葉は,さまざまな意味合いで使われているが,基本的には「ある組織から他の組織に対して,組織の機能やサービスのすべてまたは一部を委託すること」である。図書館の場合は,製本や補修,あるいは清掃・施設管理といった業務部分から始められたが,1980年代にそれまで内部で行ってきた貸出等の業務委託が導入され,80年代半ばには半数以上の公立図書館がなんらかの委託を導入するに至った。その後,さらに図書館の業務委託は拡大し,今後とも,内部での処理がコスト高であり,またその品質や効率も悪い場合は,この動きは加速していくものと考えられる。

図書館のアウトソーシングは,直接的に人的資源に関わるものが大きい。それは必然的に図書館における知識・技術の維持のあり方に関係する。ことの良し悪しはともかく,例えば目録作業などの情報資源の組織化のノウハウは,すでに多くの公共図書館で希薄になった。それを放棄しても優先するサービスを確保したということだろう。ただし,このことがサービスの品質に影響する点にも注意しておかねばならない。図書館でのアウトソーシングはその使命からいって,単なるコスト削減だけではなく,サービス向上やコミュニティへの安定的なサービス確保という長期的な視点が重要である。

UNIT 32 ●人的資源の経営
「司書」養成制度と図書館情報専門職

●··········わが国における「司書」の資格とその養成

司書資格

　2008（平成20）年の図書館法の改正によって，公共図書館における専門的職員としての「司書」は，①大学を卒業した者で大学において文部科学省令で定める図書館に関する科目を履修した者，②大学または高等専門学校を卒業した者で司書の講習を修了した者，③司書補の職（国立国会図書館または大学もしくは高等専門学校の附属図書館の職員などで司書補に相当するもの）にあった期間が通算して3年以上になる者で第6条の規定による司書の講習を修了した者，だとし，またこれに基づき図書館法施行規則では，図32-1のように「図書館に関する科目」を規定した（2010（平成22）年4月1日施行）。

図書館に関する科目

群	科目	単位数
甲群	生涯学習概論	2
	図書館概論	2
	図書館制度・経営論	2
	図書館情報技術論	2
	図書館サービス概論	2
	情報サービス論	2
	児童サービス論	2
	情報サービス演習	2
	図書館情報資源概論	2
	情報資源組織論	2
	情報資源組織演習	2
乙群	図書館基礎特論	1
	図書館サービス特論	1
	図書館情報資源特論	1
	図書・図書館史	1
	図書館施設論	1
	図書館総合演習	1
	図書館実習	1

図 32-1 「図書館に関する科目」

　この改正によって初めて，「大学において文部科学省の定める図書館に関する科目」が設定された。「司書」の単位認定を行っている教育機関は，4年制大学158校，短期大学58校，合計216校存在する（2013年4月1日現在，http://www.mext.go.jp/a_menu/shougai/gakugei/shisyo/04040502.htm）。これらの教育組織の展開はさまざまで，

|図書館情報学の専門教育課程
司書養成課程| 図書館情報学の専門教育課程（4年制大学の学部に設置され，学科や専攻，専修などの名称に図書館情報学あるいはそれに類似した表現をもつもの）もあれば，司書養成課程（司書を養成し，あわせて資格付与するために大学および短期大学で編成された課程の名称（日本図書館情報学会編『図書館情報学用語辞典』第4版，2013）もある。これらに加えて，司書資格付与を目的として，文部科学大臣の委嘱を受け，夏期を中心に開設される司書の講習がある（平成27年度は12校）。以上の養成機関から毎年1万人近い「司書」資格保持者が誕生している。なお，図書館情報学教育機関としては，大学院教育を行う機関もある。しかし，それらは「司書」の単位を授与することを目的とするものではなく，図書館情報学の研究者養成と，図書館職員を対象としてその知識・技術をリフレッシュする課程が開講されている。

また，図書館現場ではかねてより利用者の高度な要求にも対応できる職員が強く求められており，資格として上位のグレードのものを設定すべきだとの議論が行われてきた。その結果，高度な専門性を有する公共図書館向けの専門的職員のための

|認定司書| 「認定司書」が必要だとして，日本図書館協会がその認定審査事業を2010年度から開始した。募集要項には，「この制度では，司書の専門性の向上に不可欠な図書館での実務経験や実践的知識・技能を継続的に修得した者を協会が評価し，図書館経営の中核を担いうる司書として公的に認定します。あわせて司書全体の研鑽努力を奨励するとともに，司書職のキャリア形成や社会的認知の向上に資することをねらいとしています」（http://www.jla.or.jp/committees/nintei/tabid/545/Default.aspx）と謳われている。2001年にその申請の受け付けを開始して以来，2015年の第5期までに100名の図書館員がこの認定を受けた。

● ……… その他の図書館・情報機関での「司書」の位置づけ

一般に司書という職名は公共図書館員に限るものではないが，わが国での「司書」は，公共図書館に働く専門的職員に対する資格であり，他の館種に適用されるものではない。しかし，図書館員の資格に関して法的に定まった制度はほかに存在しないために，例えば大学図書館では，53.2％の職員が「司書」の資格を有している。事実上の基盤的な資格であるとこれが認識されているということだろう（文部科学省「平成26年度学術情報基盤実態調査」http://www.e-stat.go.jp/SG1/estat/List.do?bid=000001055072&cycode=0）。

|採用試験| とはいえ，それが大学図書館職員の資格要件となっているわけではない。この点は，国立国会図書館などでも同じである。それぞれの採用試験（国立大学協会などによる採用試験や国立国会図書館の採用試験には専門試験の選択科目として図書館情報学を選ぶことができる）に合格し，採用された者が各機関において図書館員として処遇され，たいていは事務系の「図書（館）」職員あるいは「司書」（国立国会

図書館）と位置づけられ，司書の職務に従事することになる。

●……… 欧米の図書館員の資格と養成

　米国での図書館員養成は，医師や法曹などと同じように専門職教育を大学院で行うという枠組みに沿って，ライブラリースクール（図書館情報学大学院）で行われている。1951年以降アメリカ図書館協会（ALA）がライブラリースクールの基準（現在は，「図書館情報学修士課程プログラムの認証の基準」http://www.ala.org/accreditedprograms/sites/ala.org.accreditedprograms/files/content/standards/Standards_2015_adopted_02-02-15.pdf, option M参照）を設定し，これに沿ってALAの大学院認証（アクレディット）が行われている。このライブラリースクール（米国とカナダで59機関）で36単位を取得し修了すること（図書館情報学修士）が，望ましい専門職資格になる。なお，その図書館情報学のカリキュラムについては，1998年から2000年にかけて行われたKALIPER（Kellog-ALISE Information Professions and Education Renewal Project）という研究プロジェクトが現状を調査し，図書館情報学教育の現状を次のようにレビューした（中島幸子「KALIPERその後」『図書館情報専門職のあり方とその養成』勉誠出版, 2006, p.219-220）。現基準はこれを踏まえている。

① カリキュラム内容の拡大（図書館という組織や機能だけでなく，広範な情報環境に関する課題）
② カリキュラムの学際化（図書館情報学以外の領域の知見を盛り込み，利用者中心の視点での展開）
③ 情報技術の増大（情報技術基盤への投資とカリキュラムへの情報技術の導入）
④ 専門科目の再構成と柔軟な科目選択（新しい専門分野の科目の提供，柔軟な選択を用意）
⑤ 多様な授業形態（遠隔授業などの導入）
⑥ 学位の開拓（カリキュラムの拡大により，学士，修士，博士レベルで他の学部とも関連した学位の授与）

　英国では，以前は図書館協会（The Library Association：LA）の会員資格には試験が課され，これが実質的な養成の基準の役割を果たしていたが，1970年代にアメリカ型の，LAが認定する大学（学部および大学院）での養成を経ることが会員資格の要件となった。ただしLAが2002年に情報専門家協会（Institute of Information Scientists：IIS）と合併して図書館情報専門職協会（The Chartered Institute of Library and Information Professionals：CILIP）となり，それに伴い現在では，CILIPに認定された19大学での学位等をベースに専門知識と実務経験をCILIPが認定して資格を付与する。また，他の分野の学位をもつ者や実務経験をもとに，継続的な専門的能力を培った者も認定するようになっている。教育課程と

実務とを合わせた運用である。

　大陸ヨーロッパでは，国ごとにさまざまな制度があった。しかし，欧州連合（EU）による高等教育改革による1999年のボローニャ宣言によって，各国の大学教育・大学院教育の基準を整合させることが決定され，まちまちだった養成教育に，図書館情報学修士を授与する2年課程の設置をみた（根本彰「図書館員養成と大学教育」『図書館情報専門職のあり方とその養成』勉誠出版，2006, p.4-7）。

　このような欧米の図書館員の資格や養成の，わが国のものとの大きな違いは，公共図書館員だけを特別に扱わず，すべての図書館員を対象としたものであること，またおおむね修士レベルの養成教育を標準としていることである。

※ボローニャ宣言

●……図書館員の育成

　養成教育を経ていようと，あるいは他分野からの参入であろうと，図書館情報専門職のキャリアを開始すれば，さまざまな研鑽をつみ，能力の向上に努めることが図書館員には求められる。近年の社会変化を反映した育成のための指針として，これからの図書館の在り方検討協力者会議が2008年に「図書館職員の研修の充実方策について（報告）」(http://www.mext.go.jp/a_menu/shougai/tosho/teigen/08073040.htm)を公表している。

※「図書館職員の研修の充実方策について」

　まずは採用された組織の慣習や規則を初任者研修などで理解し，職業人としての基本的なマナーを学習したり，図書館の役割などの基本的な知識や現場の実際を理解したりする。また，担当する仕事については，オンザジョブ・トレーニングとして業務を習得していくことになる。一定の期間の後，さらに必要な知識・技術などを補てんするために，職員をオフザジョブ・トレーニングとして専門の研修会（中堅研修，さらに上級研修）に参加させる。

※オンザジョブ・トレーニング

　例えば，公共図書館向けの次の「司書」研修は，実務経験に応じたスキルアップができる体系になっている。文部科学省等の主催のAとBに対して，日本図書館協会主催のCとDがそれぞれ，同等のものと位置づけられている。

　大学図書館等の図書館員のための研修プログラムも，文部科学省，国立情報学研究所，あるいは大学図書館等の関係団体により，体系的に用意されている。

　そのほか，館種を超えて，著作権，情報処理技術，情報管理（インフォメーションリポジトリなど），情報リテラシー教育などそれぞれのテーマごとの研修プログラムが展開されている。肝心なことは，それぞれの図書館で，適時にかつ体系的に職員を参加させ，継続的な育成を図ることである。日本医学図書館協会のように，図書館員の継続教育を体系づけ，それを「ヘルスサイエンス情報専門員」の資格認定に結びつけている例もある（日本医学図書館協会認定資格制度，http://jmla.umin.jp/nintei/)。

※日本医学図書館協会
※ヘルスサイエンス情報専門員

表 32-1　公共図書館向けの「司書」の研修

	A	B	C	D
	図書館地区研修	図書館司書専門講座	中堅職員ステップアップ研修（1）	中堅職員ステップアップ研修（2）
主催	文部科学省，開催都道府県・指定都市教育委員会	文部科学省，国立教育政策研究所	日本図書館協会	日本図書館協会
対象	勤務経験3年以上の者，研修テーマに関連する業務に従事している者，及び主催者が上記と同等と認めた者	都道府県・指定都市教育委員会が推薦する，勤務経験が7年以上で指導的立場にある者，及び同等の職務を行う者	司書・司書補資格修得後，図書館勤務経験3年以上（臨時職員はおおむね1500時間を1年と換算）	司書・司書補資格，図書館勤務経験7年以上（臨時職員の換算は左に同じ） 中堅ステップアップ研修（1）か文部科学省の地区研修，社会教育実践センター図書館司書専門講座を修了している者で，かつ外部の図書館研修講師を経験し，図書館関係団体で発表活動をした者
定員	6地区，約680人	50人	全科目（12科目）50名／部分各5～10名	全科目（24科目）修了（12日または連続する2年間で）
期間	4日間	12日間	6日間	12日間

● ……… 知識・技術とコンピテンシー

　この種の育成の課題は，多くの場合は専門的知識・技術の更新に重点が置かれる。しかし，職員が高い知識・技術を有していてもそれが必ずしも業績に反映しないこともある。この点をデービッド・マクレランド（David C. McClelland）が指摘して以来，人的資源管理において，高業績者の特性といわれるコンピテンシーが注目されるようになった。コンピテンシーとは，かなり広い概念で，むろん知識や技術も含むが，それとともに職員のもつ，動機，特性，自己認識といったものを含めた全体的能力である。知識や技術は，認知的な能力や課題解決の手法などを理解するためのものだが，動機，特性，自己認識に関しては，課題を解決に結びつけるための，組織におけるコミュニケーション能力や高い動機の維持といった点で不可欠なものである。知識や技術はいわば前提としての能力であり，業績の差異をもたらすのは後者だということである。したがって，研修においては知識や技術の習得のみならず，高業績に結びつく特性の習得も重要であり，そうした要素を加味した研修プログラムが求められている。

コンピテンシー

UNIT 33 ●人的資源の経営
図書館組織の運営

●………組織構造と変化への対応

　図書館の組織構造の展開については，UNIT 13 で説明した。分業の長所を生かし短所を克服し，かつうまく環境変化にも対応していくには，どのような組織であればよいのだろうか。

　トム・バーンズ（Tom Burns）とジョージ・ストーカー（George M. Stalker）は，職場組織の研究から，組織管理のあり方には表 33-1 にみるように二つの類型があり，安定した環境の下では各人の職務，権限，責任を明確にした機械的管理システムが有効であるのに対し，不安定な変化の多い環境のもとでは有機的管理システムが有効であることを発見した（T. Burns, and G. M. Stalker, *The Management of Innovation.* Tavistock Pub., 1961. p.119-122）。

表33-1　バーンズとストーカーの二つの組織管理システム

機械的管理システム	有機的管理システム
機能的タスクの専門化	異なる知識と経験に基づく専門化
直属の上司による調整	ヨコの相互作用を通じた調整
職務・権限の明確化	職務・権限の柔軟性
階層型の権限構造	ネットワーク型の伝達組織
階層トップへの情報の集中	情報の分散
垂直的な命令と指示の伝達	水平的な情報と助言の伝達
組織忠誠心と上司への服従	仕事や技術への忠誠心
組織内固有の知識の強調	組織外でも通用する知識の強調

組織の状況適合理論

　このバーンズらの議論などがきっかけとなって，その後組織構造と環境との相互作用に着目した検討がさまざまに行われるようになり，どのような要因が組織構造に影響するかを見極めようとする，組織の状況適合（コンティンジェンシー）理論が出現した。その理論では，どのような環境にあるか，どれほどの規模であるか，技術の影響をどのように受け止めているか，戦略の設定がどうあるか，さらにはどのような構成員かによって，組織のあり方は左右されるとした。例えば，安定した環境下で，同じような仕事が大規模に存在する，あるいは技術が安定しているなどの条件ならば，機械的な管理システムが適合する。さまざまな条件に対する適合性のもとに一つの組織構造を選択しなくてはならないというのである。

図書館はたいてい公的組織であって，規則等を定め，公式化を進めたいわゆる「官僚制」が採用される。仕事は体系的に分掌され，属人性を排除した，調整のしやすい管理システムがとられ，まさに機械的管理システムが設定されていて，安定的な環境でルーティンワークをこなすには，きわめて効率のよい結果が得られるといえる。しかし，定められた仕事の範囲を守り，組織の規律が最優先されるこの構造には，内向きの運営が行われるというきらいがあり，そのために環境変化に即時には対応しづらく，ときに「官僚制」のさまざまな逆機能（例えば，全体よりも個別組織の利益優先，規則万能，責任回避，前例主義など）が生じたり，とりわけ非日常の事案への対応に必要以上の労力を割いたりするという弱点がある。変化の早い現代社会においては，このことを念頭に置き，一部の組織構造を柔軟化する必要があるだろう。

［傍注：官僚制／逆機能／組織構造］

● ‥‥‥‥‥コミュニケーションによるマネジメント

　組織では仕事や権限が分配され，組織構造がつくられている。肝心なのは，それが協働を前提に設定されているのを常に想起することである。各部署（個人）が与えられた仕事と権限のみに注力するだけでは，係や担当者の中でうまく協調が行われず，ごく単純な問題にさえつまずき，協働に支障が起きかねない。協働は必ずしも自然に起きるわけではなく，協働するには，職員の間でのコミュニケーションを促し，また人々が協働しようとする意欲を引き出す必要がある。

［傍注：協働］

　組織におけるコミュニケーションは，組織の活動，つまり目的実現のための，計画とコントロール（その実行チェック）のプロセスの中で展開される。計画といっても，日々のサービス業務から新たなプロジェクトまであり，コミュニケーション（仕事上の話合い）は，組織のありとあらゆるところで繰り返されている（伊丹敬之，加護野忠男『ゼミナール経営学入門』第3版，日本経済新聞社，2003，p.323-344）。計画の各策定段階では，どのような人々を計画に参画させるか，どの程度具体的に計画を策定するか，どの程度の期間で計画を見直すか，また事後的評価にそれをどうつなげるかなどを決め，原案作成，それに関連部署との調整を経て，上司が担当者（部下）の計画を正確に理解し，必要に応じてその修正を示唆し，承認する。このプロセスは，コミュニケーションで維持されるといってよい。

［傍注：組織におけるコミュニケーション　計画とコントロール］

　組織構成員全体が計画により一定の目標を共有し，それを実現すべく努力する。計画が実行される段階では，まずは計画の進捗をチェックし，それと計画とが乖離しているかどうかを判定し，そしてギャップが存在すれば，事態を判断し適切なコントロール（事態の改善）を行う。必要とする設備・資材の状況，例えば利用者スペースの整備状況や新着図書・雑誌の到着状況，あるいはデータベースの更新状況などをチェックして，それに対する行動をとる。ときにはサービス計画の変更・修

正も必要になろう。この計画とコントロールサイクルの中で一貫して情報の流れが維持され，コミュニケーションによって組織の一体性が確保される。なお，計画もコントロールもよいことであるとしているが，現実には必ずしもよいことばかりではなく，それが過剰であると「逆機能」，つまり組織の硬直化を招くこともある。そのような場合も，コミュニケーションによって態勢を立て直す必要がある。

●………人的資源の実績（パフォーマンス）評価

人的資源の実績評価

計画の実行段階におけるコミュニケーションは，人に対するコントロール（管理）に関わる。このコントロールには，命令という形をとることもあるが，現場への権限を委譲しているのだからそれは例外的で，最も有効なものは実績（パフォーマンス）評価を通じてのコントロールである。これは，組織の運営という観点から行われる。実績評価は通常，次のような事項の設定を通じて行われる。

① 目標
② その測定法
③ 事前の基準値の決定方式
④ 測定の結果のコミュニケーションの仕方
⑤ 事後的な評価基準の決定方式

まずなにを達成すべきかが問題となる。それには，数値的に提示できるものとそうでないものがある。達成すべき目標がどのような変数かを明らかにしておく必要がある（option F参照）。目標管理の経営手法では，目標の自己申告が行われ，それをもとに上司との話し合いが行われる。

目標管理

目標となる変数（例えば，住民登録率の5％アップ，情報リテラシー向上）を設定したとしても，それをどう測定するかである。目標変数の測定方法は事前に決めておくとよい。質的なものの場合はどこをみるかが決め難い。また，職員が測定法をガイドにして行動することがあり，適切な実施が行われているか，状況を判断し時折見直しが必要である。

客観的な値が求めにくい場合，例えば「正常に展開されている（サービス）状況」といった一定の基準を定めておいて，それとの差異をみるという方法もある。計画にこの基準を定めておくということもある。

測定は適宜行われ，異常がないかを感知する。この結果は，評価対象者にフィードバックする。重要なのはそのコミュニケーションの仕方である。評価の妥当性の問題もあるが，評価を通じて評価対象者への影響を行使するためである。また，この結果を評価対象者以外にも伝える必要もある。なぜなら，それによって評価対象者同士の競争を促すようなコントロールに活用するためである。

そして最後の事後評価に至るが，この基準の設定は環境の変化のような条件が入

る。環境がすこぶる良好だったなら，ある程度の結果は当然期待されようし，逆の場合は一定の結果を得るには大きな努力が必要だったといえる。したがって，ここで評価される人的資源のパフォーマンスは，概念的には次のものの掛け算で表わされる。担当者が，事前計画を策定し，ある環境下で，事前の計画を環境に適合させて実施したパフォーマンスである。

> パフォーマンス（実績）＝環境×事前計画×コントロールの努力と工夫

また環境は，計画段階で想定されたものだが，必ずしも想定どおりではない。もし状況が非常に有利な環境に変化したならば，基準は甘くなってしまうし，逆に不利な環境に変化したならば，基準にそれを反映しなければ，厳しすぎる評価となる。

このようなパフォーマンスの測定を行うには，個別の担当者に対する細かな観察，それに環境の測定が必要である。ただし，これは人間の判断による評価に委ねざるをえず，そこで生起する見誤りが絡んでくる。バーバラ・モラン（Barbara B. Moran），ロバート・D. スチュアート（Robert D. Stuart）とモーナー（Claudia J. Morner）は，人に対する評価が陥りやすい，最も一般的な間違いを次のようにあげている（*Library and Information Center Management*. 8th ed. p.222）。

― 評価の見誤り

① ハロー効果（その人物に際立った特徴（外見や評判など）があると，そのイメージで他の面まで評価してしまうこと。肯定的，否定的両面がある）
② 偏見と不公平（個人的な感情での評価。人種や性による不平等は法律に違反する）
③ 寛容さと厳格さ（異なる尺度をグループの都合に合わせて適用）
④ 中心化効果（評価を回避して，結果が中心に集まる）
⑤ 対比（実際の働きを測定せずに，潜在的可能と判断してしまう）
⑥ 連想（判断を急ぎ，なんらかの関連から，同一視する）
⑦ 期末の判断（全体をみず，最近の結果だけをみる）

評価者がこれらのことを理解せずに安易に対応すると，必ずや評価の弊害が生じる。また，厳しすぎる評価は，現場の自由度を下げ，評価ばかりを気にする保守的な職場が生まれる。それにしても個々人を細かに観察することは，現実的にはきわめて難しい。したがって実際は，これまでの評価の蓄積を踏まえつつ，同一の業務に関わっている担当者との間での相対的な比較で評価が行われることになる。とはいえ，組織運営にとって，組織の活性度を高め，高いパフォーマンスを生むためにはこのステップは不可欠な要素である。

なお，組織への貢献としての評価結果が，適切なインセンティブシステム（例えば，金銭的報酬としての昇給，仕事の自由度と権限の付与，社会的な認知の付与など）に結びつけられる必要があることはいうまでもない。

― インセンティブ

UNIT 34 ●人的資源の経営
リーダーシップと図書館長

リーダーシップ
組織階層

●┄┄┄┄リーダーシップの機能

　組織では，集団を構成する個々の構成員が互いに影響を及ぼす関係にある。組織階層（ヒエラルキー）の中での上司と部下の関係，またヨコの同僚との関係において合意を得るためにその影響関係が働く。リーダーシップとは，この対人的な影響関係をとらえる概念で，一般に，集団の成員に受け入れられる目標を設定し，それを達成するために構成員の行動を組み立て，それを統合的に維持する機能とされる。平易にいえば，ついていこうと思わせる，人々をまとめる影響力といったものである。リーダーシップが発揮されれば，組織における任務の遂行が円滑なものとして行える。

　リーダーについて論じるとき，リーダーシップを発揮するのに必要な素質，能力，人格を見極めようとしても，たいていは不毛な議論に終わる。いわゆる資質論として，望ましい資質をもつ人をいかに探し出すかに行き着く。またしばしばリーダーが示すべき行動を論じ「資質の向上」を図るべきだといわれる。しかし，リーダーシップは，「特定の個人の能力や資質によるのではなく，対人的な関係の中で発揮され，場合によっては，集団の機能そのものである」として，「特定の構成員によってなされることがあっても，それはリーダーシップの機能が，その個人に仮託されているとみなすべきで，［中略］その人，そのリーダーを必要とするのではなく，集団がそのリーダーシップを必要とするから，そのリーダーがいる」（桑田耕太郎，田尾雅夫『組織論』有斐閣，2000, p.231）とみたほうがよいだろう。

　実際のところ，人がついてこようが嫌がられようが，組織には多くのリーダーのポジションがある。残念ながらリーダーシップが欠けているリーダーもいる。しかし組織にとってはそのポジションの多くは必要不可欠なものであり，リーダーの機能は求められている。

リーダーの役割

　リーダーが機能するために果たすべき役割として，次のようなものがあげられる。
(1) 仕事を遂行する機能（集団の任務・役割・目的や，集団の価値観，守るべき規範を設定し，そしてこれらの課題をどのような方法で実現するかを決め，部下に指示する。同時に，部下がそれに積極的に取り組むように動機づけをする）
(2) 仕事遂行能力の維持・向上（集団の中に経験や知識の蓄積をつくる，すなわ

ち集団の学習を促進し，活発な相互作業の場として集団を維持する）
(3) 仕組みや文化をつくること（上記のことを実現し，集団の文化を醸成する。そしてそれを機能させる）
(4) 集団を代表すること（集団を代表して，その利害を主張し，行動する。また集団の外との関係を良好に保つ）
(5) 上位の組織と連結すること（上位者をもつリーダーの場合，上位との連結機能となる。上からの指示と集団としてのなすべきことを両立させる）

（伊丹敬之，加護野忠男『ゼミナール経営学』第3版，日本経済新聞社，2003, p.374）

●……… 図書館長の位置づけ

図書館組織においても，ごく小さい図書館を除けば，各層にリーダーが存在する。全体を統括するリーダーが，図書館長である。図書館長について，図書館法では第13条第2項にその役割が規定されている。

> 第13条
> 2 館長は，館務を掌理し，所属職員を監督して，図書館奉仕の機能の達成に努めなければならない。

また「図書館の設置及び運営上の望ましい基準」では，図書館長の選任について，その職責から望ましい姿について述べられている。

> 4 職員
> （一）職員の配置等
> 1 市町村教育委員会は，市町村立図書館の館長として，その職責にかんがみ，図書館サービスその他の図書館の運営及び行政に必要な知識・経験とともに，司書となる資格を有する者を任命することが望ましい。

さらに，日本図書館協会の「公立図書館の任務と目標」では，「第4章 公立図書館の経営」に図書館長をあげ，専門職団体の立場から，次のように規定している。

> 館長は，公立図書館の基本的任務を自覚し，住民へのサービスを身をもって示し，職員の意見をくみあげるとともに，職員を指導してその資質・能力・モラールの向上に努める。
> このため，館長は専任の経験豊かな専門職でなければならない。

以上，法令等は，図書館長のあり方を規定するものである。それに対して，これからの図書館の在り方検討協力者会議による「これからの図書館像－地域を支える情報拠点をめざして（報告）」は，現状には対処すべき問題点が存在し，図書館がその働きを発揮するためには，どのようにすればよいかを提言している。

ア．図書館を社会環境の変化に合わせて改革するには，図書館の改革をリードし，

図書館経営を中心となって担う図書館長の役割が重要である。
　　イ．図書館の運営の方向を定める図書館長の役割はもっと重視されるべきである。図書館長は，図書館の役割と意義を十分認識し，職員を統括し，迅速な意思決定を行うことが必要である。それには，実質的に経営を行うのに必要な勤務体制と権限を確保する必要がある。

<small>組織のマネジメント
環境のマネジメント</small>

　ここで特徴的なのは，組織のマネジメントに先立って，環境のマネジメントを述べている点である。図書館のあり方が，社会発展や情報技術の進展によってさまざまな変容が求められていることに関連しているのだろう。また，組織のマネジメントに関するイでは，図書館長を図書館の運営方向を定める者と位置づけ，その役割を果たすことが期待されている。

●………公共図書館長の回想

　わが国では，組織におけるリーダー，あるいは図書館長に関して議論されることは少ない。しかしながら，実際にリーダーシップを発揮して素晴らしい図書館をつくった例は多く，図書館長がその様子をドキュメンタリー風に綴った出版物には共感を覚えるものがいくつかある。例えば，竹内紀吉『図書館の街浦安－新館長奮戦記』（未来社，1985），渡部幹雄『図書館を遊ぶ：エンターテイメント空間を求めて』（新評論，2003）や白根一夫『町立図書館をつくった！－斐川町図書館での実践から』（青弓社，2005）などが即座に思い浮かぶところである。これらは，図書館長のそれぞれのリーダーシップを理解するにも役立つ。

　浦安図書館をつくり上げその評判を確立した竹内紀吉『図書館経営論』の「建設時期における館長の役割」という一節で，次のようにその任務をまとめている。
　① 自治体の将来計画に則した運営方針を決定する。
　② あらゆる機会をとらえて，市民各層や行政内部に図書館認識の浸透を図る。
　③ 前期の積み重ねを通じて，継続的な図書館予算と職員確保に努める。
　④ 図書館の発達段階を予測し，職員の養成態勢をつくる。
　⑤ 次期の図書館長の人材育成に心がける。

　ここでは，図書館という組織の規模が小さいからであろうか，前述した日常的な運営に関わる上述のリーダーシップの（2）や（3）の部分への言及はないが，このまとめはその説明とほぼ重なる。図書館長がめざしているところは，基本的にリーダーシップ機能だといってよい。

　リーダーシップが求められるケースには，日常的な運営ももちろんだが定型的ではない事態が生じたときの対応もある。いずれの場合も，その集団がどのような役割を担っているかをきちんと把握しているかどうかである。竹内の言葉でいえば，「図書館認識」である。その地域における図書館の役割はなにか，どのような行動

をとればよいかを判断し「集団の任務，役割，目的や，集団の価値観，守るべき規範を設定する」必要があり，またそれを関係者に伝える必要がある。その意味で，リーダーシップとは抽象的に組織をまとめるだけのものではなく，その組織が課題としていることを把握し，それに対して集団の進むべき道を示すことである。

● ……… 図書館長論の試み

　内野安彦が 2014 年に『図書館長論の試み：実践からの序説』（樹村房）を刊行している。茨城県鹿島町と長野県塩尻市での図書館長の経験をまとめたもので，末尾のインタビューや公的資料へのコメントを除けば，37 のテーマのエッセイ（番外は別として）から構成されている。図書館長が関わる仕事の枠組みで弁別しざっと概観すれば，下の表のようになる。

表 34-1　『図書館長論の試み』が取り上げた項目

運営	組織・人事	業務管理	サービス管理	施設管理
市議会	図書館の組織	事業計画	個人情報	施設管理
自治体の基本計画・実施計画	人事管理	予算	クレーム	サイン
図書館協議会	内部統制	図書館システム	危機管理	
図書館基本計画	人材育成	資料収集	ホスピタリティ	
広報	研究紀要	資料の除籍	排架	
プレスリリース	日本図書館協会	統計	イベント	
広告事業	自己研鑽	補助金	フロアワーク	
ボランティア		寄付	視察対応	
ネットワーク		他機関との連携		
出版文化				
学校図書館				

　内野は，「まずはクレームから学ぶ」（クレーム），「図書館の考え方をしっかりとシステムに反映させる」(図書館システム)，「学びの集団の集大成に」（研究紀要），「単なる結果ではなく将来へのサービスの糧として活用を」（統計），「最大の理解者になってもらうために」（市議会），「利用者の役に立ったという声が拾えるアウトカムを」（事業評価），「図書館の市場開拓」（他機関との連携）などの視点をとりあげ，図書館長のあり方を述べている。

UNIT 35 ●人的資源の経営

組織風土と組織文化

組織風土
組織文化

● ……… **組織の風土・文化**

　人はそれぞれ環境を受け容れて行動を選択する。環境には物理的なものもあるが，社会的なものもある。組織という社会的環境には，組織風土とか組織文化といわれるものがある。組織風土とは，組織の全体を包み込むような環境のことで，「組織の中で個々の構成員が，どのように自らの仕事や職場集団，組織をみているかであり，それぞれの個人による，組織の中の組織デザイン変数の記述である」（桑田耕太郎，田尾雅夫『組織論』有斐閣，2000, p.185）といわれる。古典的な，ジョージ・H. リトウィン（George H. Litwin）と R. A. ストリンガー（Robert A. Stringer, Jr.）の定義によれば，組織風土は，次のようなもので識別されるとしている。

① 組織の構造と制約
② 経験された暖かい雰囲気，支持と激励
③ 信賞主義か必罰主義
④ 設定された業績基準

　組織の構成員はこれらを把握し，自分の組織のあり方を認知する。もっともこれがどうとらえられるかは，構成員によってある程度は異なる。もし，その一致度が高ければ，かなり明確に風土が形成されているということである。いずれにせよ，

モティベーション

組織風土が組織構成員のモティベーションなどを喚起し，また組織の変革などについても，ときに重要な役割を果たすものだという。

　当然，この環境の中で構成員の経験に対して意味づけが行われ，なにが重要か重要でないかといった判断基準がつくられている。つまり，構成員間で共有されるものの見方や感じ方が生まれる。これを組織文化という。「変化を受け容れやすいダイナミックな組織」，「保守的で官僚的な組織」などと表現されることがあるように，それぞれの組織にはそうした文化が育まれる。

組織のもつ価値観

　組織構成員のものの見方を規定するこの組織文化には三つの要素がある（図35-1 参照）。第一は，組織のもつ価値観である。組織がどのような価値を大切にしようとしているかである。そして組織構成員はその価値を実現すべく行動を起こす。価値の表明が曖昧であったり，単なるお題目に過ぎなかったりする場合は，基本的な部分が欠落した組織文化となる。第二は構成員に共有されている考え方，あるい

はパラダイム（支配的なものの見方），組織をとりまく世界に対する「世界観」といったものである。図書館の職員が自分たちのコミュニティをどのようにみているか，あるいは，どのように図書館を定義しているかが，その図書館組織の文化となる。これら二つは，経営理念などに示される抽象的なレベルのものである。価値観や世界観はそれゆえに，必ずしも具体的な行動に結びつかないかもしれない。そこで第三として，行動の規範というべきものがある。さまざまな場面でのとるべき対応についての暗黙のルールである。例えば，顧客に対してはどのように対応するか，上司や先輩に対してはどうかなど，誰もがまわりの様子をうかがいそれに従う。実際，図書館における利用者の要求の扱い方はさまざまだが，そうした決まりが暗黙のうちに設定されており，それを逸脱すると同僚などに疎まれたりする（伊丹敬之，加護野忠男『ゼミナール経営学入門』第3版，日本経済新聞社，2003，p.349-370）。

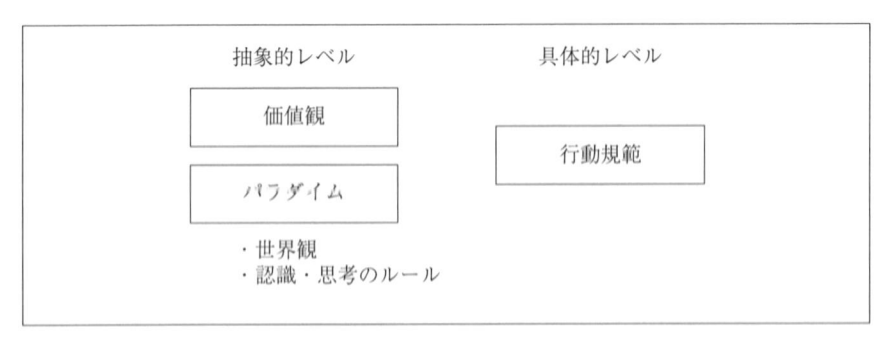

※余白註：パラダイム／行動の規範

図 35-1　組織文化の内容（伊丹・加護野, p.353）

抽象的レベル	具体的レベル
価値観	行動規範
パラダイム ・世界観 ・認識・思考のルール	

　こうして形成される組織文化は，構成員のモティベーション，判断，そしてコミュニケーションの基盤として，組織の活性度を高めたり，低めたりする。例えば，組織の理念が職員の間で理解され共有されれば，モティベーションの高い組織に成長する可能性が生じる。価値観からだけでなく，世界観や行動規範の共有も，モティベーションの確保に寄与する。同様に，同じ価値観や世界観の共有などから，判断基準の共有も生じる。組織文化の要素は，個別ではなく相乗的にさまざまな成果を生み出す。三つの要素のすべてがそろっていなくとも，組織文化が組織を機能させることもある。

※余白註：組織の活性度

　また，価値観や世界観を共有することは，コミュニケーションを容易にし，判断基準の共有に有用であるとともに，組織を成長させる学習への効果がある点も重要である。

　図35-2は，職場コミュニケーションと能力向上に関して採録した談話である（中原淳『職場学習論』東京大学出版会，2010，188p）。どのような（立場の）人から，どのような支援が得られるかなどから，学習をめぐる職場の組織文化の構成事例が

このように把握できる。

> 営業はそうですね（中略），お客さんのところへいって，戻ってくると自然と8時くらい。うまくいかない日もありますよね。で，そのあとみんなで飯を食うんです。チームで集まることもありますよね。そのときは，同僚はもちろん，上司も，その上の上司とか部長クラスの人も集まってきて。みんなで店屋物なんてとって。お互い，よく知り合っている仲間ですから。
> そのうち，「今日は，客先でこんなこと言われてですねー」なんていう会話が起こります。「そう言われたら，俺には前にこう答えてうまくいったけどな」とか，「俺も前にやらかしたことがあるよ」みたいな感じで，上司がいろいろ教えてくれましたね。上司からいろいろ仕事のノウハウを教えてもらったのは，そういうときでしたね。
> たまには，20人の事業所の若い人だけ集まるときあるんです。そういうときは「あの社長に，こんなこと言われたよ」というと，「気にすんな，誰でもあるよ，おれもさ，こないだやらかしちゃってさ」みたいな会話になりますね。

図 35-2　マネジャーの業務経験談

● ………… **図書館における組織風土・文化**

「保守的保身的な上司，意欲とスキルのない同僚」といったフレーズで，図書館の組織風土が語られることもある。「しなければならないことが阻止されてしまう」，あるいは「職場で自由に動けない」という実情を訴えているものであるが，このようなフレーズが図書館現場の人々に受けるのは，そうしたケースがまま存在し，それに共感するからであろう。しかし一方では，これとは正反対の状況もあろう。実際，積極的に課題をみつけ，新しい試みを先導する上司もいるし，利用者の要求に親身になって対応する図書館員も多いだろう。そうした構成員が強い影響を及ぼし，適切な組織文化を醸成していることもある。

組織文化は，価値および世界観という抽象的な理念が前提となり，構成員の行動の規範として形成されるため，まずは図書館の価値をどのように認識しているかといったことが前提となっている。図書館についての価値は明確とはいえ，それを職員の間で共有するために，わかりやすく納得のいくように表現しておく必要がある。わが国の図書館でも，近年，使命やビジョンなどを設定するケースが増えてきたものの，職員がそれを認識せず，組織全体に浸透していない場合，組織文化を形成するのに経営側の関与が十分に行われていないといってよいかもしれない。

<small>使命
ビジョン</small>

価値観の共有が行われていない場合には，職員は世界観も共有できず，構成員は一通りの組織理解にとどまることが多い。例えば，図書館が単に読書施設として機能すればよいと考え，貸出量や手続きの適合性のみ気づかうということにもなる。他方，そうしたことはもちろんだが，「図書館が地域の人々の頼りにできる場所」として，地域住民に役立つという目標を職員が共有している図書館もある。そうした価値・世界観の違いは，職員の行動に違いを生む。どのような行動の規範が望ましいのかを，組織としてきちんと設定し，かつそれを研修や日々の実践の中で職員同士共有しておく必要がある。

option M

図書館員のコア・コンピテンス

　米国における司書（図書館員）の要件は，アメリカ図書館協会（ALA）が認証したライブラリースクール（図書館情報学大学院）の修士課程で 36 単位を修得した者である。図書館情報学修士らが所持すべき基盤的な知識（図書館情報専門職がコア・コンピテンスと表現されている）を，次のようにまとめている。

　内容は，8 つの項目で構成され，それぞれに内容の細目を提示している。伝統的なもののほか，情報技術の進展を反映した知識やスキル，社会の発展に応じた図書館の役割，そして経営に関わるコンピテンスが目立つ。

コア・コンピテンス

表　ALA による図書館員のコア・コンピテンス

1. 専門職の基盤	A. 図書館情報専門職の倫理，価値，基礎的原理，B. 民主主義と知的自由（表現，思想，良心の自由など）を推進するための図書館および専門職の役割，C. 図書館及びライブラリアンシップの歴史，D. 人間のコミュニケーションの歴史と図書館への影響，E. 図書館の種類と密接な関連のある情報機関，F. 国内的および国際的な，社会，公共，情報，経済，政治に関する政策と図書館情報専門職に関係する重要な趨勢，G. 図書館や情報機関の運営に関わる法的な枠組み（著作権，プライバシー，表現の自由，平等の権利，知的財産権），H. 図書館，図書館員およびその他の職員への図書館サービスの効果的なアドボカシーの重要性
2. 情報資源	次のことに関係する考え方と問題点および方法　A. 記録された知識と情報の，創成からさまざまな段階を通じて廃棄されるまでのライフサイクル，B. 評価，選定，処理，蓄積，除去など資源の取得と廃棄，C. コレクションの管理，D. 資料保存・補修などコレクションの維持
3. 記録された知識と情報の組織化	A. 組織化と表現の原理，B. 組織化に必要な展開・記述・評価スキル，C. 目録，メタデータ，索引および分類の作業の標準と方法
4. 技術的知識とスキル	A. 資源，サービス，および図書館やその他の情報機関の利用に影響を与える，情報・通信技術，支援技術，およびその他の技術，B. 専門職の倫理や一般的なサービス基準などと整合する情報・通信技術，支援技術，およびその他の技術，C. 技術集約的な製品やサービスの仕様，効能，費用効率についてのアセスメントと評価の方法，D. 関連する技術改善の導入のために新しい技術や革新を特定し分析するのに必要な基準と技法
5. レファレンスサービスと利用者サービス	A. サービスの原理と技法，B. 情報の検索，評価，統合の技法，C. 利用者に対して，相談，仲介，指導を行う方法，D. 情報リテラシー，数値リテラシー，統計リテラシー，E. 特定の利用者グループに対するアドボカシーの原理と方法，F. サービスと資源コレクション形成に及ぼす現在あるいは今後出現する状況をみきわめる原理と方法
6. 調査・研究	A. 量的・質的調査方法の基礎，B. 現在の研究上の知見や研究文献，C. 新しい調査・研究の価値を判断する原理と方法
7. 継続教育と生涯学習	A. 図書館およびその他の情報機関の実務者の継続教育の必要性，B. 利用者の生涯学習における図書館の役割，C. 学習理論，教育方法，成果測定など，D. 記録された知識・情報を探し，評価し，利用する考え方，処理の仕方，そしてスキルの教育・学習原理
8. 管理と経営	A. 図書館その他の情報機関での計画と予算の原理，B. 効果的な人事研修および人的資源開発の原理，C. 図書館のサービスと成果のアセスメントと評価の考え方と方法，D. 関係者との，そしてコミュニティ内での，連携，協力，ネットワークを作り上げる考え方および方法，E. 信念にもとづき，柔軟に対応するリーダーシップの考え方と問題点

http://www.ala.org/ala/educationcareers/careers/corecomp/corecompetences/finalcorecompstat09.pdf

UNIT 36 ●財務と活動の集約
公共図書館の財政制度と財務計画

財源

●··········公共図書館の財源

　公共（立）図書館を設置・運営するには財源（資金）が必要である。財源は通常，税金を中心とする公的資金で賄われる。公的資金は，調達方法の違いにより自主財源と依存財源に，使途が特定されるか否かにより特定財源と一般財源に分けられる。自主財源とは各自治体が住民から徴収する地方税や使用料のことであり，依存財源とは自主財源では足りない分について国から補填される地方交付税や長期間にわたる借金である地方債などを指す。一方，特定財源は国庫補助金や地方債など使い道が限定されるものを，一般財源は地方税や地方交付税など各自治体の判断で自由に使ってよいものをいう。

税金
公的資金
自主財源
依存財源
特定財源
一般財源
地方交付税
地方債
国庫補助金
地方税

　ここでは財源全般にかかる基本的な枠組みや，図書館財務の全般的な動向について述べ，補助金などの特定財源を中心とする図書館振興に関してはUNIT 37で，地方交付税などの一般財源の活用状況はUNIT 38においてそれぞれとりあげる。

●··········予算の編成と歳出予算の科目

歳入計画
歳出計画
予算

　財源の調達方針（歳入計画，予算を確保する計画）と経費の適正な執行プラン（歳出計画，予算に従って事業を行う計画）を合わせた一連のプロセスを，一般に予算と呼んでいる。予算は自治体における財務計画の中心をなすものである。

予算編成

　予算編成は，国の省庁における概算要求の期限が例年8月末日までとされていることもあり，10月から11月頃に行われるのが一般的である。ただし自治体によっては歳出予算全体の規模を把握するため，これより前に推計などを行うことがある。

予算編成方針
予算要求案

　各自治体では，財政当局から翌年度の予算編成方針が示された後，図書館などの事業担当部局が予算要求案を作成する。予算要求案はその後さまざまなレベルでの折衝等を経て，最終的には首長が査定し，1月頃査定額が各部局に内示される。ただし予算に関して，首長は「年度開始前に，議会の議決を経なければならない」（地方自治法第211条第1項）と定められているため，正式決定は2月から3月にかけて開催される議会の終了後となる。このように，1年の大半が翌年度の当初予算の編成に費やされる。

当初予算
補正予算

　当初予算だけでなく補正予算も重要である。年4回開催される議会のうち，6月

および9月の議会では国庫補助金額の決定などを受けた増額補正が，11（12）月と2（3）月の議会では執行残などの減額補正が審議される。こうした仕組みを通じて，単年度（会計年度）の中で予算を適切に執行することが求められる。

単年度
会計年度

表36-1　図書館に関わる予算科目

	節	図書館に関係する主な内容
人件費	1　報酬	議員のほか，任命行為に基づく非常勤職員に対して支払われるものをいう。図書館協議会委員の報酬などが該当する。
	2　給料	任命行為に基づく常勤職員の給与はこの節に計上する。人件費の大半を占めるが，通常は一括計上され，図書館費の中に含まれることはないので，図書館単位で人件費と物件費を比較するときは注意が必要である。
	3　職員手当等	時間外勤務手当等，2節の給料に対応するさまざまな手当を含む。
物件費	7　賃金	任命行為によらず雇用契約に基づく臨時職員へ支払われる賃金はここに計上する。
	8　報償費	1節の報酬と異なりサービスの提供に対する代価を指す。講師謝金などが該当する。
	9　旅費	公務のための普通旅費のほか，1節の報酬受給者に対する実費支給（費用弁償という）を含む。
	11　需用費	備品以外の物品の取得のほか，比較的短期間に消費される性質の経費はこの節に計上する。消耗品費（文具，新聞・雑誌など），印刷製本費（広報紙印刷，修理製本など），光熱水費（電気・水道等の使用料），修繕料（備品・設備の小修繕）などが含まれる。
	13　委託料	委託に要する経費は原則としてすべてこの節に計上する。図書館システムの構築から清掃業務にいたるまで，範囲は大変広い。
	14　使用料及び賃借料	賃貸借契約に基づいて支払われる費用で，会場借上料などのほか，MARCやCD-ROM，外部データベースの使用料はこの節に計上する。
	18　備品購入費	11節の消耗品費と異なり，書架や事務機器など，比較的長く使用しかつ保存できる物品の購入にあてる費用である。ただし絶対的な基準があるわけではない。図書は通常備品とされているが，各自治体が財務規則により金額で分けている場合は，一定金額以上の図書を備品，それ以下は消耗品として区別される。
	19　負担金，補助金及び交付金	図書館がある団体の構成員として，取り決めに基づいて当該団体の必要経費を支払うときはこの節による。日本図書館協会の負担金や，他の図書館関係団体が実施する研修への参加費などが該当する。

　予算の様式は，省令や規則で細かく定められている。その作成にはかなりの技術的知識が必要なため，財務は難しいといわれる一因にもなっている。ここでは，財務担当者以外でも知っておく必要がある歳出予算の科目について簡単に触れておく。歳出予算の科目は，「地方自治法施行規則」第15条別記1および3により区分の基準が示され，上から順に款（土木費，教育費など），項（小学校費，社会教育費など），目（公民館費，図書館費など）までは目的別に，その下の節は性質別に分類されている。このうち節については，定められた28節に分類することが義務づけられており，節の勝手な変更や新設は認められない。予算の透明性確保や全国的な統計処理の必要性などがその理由とされるが，どの節に計上すればよいのか迷うケースも

少なくない。

　歳出予算はまた，そのおおまかな性質に着目して人件費，物件費，扶助費などに区分される。ただし人件費といっても，人に対して支払われる経費がすべて該当するわけではなく，アルバイトの賃金などは物件費として扱われる。

　表36-1は，予算科目28節のうち，公共図書館で歳出予算を編成する際に計上されることが多い節とその主な内容を掲げたものである。

●………図書館財務見直しの背景

執行　　　このように，公共図書館においては，必要経費を節に区分した予算要求案を作成することと，議会で審議され首長から示された額を年度内に過不足なく執行することが財務事務の中心となる。資料費確保などのために財政当局と粘り強く折衝する場面はあるものの，最終的には，与えられた予算枠の中で事業を進めることが求められてきた。図書館が自ら財源を調達したり，予算執行の責任を問われたりするようなことはなかったといってよい。

　ところが近年，図書館財務のあり方にも変化の波が押し寄せるようになってきた。背景には，自治体の財政状況の悪化とともに，国の財政制度や公会計制度の改革に向けた大きな動きがある。

●………一般財源の縮小と予算配分の重点化

財政状況　　日本の財政状況は1990年代初頭のバブル崩壊以降，悪化の一途をたどった。特に地方財政は深刻で，自主財源の増加を見込めないばかりか，これまで日本の地方自治を財源面で支えてきた地方交付税の抑制傾向などもあり，危機的な状況にある。

マイナスシーリング　　こうした中，各自治体は，予算要求額を一律にカットする方式（マイナスシーリング）を採用する一方，政策的な配分，すなわち不要な事業を廃止して成果の見込める事業へ重点的に予算を配分する方法をとるようになってきた。図書館もこの影響を受けざるをえない。一般財源が縮小する中，単に図書館サービスの意義を抽象的に訴えるだけでは不十分で，具体的な経営計画を立てて財政当局に強くアピールする姿勢が求められる。このため，サービスを評価するための指標を設定し，その測定結果を提示する図書館が増えてきた。

●………公会計制度改革などの動向

公会計制度
NPM　　　1980年代以降のイギリスなどで取り組まれた，いわゆるNPM（UNIT 46　新しい公共経営を参照）は，日本の行財政改革にも影響を及ぼし，特に2000年以降において，公会計制度の改革や行政評価と予算編成の連携推進などの取組が進められ
行政評価　　るようになった。

これまで日本の自治体の会計（公会計）は，単式簿記および現金主義を基本としてきた。このため，金の流れ（フロー）を把握することはできても資産の状況（ストック）を明らかにするのは困難だった。また，一般（普通）会計と特別会計の区分により予算の仕組みが複雑になり全体把握が困難，あるいは単年度主義による弊害などが指摘され，現在の改革の方向は，これらの課題を克服するために企業会計的手法を導入するもので，熊本県宇城市などのように，貸借対照表（バランスシート）や行政コスト計算書を作成しようとする自治体が現れている（小林麻理編『公共経営と公会計改革』三和書籍，2013, p.169-176）。

> 単式簿記
> 現金主義
> フロー
> ストック
>
> 企業会計的手法
>
> 貸借対照表
> バランスシート

公会計制度については，国の「基本方針 2006」において，地方自治体に対し「国の財務書類に準拠した公会計モデルの導入に向けて，団体規模に応じ，従来型モデルも活用しつつ，計画的に整備を進めるよう要請する」とされたことを受け，新しいモデルを採用する自治体が増えてきている。

また行政評価に関しては，2013 年 10 月 1 日現在で，全国の自治体の 59.3 ％で導入され，予算要求や査定などに活用されている。

● ……… 図書館財務への影響

今後，こうした動きが公共図書館に及ぶことは十分に考えられる。そもそも図書館には蔵書という大きな資産があり，住民サービスとの関係でこれをどう評価するかは重要な課題といえる。図書館関係者の中からも貸借対照表を導入する必要性について指摘する声が出てきている。

多年度計画と単年度予算との矛盾も広がっている。公共図書館では新館を建設する際はもちろん，それ以外のときでも，サービス計画などの形で 3〜5 年程度の事業計画を立てることがある。しかし歳出予算の執行が単年度であるため，次年度以降の事業計画案が予算に反映される保証はなく，財源の調達状況により毎年見直しを迫られるのが普通である。また，大きな執行残は減額補正の対象となることが一般的で，翌年度の事業に振り向けることは原則としてできない仕組みになっている。

> 多年度計画

今後の行政改革の進捗状況と企業会計的手法の導入いかんによっては，近い将来，公共図書館において長期的な財務計画の作成が進められることも考えられよう。公共サービス全般に対する住民の眼がますます厳しくなる中，説明責任を果たす上からも，財政制度や財務事務に対する十分な知識と理解が必要である。

UNIT 37 ●財務と活動の集約
公共図書館の設置振興と補助金

●………財源としての補助金

補助金

　補助金とは,「国,地方公共団体等が特定の事務又は事業（産業の育成・社会福祉・公共事業等）を実施する者に対して,当該事務又は事業を助長するために恩恵的に交付する給付金をいう」（大鹿行宏編『補助金等適正化法講義』大蔵財務協会,2011, p.14）。交付金や助成金などと呼ばれることもある。補助金のうち,国が支出するものを国庫補助金といい,法律に基づくものは法律補助,法律に基づかないものは予算補助といわれ,区別される。

国庫補助金
法律補助
予算補助

　補助金はあらかじめ使途が決められている特定財源の一つである。公共（立）図書館の財源全体に占める比率からみるとそれほど大きなものではないが,文部科学省による「公立社会教育施設整備費補助事業」などのように,わが国の図書館の設置振興に少なからぬ役割を果たしたものもある。ここではさまざまな補助金と図書館整備との関係について概観する。

●………文部科学省による公立社会教育施設整備費補助事業

公立社会教育施設
整備費補助事業

　公立社会教育施設整備費補助事業は,1951年,図書館法第20条の規定に基づく法律補助事業として始まった。内容は,地方自治体が図書館を建設する際,本体工事にかかる経費の一部を国が補助するというものである。補助金の交付に際しては,館長が司書資格を有することと最低基準を満たすことが交付の要件になっていた。

　この事業により整備された公立図書館の数は900館を超えるといわれている。例えば1976年度から1990年度までの15年間でみると,この間に建設された925館の約60％に相当する562館が補助金の交付を受けている（日本図書館協会図書館年鑑編集委員会編『図書館年鑑1991』日本図書館協会,1991, p.15）。

　その後も図書館の新設・新築は続くが,補助金の交付件数そのものは減っていく。1997年には館数で8館,金額で13億円にとどまり,1994年の15館,73億6000万円を大幅に下回る状況になった。この時期,新設・新築された図書館の総数に大きな減少はみられないことから,自治体が図書館を整備する際,公立社会教育施設整備費補助金から,財源面でより有利な起債方式に切り替えるケースが増えたのだろうと推測されている。

交付を受ける図書館の数が減ったことと，図書館整備率が 5 割を超えたことなどを理由に，1997 年度をもって公立社会教育施設整備費補助事業は廃止されることになった。廃止が図書館界に与えた動揺は小さくなかった。次に述べる都道府県の補助金廃止もあって，これ以降，公立図書館の建設は伸び悩む。

● 都道府県による市区町村立図書館の振興方策

公立社会教育施設整備費補助事業は，半世紀近くの間，わが国の公立図書館の設置振興を支えてきた。これほどの長期間ではないものの，都道府県レベルでさまざまな時期に市区町村の図書館建設に対して資金援助が行われてきた。

よく知られているものとして，「図書館政策の課題と対策」に基づき 1971 年から実施された東京都，および「図書館振興に関する提言」を受けて 1981 年に始まった滋賀県の，二つの補助事業がある。東京都では，1976 年に制度が廃止されるまでに約 14 億円が投入された。また，滋賀県においては，1991 年に振興策の改定を行い，小さな自治体の図書館設置を促進するための補助を充実させたことにより，町立図書館の新設が相次いだ。どちらのケースも建設費の補助のほか，資料購入費等の支援を行うなどソフト面にも配慮し，域内の図書館発展に大きな影響を与えたといわれている。

東京都

滋賀県
補助事業

この二つ以外にも，市町村に対して補助金を交付する県は存在した。しかし，国庫補助を受けていることを施設面での補助の交付要件にしていたところが多く，公立社会教育施設整備費補助事業の廃止に伴って補助金を打ち切る県が相次いだ。1997 年度を最後にして補助金を廃止した都道府県は 14 にのぼるが，そのうちの 11 県が国の補助事業の撤廃を理由としてあげている（宮原みゆき「都道府県の市町村に対する図書館建設補助金はどうなったのか？」『みんなの図書館』254, 1998, p.46-50）。その後，都道府県による図書館振興策の中で補助金の占めるウェイトは低下していく。2003 年の調査によれば，市町村に対して補助金を支出しているのは 4 県を数えるのみとなった（『図書館及び図書館司書の実態に関する調査研究報告書－日本の図書館はどこまで「望ましい基準」に近づいたか』国立社会教育研究所社会教育実践研究センター，2004）。

● 文部科学省以外の国の補助金を活用した図書館設置

施策として図書館の設置振興を推進するのは文部科学省の役割である。したがって，同省からの補助金があればこれを活用するのが一般的だといえる。しかし補助金額や交付要件等の関係から，他の省庁の補助事業を利用して図書館の設置促進を図る自治体も少なくない。

古くからのものとして，「防衛施設周辺の生活環境の整備等に関する法律」（1974

施設周辺整備助成補助金　（昭和49）年）に基づいて防衛省から支出される「施設周辺整備助成補助金」（旧法時代の1966年から計上）がある。2011年度以降は，図書館や公民館などのバリアフリー化や施設の安全性向上のための改修工事にも対応するようになった。また，

電源立地地域対策交付金　「電源立地地域対策交付金」（「発電用施設周辺地域整備法」（1974（昭和49）年）に基づき資源エネルギー庁から交付）は，交付対象措置の一つとして，発電用施設（建設準備中，工事中を含む）が所在する市町村と周辺市町村における学校や図書館など公共用施設の整備・維持補修等をあげている。さらに，補助金ではなく起債

過疎地域自立促進特別措置法　方式であるが，2010年に「過疎地域自立促進特別措置法」が改正になったことで，特別地方債（いわゆる「過疎債」）の交付対象事業に図書館法の公立図書館が新たに追加されることになった。人口規模の小さな自治体の中には，この過疎債を活用して図書館をつくる動きもある。

　　これらは地域が限定される法律補助事業であるが，各省庁によるその時々の予算補助を含めれば，一般的に使える補助金はいくつかある。財政難の中で，多額の資金を必要とする図書館建設や整備を進めるのは容易なことではない。どのような財源があるか常に周囲に目を配り，その都度多角的な検討を加えることが必要である。

● ………国の補助事業の変化－ハードからソフトへ

　こうした一部省庁による補助事業はあるものの，全体として，図書館のハード面を対象にした公的資金援助はかつてほどではなくなっている。

　文部科学省の補助も，設置より振興，情報化の推進や学習機会の提供などのソフト面への支援事業が中心になっていく。

　他の省庁から交付される補助金にもこの傾向はあてはまる。その一つが，厚生労

雇用創出基金　働省の所管する「雇用創出基金」である。これは，地域の雇用環境が改善されない状況にあって，雇用機会の確保を図るため，2008年度の補正予算として措置が始まった一連の補助金のことである。図書館が主な対象というわけではなかったものの，2011年度末までに4500億円の予算が支出された。「緊急雇用創出事業」の基金を，蔵書データの整備や資料のデジタル化，読書活動の推進などに活用した自治体は多い。

地域活性化交付金　もう一つは，2010年度の補正予算で計上された内閣府所管の「地域活性化交付金」（「住民生活に光をそそぐ交付金」）である。住民生活にとって大切な分野でありながら，これまで十分に光が当てられてこなかった取組の支援を目的とするもので，知の地域づくりを進めるための「図書館のサービス充実」が一例としてあげられた。雇用創出基金に基づく事業が雇用機会の確保を主な目的としたのに対し，住民生活に光をそそぐ交付金は，図書館機能そのものを高めることも支援の対象とした点に大きな特徴がある。予算総額1000億円のうち約400億円，数で見ると全国の9割

を超える自治体が，公立図書館や学校図書館の図書購入や備品整備などの関係に，この交付金を活用したという（「地方財政と図書館－光交付金で図書館整備を」『LISN』155，2013，p.1-17）。

● 東日本大震災以後－再びハードを

　2011年3月11日に発生した東日本大震災は，日本人の生活を根底から覆す未曾有の大災害となった。各種の社会的インフラが被った被害は甚大で，図書館もその例外ではなかった。2012年9月時点で，全国の社会教育施設の被害件数は3,397件，そのうち251件が図書館である（文部科学省調査による）。

　これらの施設の整備・復旧を目的に，文部科学省は2011年度の補正予算で，総額400億円の「公立社会教育施設災害復旧費補助金」を計上した。「激甚災害に対処するための特別の財政援助等に関する法律」（1962（昭和37）年）に基づく財政措置である。[公立社会教育施設災害復旧費補助金]

　大きな被害を受けなかった自治体でも，今回の大震災を契機に，公共施設の耐震問題があらためてクローズアップされた。すでに2006年には，「建築物の耐震改修の促進に関する法律」（1995（平成7）年）に基づく国の基本方針により，学校や病院など「多数の者が利用する建築物」については2015年度末までに少なくとも9割の耐震化率をめざす，とされていた。しかし期限が近づいた現在，学校施設と比較して，社会教育施設の耐震補強は必ずしも順調に進んでいるとはいえない状況にある。図書館が安心してサービスを提供できる施設となるような財政支援の取組が求められる。

● 財源の多元的な活用

　国の補助金は一般に政策的な色合いが濃く，政権が交代すると打ち切りになってしまうケースが少なくない。また，補正予算として計上されることがあるなど，長期的な視点に立った計画的対応が難しい側面もある。こうしたことから，一般財源化して継続的・安定的に措置するのが本来の予算のあり方だとする指摘もある。一方で，古くは公立社会教育施設整備費補助金，近年では「住民生活に光をそそぐ交付金」がもたらした成果をみると，補助金なしに今日の日本の公共図書館の発展があったとは考えにくい。依然として財政難が続く中，一般財源をベースにしながらも，時代状況やニーズに対応した補助金を積極的に活用し，財源の多元的な運用を心がける必要がある。

　注記　2020年度から開始された「新型コロナウイルス感染症対応地方創生臨時交付金」が，図書館パワーアップ事業として，在宅中の利用者向けに図書購入とともに非来館型サービスとして電子図書館事業を行う図書館が増加した。

UNIT 38

●財務と活動の集約

公共図書館の財務状況

●………地方教育費調査に見る財源別概況

　公共（立）図書館の財源の内訳は，文部科学省が毎年実施している「地方教育費調査」から知ることができる。2012会計年度の調査結果によると，全国の市町村の図書館費総額約2492億円のうち，国庫補助金が32億円（1.3％），都道府県支出金が8億円（0.3％），市町村支出金が2342億円（94.0％），地方債108億円（4.3％），その他2億円（0.1％）となっている。同じく都道府県では，総額約262億円のうち，国庫補助金6億円（2.3％），都道府県支出金249億円（95.0％），地方債7億円（2.7％）である。一般財源（市町村では市町村支出金，都道府県では都道府県支出金が該当する）の占める割合が全体の95％程度ときわめて高い。この割合は，過去10年間の平均を見ても市町村で94.0％，都道府県では93.5％となっている。このことからわかるように，公共図書館の主な財源は一般財源である。

●………地方交付税と図書館の資料費

地方税

　一般財源の中心は地方税である。2011年度における地方財政の歳入決算額をみると34兆1714億円となっており，地方自治体の一般財源の総額55兆4576億円の

地方交付税

61.6％を占めている。地方税の次に多いのは地方交付税で，同じく決算額でみると18兆7523億円，33.8％を占める重要な財源である。地方交付税は，正式には「普

普通地方交付税交付金

通地方交付税交付金」という。一つの自治体が標準的な行政サービスを行うために必要な費用（基準財政需要額）がその団体の標準的な収入額（基準財政収入額）を

基準財政需要額

上回るとき，不足する財源を国が保障し当該地方自治体に配分するものである。ほとんどの自治体が交付を受けており，近年の不交付団体は東京都を含めて全国で50前後で推移している。

　自治体が図書館を運営するために必要な費用は，この基準財政需要額の算定基礎の一つになっている。表38-1は，2012年度における県および市町村の標準団体（県は人口規模170万人，市は10万人）における図書館費の算定基礎額を示したものである。なお，人件費と需用費等以外の，施設維持管理等にかかる経費については，2003年度以降，社会教育施設費の中で一括算定されている。

表 38-1　標準団体の図書館関係経費

標準団体	県	市
人口規模	170万人	10万人
図書館数	1	1
図書館費　人件費	188,370千円 ・給与（職員数28人） ・図書館協議会委員報酬(委員9人)	56,640千円 ・給与（職員数8人）
図書館費　需用費等	52,538千円 ・図書及び視聴覚資料購入費等	20,054千円 ・図書，視聴覚資料購入費等

　需用費等の大部分を占めるのは資料購入費である。この額は2002年度までは1500万円前後で推移していた。それが「図書購入費等図書館関係経費を充実」するなどの方針により（地方交付税制度研究会編『地方交付税制度解説－単位費用篇（平成15年度）』地方財務協会，2003, p.218），2003年度に2144万9000円と前年度比で26.3％増額された後，2000万円をやや上回る状態で推移している。この需用費と，10万人規模（人口9万5000～10万4000人）の市立図書館の実際の資料購入予算を比較したのが図38-1（標準団体（10万人規模の市）における資料購入費の推移）である。各年度の予算額は『日本の図書館』によった。ただし，新館開設時などのように単年度のみ突出した資料費を計上する図書館は除いてある。この図をみると，2006年度以降，両者の差がほとんどなくなっていることがわかる。その中で2011年度の平均予算額が大きく増えているが，翌年度には元に戻っているところを見ると，「住民生活に光をそそぐ交付金」の影響と思われる（UNIT 37を参照）。

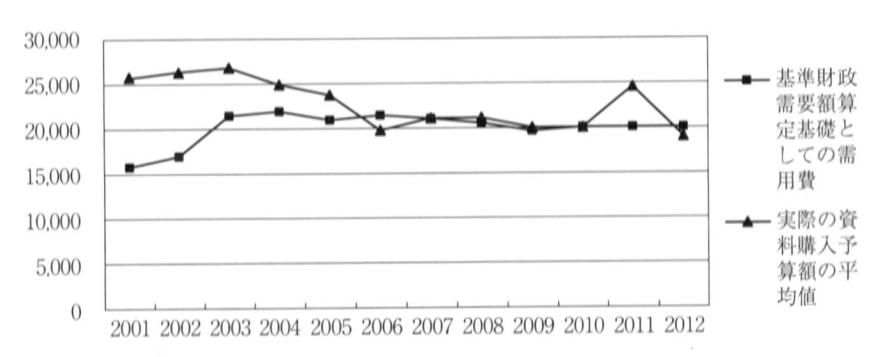

図 38-1　標準団体（10万人規模の市）における資料購入費の推移（単位：千円）

　かつては地方交付税の額の少なさが叫ばれる一方，実際の予算計上額が算定基礎額を大きく上回っていた。例えば1991年度などは，算定基礎額691万2000円に対して予算額の平均が3422万7000円と，約5倍も開きがあった。自治体の規模や施

策の違いもあり一概にいうのは困難であるが，以前と比べ，地方交付税の算定額を上回る資料購入費を予算化する自治体は減少している傾向がみてとれる。

支出項目

● 支出項目別に見る図書館費

地方教育費調査からは，財源別の内訳のほかに，支出項目別の内訳もわかる。

2012会計年度の調査結果によると，市町村と都道府県を合わせた図書館費総額約2753億円のうち，管理・運営等にかかる経費が959億円（34.8％），人件費が1017億円（37.0％），備品費や資料購入費などが234億円（8.5％），土地・建築費が199億円（7.2％），債務償還費が344億円（12.5％）となっている。さかのぼって2001年度は，総額約3373億円のうち，管理・運営費が836億円（24.8％），人件費1331億円（39.4％），備品等購入費360億円（10.7％），土地・建築費302億円（9.0％），債務償還費544億円（16.1％）だった。この間，総額では約18％の減となっている。各年度で多少の増減はあるものの，全体的な傾向として図書館費は少しずつ減ってきている。なお比率では人件費が全体の3分の1を超えており，最も高くなっている。市町村と都道府県の別でみてもほぼ同じような減少傾向にある中，この人件費に関しては，かつては市町村のほうが高い割合を示すことも少なくなかったのに対して，今では都道府県のほうが上回る傾向にある。

● 社会教育施設における人件費の比較

博物館
青少年教育施設
体育施設

このように，図書館は人件費の占める割合が高い施設といえるが，他の社会教育施設はどうであろうか。同じ2010年度で比べてみると，博物館と青少年教育施設では管理・運営費が最も高く，前者が35.4％，後者が41.4％を占めている。体育施設の場合には，土地・建築費と債務償還費を合わせて45.4％に達する一方，人件費は5.9％と低い。公民館は図書館と同じような傾向にある。

表38-2　社会教育施設における人件費の割合の推移

	2001	2002	2003	2004	2005	2006	2007	2008	2009	2010
図書館	39.5	39.0	38.6	38.0	38.2	40.8	38.0	39.8	38.5	37.3
公民館	32.7	33.6	34.2	34.4	35.1	36.7	36.9	36.2	33.6	34.1
青少年教育施設	33.2	34.6	35.6	29.2	30.8	30.1	31.5	30.8	29.6	30.1
博物館	18.0	19.1	19.7	21.1	21.7	22.1	23.5	24.4	23.4	23.7
体育施設	6.6	6.6	7.0	6.7	6.4	6.4	6.5	6.5	5.9	5.9

表38-2と図38-2は，人件費に焦点を当て，5つの社会教育施設におけるその推移を比較したものである。2001年度と比べ，2010年度は図書館が2.2ポイント，

青少年教育施設が3.1ポイント,体育施設が0.7ポイントの減となっている。図書館の人件費については,「1990年代後半以降,伸びが減少している。正規職員から非正規職員への転換が進んでいるのかもしれない」(松本直樹「公立図書館経費の経時分析」『東京大学大学院教育学研究科紀要』47巻,2007)と指摘されたが,次に述べる指定管理者制度の導入状況をみると,今後さらに減少する可能性がある。

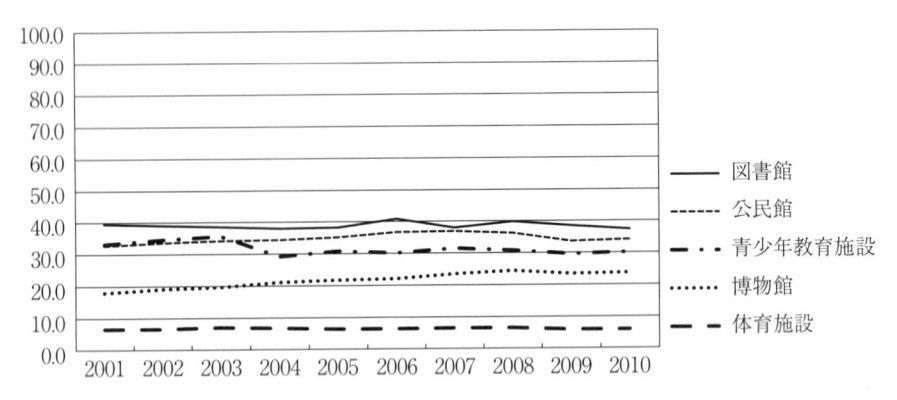

図 38-2　社会教育施設における人件費の割合の推移

● 指定管理者制度と人事管理

　2021年の「社会教育調査(中間報告)」によると,公立の社会教育施設のうち,31.8％で指定管理者制度が導入されている。前回2018年の調査と比較すると1.3ポイントの上昇である。施設別にみると,劇場・音楽堂等が最も多く60.1％(2018年の調査では58.8％,以下同じ),ついで青少年教育施設が46.3％(42.5％),社会体育施設が42.1％(40.7％),女性教育施設が36.2％(35.8％),生涯学習センターが33.5％(32.4％),博物館類似施設が30.8％(31.2％),博物館が26.5％(25.9％),図書館が20.8％(18.9％),公民館が10.7％(9.9％)の順となっている。

　図書館は,体育施設のようなハコモノの維持管理を基本とする施設とは異なり,人的支援サービスが大きな柱の一つである。このため人件費率が高いのは当然ともいえるのだが,指定管理者の導入が2割を超えた背景には,効率的な人事管理を求める行財政改革の流れが図書館にも及んできた状況がみてとれる。人にかかる経費をどのように考え,職員の質をどうやって確保するかは,図書館運営の根幹にかかわる重要な課題である。

UNIT 39 ●財務と活動の集約
図書館サービスの課金

●……… 図書館財源の多元化と課金問題

日本の公立図書館の運営経費は公的資金で賄われているが，近年財政状況の悪化により，公的資金だけで十分な予算を確保することが年々難しくなってきている。このため，わが国においても，独自収入源の確保や外部資金の調達など図書館財源の多元化を求める動きが，少しずつではあるが出始めている（option N 参照）。

外部資金

●……… 「基本的なサービス」と「特別なサービス」

基本的なサービス
特別なサービス

米国では，1980 年代に入ってから課金をめぐる議論が活発化したといわれている。もちろんそれ以前にも，利用者からお金を徴収することがまったくなかったわけではない。米国の公共図書館では，日本の公立図書館で一般的に行われている所蔵資料の複写物提供のほか，当該図書館の方針によっては，次に掲げるようなサービスに関し料金徴収が行われてきた。

①ベストセラー本の貸出，②予約資料の取置き，③相互貸借の利用，④延滞料，⑤集会室の利用，⑥在住者以外の利用，⑦機器の貸出

これらの料金徴収の主な根拠になったのは，図書館サービスを基本的なサービスと特別なサービスに分ける考え方である。基本的なサービスは無料でなければならないが，特別な要求に対しては対価を徴収し，そこで得た収入を基本的なサービスの充実に振り向ける，というのがこの考えの大筋である。しかしながら，なにが基本的でなにが特別かの区分は論者の立場によって異なるし，時代状況にも大きく左右される。1980 年代以前には両者の境目が問題にされることはあまりなかったようであるが，主として有料データベースの導入をきっかけに，サービスの種類によって課金の是非を決することの難しさが明らかになるに従い，さまざまな議論を生むことになった。

有料データベース

●……… 「無料原則」と「図書館資料の利用」の範囲

無料原則

図書館法第17条

日本の公立図書館では，図書館法第 17 条において，「公立図書館は，入館料その他図書館資料の利用に対するいかなる対価をも徴収してはならない」と規定されている。図書館サービスへの課金は，原則としてできない。このため，これまで所蔵

資料の複写物提供における「実費」を除いて対価の徴収はなく，また課金について議論されることもほとんどなかった。

　課金の問題がわが国でクローズアップされたのは，1990年代の後半，米国における議論の活発化のきっかけにもなった有料データベースが，一部の公立図書館で導入されるようになったときである。当時の有料データベースは，今と違って，検索の回数や時間によって使用料金を課すシステムが一般的だったため，利用者から対価を徴収するか否かは図書館にとってきわめて現実的な問題だった。このとき，無料原則との関係をどうとらえるかが議論の焦点になり，当時の生涯学習審議会図書館専門委員会は「図書館において［中略］外部の情報源へアクセスしてその情報を利用することは，図書館法第17条にいう『図書館資料の利用』には当たらないと考えるのが妥当である」との見解を示した（生涯学習審議会社会教育分科審議会計画部会図書館専門委員会「図書館の情報化の必要性とその推進方策について－地域の情報化推進拠点として－（報告）」1998）。同報告はさらに，「電子化情報サービスに伴う通信料金やデータベース使用料などの対価徴収については，それぞれのサービスの態様に即して，図書館の設置者である地方公共団体の自主的な裁量に委ねられるべき問題」とも指摘し，データベースの利用に際して使用料金を徴収する道をひらくことになった。

　しかしその後，インターネットが急速に普及するとともに，図書館向けに定額でサービスを提供する有料データベースが次々に登場したこともあって，課金徴収の緊急性はやや薄らいだ部分もある。最近では，データベース以外にも，延滞料金や集会室使用料金の徴収を規則に掲げる図書館がいくつか出てきてはいるが，これらも通常の図書館資料の利用の範囲を越えるものと見なされるため，広範な関心を呼ぶまでには至っていない。

● ………… 米国の課金論争

　米国では，以前ほどではないものの，課金をめぐる議論は現在も行われている。論者の見解はさまざまであるが，大きく分ければ原則論と現実主義の二つの立場になるであろう。前者は，公共図書館の本質に照らして無料原則を一貫して支持する立場である。論拠として公共財（public goods）の理論が援用されることもあるし，社会的正義（公正）論が引き合いに出されることもある。後者は，課金がすでに幅広く行われている現実から出発し，一つの資金源として位置づけ，どうやって獲得するかという実務的な側面を重視する立場である。

　少し前のデータになるが，1991年にイリノイ大学の図書館研究センターが全米の市民を対象に行った電話調査がある。これによると，「あなたの地元の公共図書館が財政危機に直面したら，どのようにしてほしいですか」という質問に対する回

答は表 39-1 のとおりであった。

表 39-1　公共図書館の財政危機への対応に関する住民調査

要望	回答数	百分率
税金を上げる	515 人	43.6 %
利用の対価を徴収する	481 人	40.7 %
サービスを切り詰める	95 人	8.0 %
回答なし	90 人	7.6 %
(回答者総数)	1,181 人	100.0 %

　回答なしを除くと,「税金を上げる」が 47.2 %,「利用の対価を徴収する」が 44.1 % となり, 市民の意見が完全に二分されていることがわかる (Mark T. Kinnucan, Mark R. Ferguson, Leigh Estabrook. "Public Opinion toward User Fees in Public Libraries," *Library Quarterly*, 68(2), 1998.6, p.191)。

● ……… 図書館は公共財か

　公共財は, 市場経済における個々人の自由な経済活動に任せておくと確保できない財として, なんらかの共同的な支出で賄われるものである。経済学的な意味でいえば, 排除性（対価を支払わない消費者を排除すること）が難しく, 控除可能性（ある人の利用が他の人の利用の可能性を減少させる）が低い, あるいは競合しないというのがその特徴である。このような公共財は, 純粋にはかなり限られたものである。例えば, 国防とか警察のようなものであるが, 人々が社会生活を営むのに不可欠な共有知識なども公共財だといえないこともない。

　しかし, 現実に図書館のサービスでは, 排除性は困難なものだとしても, 控除可能性は基本的には存在しうるものである。図 39-1 は, エリノア・オストロム (Elinor Ostrom) らが共有財産（コモン財）の説明のために示したものである (Charlotte Hess, Elinor Ostrom. "Ideas, Artifacts, Facilities: Information as a Common-Pool Resource," *Law and Contemporary Problems*, 66(1/2), p.120)。象限図として高低や容易・困難で四分されているが, その尺度は相対的である。これでは, 図書館はコモン財と位置づけられている。図書館に確保される知識や情報でも, 共有知識の範囲に入るもの, つまり控除可能性の低いものもあるが, 今やきわめて専門性の高い知見で, 希少性が高く控除可能性が高いものもある。

　図書館を公共財とみなそうという立場は, 前者の領域, つまり共有知識の範囲を拡張する。たとえ当初は控除可能性の高い情報・知識でも, それをあまねく提供することによって, 控除可能性を低くできるから, 公共図書館はそのような役割を果たすべきだというのである。誰もが知らなくてはならない共有知識の範囲に, 公共

図書館サービスが入る限りは，この図でも，図書館サービスは公共財に分別されるといってよい。しかし，今日の社会では，一般の人々にも高度な情報サービスが不可欠になっており，このあたりは図書館を支えるコミュニティの意向を反映させた判断が必要になっているといえる。

		控除可能性（Subtractability）	
		低	高
排除性 （Exclusion）	困難	公共財 （Public Goods） 夕焼け空，共通知識	共有資源（コモン財） （Common-Pool Resources） 灌漑システム，図書館
	容易	クラブ財 （Roll or Club Goods） デイケア・センター， カントリークラブ	私的財 （Private Goods） ドーナツ， 個人用のコンピュータ

図 39-1　財の類型

あるレベル以上のサービスをコモン財というならば，そこに属するコミュニティの人々が税以外にそれを分けもつ必要がある。個別にそのサービスを利用する対価を考慮するならば，改めて受益者負担としての課金が問題となる。公共図書館サービスの例としては，基本的な館内閲覧サービスや18歳以下の利用者にはおおむね無料サービスをしているが，貸出やネットワーク利用などについては有料とし，高いサービスを保証しようとするオランダのような国もある（永田治樹「オランダ公共図書館訪問調査：図書館法人と課金」『St. Paul's Librarian』27, 2012, p.107-117）。

〔傍注〕受益者負担

● ……… 今後のあり方

日本では法の規定があり，米国のような課金現実論が大きな力をもつことは当面考えられない。しかし，財政状況が悪化する中，図書館資料の利用の範囲を拡大解釈し，収入確保への道をひらこうという動きがさらに出てくる可能性はある。法があるからというだけで議論そのものをタブー視すると，結果として課金現実論に押されてしまうことにもなりかねない。

米国の調査結果では「サービスを切り詰める」と答えた市民は1割に満たなかった。市民の多くはサービスの低下をよしとせず，サービスの維持および向上のためには，税金だけでなく課金も一つの手段として受け入れている。ただし，その場合であっても，社会的に排除されている人々についての公共図書館の責任は免れない。日本と米国を同列に論じることはできないが，図書館サービスの質的向上のためになにが必要かという視点は大変重要である。わが国では，米国以上に原則論と現実論が相容れない状態で対立する可能性があるだけに，社会的包摂を考慮しつつ，コミュニティへ良質なサービスを提供するためにはどうすればよいかを，改めて考えていく必要があるだろう。

〔傍注〕社会的包摂

UNIT 40 ●財務と活動の集約
公共図書館の統計

　図書館統計を収集することは，われわれが健康診断を受診することに似ている。自身の健康状態に関するさまざまな数値を定期的に把握するとともに，専門家である医師による適切な助言や処置が施されることによって健康状態を回復，維持，向上させていくことができるように，図書館統計も図書館政策や図書館経営のために活用されなければならない。

●………2種類の図書館統計

業務統計
調査統計

　図書館統計には，大別して，業務統計と調査統計の2種類が存在する。業務統計とは，貸出冊数，来館者数，レファレンス件数などのように，日々の図書館業務の中で収集することが可能な統計であり，1980年代以降，図書館業務の電算化が進むにつれて，その収集コストは低減するとともに，より精密な測定が可能となっている。一方で，調査統計とは，機械的に収集することが困難なため，なんらかの調査を必要とするものである。例えば，図書館の資料がどれだけ利用されているのかを把握しようとしたとき，まず，業務統計である貸出冊数を計測することができる。一方で，図書館内で利用されている資料の量を把握するためには，別途，館内閲覧量の調査を実施しなければならない。

●………日本の公共図書館統計

「日本の図書館」
「社会教育調査」

　全国レベルの公共図書館統計としては，日本図書館協会による「日本の図書館：統計と名簿」（以下，「日本の図書館」）と文部科学省による「社会教育調査」（http://www.mext.go.jp/b_menu/toukei/chousa02/shakai/）とがある。「日本の図書館」は，全国の公共図書館，大学図書館，および，国立国会図書館を対象とした統計である。1952年以降毎年度刊行されており，日本における図書館の標準統計として認知されている。このうち公共図書館編には，公立図書館（および図書館同種施設）だけでなく一部の私立図書館も含まれる。

　「社会教育調査」は「統計法」に基づいて実施されている調査であり「社会教育行政に必要な社会教育に関する基本的事項を明らかにすることを目的」（「社会教育調査規則」第2条）とし，全国の公民館，図書館，博物館，生涯学習センターなど

の社会教育施設を対象として，1955年以来ほぼ3年に1回実施されている。なお，文部科学省による大学図書館を対象とした統計としては「学術情報基盤実態調査（旧：大学図書館実態調査）」(http://www.mext.go.jp/b_menu/toukei/chousa01/jouhoukiban/1266792.htm) があり，毎年度調査が実施されている。

> 「学術情報基盤実態調査」

　一方，都道府県レベルでは，各都道府県立図書館や図書館協会などが都道府県内に設置されたすべての公共図書館の統計を公表している場合が多い。例えば，神奈川県図書館協会が毎年刊行している『神奈川の図書館』(http://www.kanagawa-la.jp/統計「神奈川の図書館」/) には，県内の公共図書館だけでなく，大学図書館や専門図書館の統計も掲載されている。また，自治体レベルでは，統計情報を掲載した図書館年報等を公刊している市区町村も少なくない。

● ……… 世界の公共図書館統計

　多くの国々で全国レベルの公共図書館統計を編纂している。例えば，米国では博物館・図書館サービス機構（Institute of Museum and Library Services：IMLS）によって，毎年度，全米の公共図書館の統計データが公表されている（図書館システム数約9,000，総図書館数約1万6000館：IMLS. *Public Libraries in the United States Survey*. https://www.imls.gov/research-evaluation/data-collection/public-libraries-united-states-survey）。また，英国では勅許公共財務会計協会（Chartered Institute of Public Finance and Accountancy：CIPFA）が，国内の公共図書館の統計データを収集している（CIPFA. *Public Library Statistics*.）。ちなみに2010年度以降，政府の財政緊縮のため，英国の公共図書館数や利用数は減少傾向にある。

> IMLS

> CIPFA

　一方，公共図書館のみに限定されるわけではないが，国際レベルの図書館統計として，国際連合教育科学文化機関（UNESCO）による『ユネスコ文化統計年鑑』があったものの，データの質の問題などから1999年版を最後に刊行されていない。2006年に，UNESCO，国際図書館連盟（IFLA），国際標準化機構（ISO）の三者で，世界規模の図書館統計データの収集を再開することが合意され，翌2007年には，中南米地域を対象として，ISOの国際図書館統計（ISO 2789：International Library Statistics）に基づいた試験的なプロジェクトが実施された。このほか，米国のOCLCが世界各国の公共図書館統計を独自に収集し公表しているといった例はあるものの，データの最新性が保たれていないなどの課題がある（OCLC. *Global Library Statistics*. https://www.oclc.org/global-library-statistics.en.html）。

> ISO 2789

● ……… 主要な公共図書館統計

1) 貸出冊数

　公共図書館活動の達成度を測るための代表的な統計指標である。戦後の公共図書

> 貸出冊数

館の方向性を決定づけた「中小レポート」(『中小都市における公共図書館の運営：中小公共図書館運営基準委員会報告』日本図書館協会編・刊，1963，217p）や『市民の図書館』（日本図書館協会編・刊，1970）などの影響から，日本の公共図書館界では伝統的に貸出冊数の多寡が重視されてきた。単に重要な指標であると考えられているだけでなく，測定が比較的容易であることや，個々の図書館によって測定のぶれがないといった実用面での利点もあげられるだろう。また，人口規模の異なる自治体間での図書館の利用度を比較するために，人口一人当たりの平均貸出冊数がしばしば用いられている。「日本の図書館」によれば，2010年に年間個人貸出数がはじめて7億点を超え，書籍販売点数（取次ルート）よりも多くなった。なお，「日本の図書館」における貸出数には，書籍や雑誌だけではなく視聴覚資料などすべての資料が含まれている。

2）来館者数

来館者数

戦前から戦後にかけて，入館手続きを行わなければならない公共図書館が数多く存在した。その際，入館者統計を収集していたことから，かつて来館者数を測定することは「閉鎖的な図書館」と同義とみなされていた時代がある。しかしながら，1990年代以降，ブックディテクションシステム（BDS）や赤外線センサーのような自動的に来館者数を計測することのできる機器を設置する図書館が増加しており，来館者数の正確な計測が可能となった。さらに，「場としての図書館」の機能が注目されるようになり，カフェを併設したり快適な読書空間づくりを行うことによって，滞在型の利用が増加傾向にあることなどから，来館者数を測定する意義は高まっている。「日本の図書館」では2003年から来館者数の全国調査を始め，当初，回答率は56.9％（1,562館）であったが，2013年には75.3％（2,447館）となっている。

3）登録者数

登録者数

登録者数とは貸出のための利用登録を行っている人数のことである。当該自治体に居住するすべての市民が図書館を利用しているわけではないから，登録者数を知ることによって，実際の図書館利用者を把握することができる。登録可能条件は自治体によってさまざまであり，住民だけでなく，通勤者や通学者，近隣自治体の住民にまで登録を認めている自治体も多い。中には，そうした要件をいっさい設けず誰でも登録可能とする図書館もあることから，登録者数が自治体の人口よりも多い図書館も存在する。また，登録の有効期限も自治体によって異なっているため，自治体間で登録者数や登録率（＝登録者数÷人口）を単純に比較することはできない。この点について，「日本の図書館」では，1年間に一度でも貸出サービスを利用した登録者を示す「有効登録者数」や「自治体内有効登録者数」を調査している。

有効登録者数

4）予約件数

予約件数の多さが意味するところは，それだけ利用者の要求が充足されていない

といえるかもしれないが，実際には，貸出の多い図書館は予約も多いことから，図書館へのニーズを体現した数値といってよいだろう。また，インターネットの普及によって，Web OPAC を公開する図書館が増加しており，利用者は図書館に直接来館することなく資料の「予約」ができるようになったため，近年，予約件数は飛躍的に伸長している。「日本の図書館」によれば，日本のインターネット元年といわれる 1995 年には，全国の図書館一館当たりの平均予約件数は 4,617 件であったが，2013 年には 2 万 8266 件と 6 倍以上も増加している（なお，国際規格では，利用中の資料への予約のみが統計にカウントされる）。

5）蔵書冊数

図書館にとって蔵書冊数は多ければ多いほどよいという考えがある一方で，延床面積や職員数といった物理的制約から 10 万冊程度が効率的に管理・運営できる適切な蔵書規模であるとする考えもある（植松貞夫『建築から図書館をみる』勉誠出版，1999）。また，多くの資料が閉架書庫にあったり，陳腐化して利用されない資料を多くかかえているといった例もあることから，「開架冊数」や「受入冊数」を計測することも有効である。蔵書に関する評価指標としては，人口一人当たりの平均蔵書冊数，受入冊数を蔵書冊数で除した「蔵書新鮮度」，貸出冊数を蔵書冊数で除した「蔵書回転率」などが存在する。また，児童書，視聴覚資料，定期刊行物など資料種別の所蔵点数を掲載する統計も多い。

蔵書冊数

蔵書回転率

6）職員数

雇用形態の多様化によって，正確な職員数を把握することが困難になっている。これに対して，「日本の図書館」では，(1) 専任職員，(2) 兼任職員，(3) 非常勤職員，(4) 臨時職員，(5) 委託・派遣職員，の 5 つのカテゴリを設けるとともに，(3)〜(5) については，フルタイム換算によって全国の公共図書館の職員数を把握している。また，司書・司書補の有資格者数や有資格者率を算出することもある。2014 年時点で，全国の公共図書館の専任職員の有資格者率は 52.4 % であり，館長の有資格者率は 27.6 % となっている。

職員数

7）図書館予算

図書館予算は人件費と物件費とに大別されるが，日本の公共図書館界では，物件費の中でも特に資料費が注目されてきた。その一方で，人件費についてはあまり言及がなされず，「日本の図書館」でも，1995 年以降，人件費の調査を行っていない。人件費は図書館予算の大半を占めているというだけでなく，官民連携（PPP：パブリック・プライベート・パートナーシップ）の効果の一つとされる経費の削減が主に人件費の削減によってもたらされていることからも，人件費を含めた図書館予算の全体を把握することは重要である。また，近年，日本の多くの自治体において，貸出冊数や来館者数は増加傾向にあるものの，図書館予算は現状維持か減少傾向に

人件費
物件費

ある。こうした状況を反映して，広告収入を得たり雑誌スポンサー制度を導入するなど，図書館独自の資金調達（ファンドレイジング）が日本においても普及しつつある。

　現在，公共図書館では，ウェブサイトを通じたさまざまなサービスを提供するようになっているものの，日本では，そうしたサービスに関する統計を収集・公開している図書館はほとんどない。例えば，Web OPACの検索回数や図書館のウェブサイトを訪れた仮想訪問数（Virtual Visit）などは業務統計に類するものであり，それらの数値を把握することは比較的容易である。図書館統計については，図書館やそれをとりまく情報環境の変化を勘案しつつ，どのような統計項目が重要であるのかについて継続的な見直しをはかっていくことが求められている。

余白: 仮想訪問数

● option N

外部資金の獲得

ニューヨーク公共図書館の財源構成

　菅谷明子の『未来をつくる図書館－ニューヨークからの報告』（岩波書店，2003）は，市民に対する起業の支援や医療情報の提供などを通じてコミュニティ本位のサービスを展開するニューヨーク公共図書館の姿を描いて話題を呼んだ。同書には，これらのサービスを支えるためのさまざまな資金調達活動が詳しく紹介されており，彼我の差を強く感じた図書館員も多かったのではなかろうか。実際，ニューヨーク公共図書館の財源構成と日本の公立図書館のそれとは大きく異なっている。

　ニューヨーク公共図書館は，大きく研究図書館部分と分館部分とに予算を分けている。研究図書館部分とはライオン像のある本館など4つの研究図書館の分であり，分館部分は88の分館をカバーする。それぞれの2014年度の歳入は，1億1269万ドルと1億5911万ドルである。ニューヨーク公共図書館は，歴史的に図書館法人（NPO）が設立する図書館で，「公共図書館を超える」研究図書館機能をもつことによりブランドイメージも高く，研究図書館部分では外部資金や投資収入が公的資金は3割程度に止まる。しかし，一般市民サービスに密接な分館部分には，市や州・連邦の公的資金が80数％を占めている。もちろん，そこでも外部資金（寄付，ユーティリティ料金や不動産賃貸料の支援など）が2割ほどは確保されている。

余白: 寄付

アメリカの公共図書館における外部資金獲得活動

　2012年度における全米の公共図書館の平均をみると，地元自治体からの支出が

84.4％，州政府が6.9％，連邦政府が0.8％となっており，残りの8.2％を寄付，利子および課金などが占めている（*Public Libraries in the United States: Fiscal Year 2012*, National Center for Education Statistics, 2014）。総じてアメリカの公共図書館の財源の9割は，地方税などの公的資金で賄われているといえる（UNIT 10参照）。しかし厳しい財政状況のもと，多くの公共図書館は予算の削減に苦しんでおり，自治体や連邦政府などへ増額を働きかける一方で，さまざまな媒体を通じて外部資金の獲得に向けた取組を独自に進めている。

特に近年は，インターネットを通じた活動が盛んである。図書館のウェブサイト上で，友の会やそれぞれの図書館が設定した財団への参加を呼びかけたり，資金や資料の寄付を募ったりするケースは少なくない。ボランティア活動を含めて，図のように図書館活動に積極的な関わりを呼びかけている。

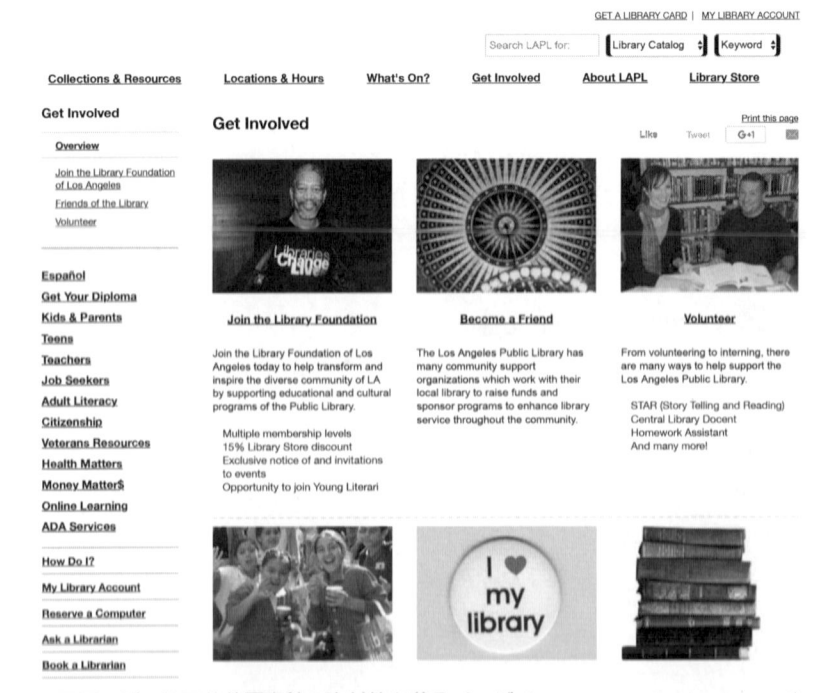

ロスアンジェルス公共図書館の寄付等を募るページ（http://www.lapl.org/get-involved）

これらは主に個人や企業を対象にしたファンドレイジング（資金獲得活動）だが，ほかにアメリカの大きな特徴である種々の財団からの大口の寄付もあり，公共図書館の運営資金として無視できない役割を果たしている。わが国でもカーネギー財団がよく知られているが，メロン財団や最近ではゲイツ財団の貢献も大きい。財団の寄付は毎年，総額で2億ドルから3億ドルに達するといわれている。

カーネギー財団
メロン財団
ゲイツ財団

外部資金獲得をめぐる論争

国によって多少の差はあるものの，一般的に公共図書館の財源の9割前後は公的

資金であり，外部資金や課金の比率が1割を超えることはまれである。これまでの状況では相反する二つの見解が対立していた。

　一つは，公共サービスは公的資金で賄うのが原則であり，外部の民間資金に頼るべきではないとする立場である。論拠としてあげられるのは，

(1)　税収などの公的資金は年度による増減はあるとしても継続性がある。一方，寄付金は翌年にはゼロになってしまう可能性がないとはいえない。
(2)　寄付金は，運用にあたってなんらかの条件を課される可能性があり，図書館サービスの公平性が損なわれかねない。
(3)　資金獲得には高度の技術と長い時間が必要なため，優秀な人材を投入しなければならないが，その分本来的な図書館サービスの提供に支障が出る。

などである。

　これに対し，博物館などの成功例をあげて財源の多元化を推奨し，外部資金の導入に積極的な人々がいる。その論拠はおおむね次のようなものである。

(1)　外部資金の比率を高めることで，財源の分散化が図られ，一つがだめになっても他で補完できる仕組みがつくられる。
(2)　公的資金獲得の際に必然的に生じる「優先順位」をめぐる困難な競争に，多くのエネルギーを投入しなくてすむようになる。
(3)　成果を上げることで，さらに多くの資金が入ってくる可能性が高い。

日本の図書館と欧米の図書館との違い

　後者の主張が日本の図書館界にそのまま受け入れられる可能性は，今のところ大変低い。その理由は第一に法律上の規制である。地方財政法は第4条の5において，割当的寄付金等を禁止し，地方団体が住民に対して，「直接的であるか間接的であるかにかかわらず寄付金（これに相当する物品）の強制的に徴収（これに相当する行為）をしてはならない」と規定している。このため，自発的な寄付はよいとして，公に寄付を募ることは寄付行為の強要にあたる可能性があり，慎重にならざるをえないのである。

地方財政法

　もう一つの理由は，慈善活動に対する社会的価値観の違いである。菅谷は，「日本企業は，一般的に社会貢献の意識が希薄で，なかなか協力を得られ」ないという，ニューヨーク公共図書館の資金集め担当者の声を紹介している（菅谷，前掲書，p.171）。図書館のような社会的・文化的インフラを寄付で支えるという発想が，日本にはあまりない。

慈善活動

　このように，自発的な小口の寄付だけでは考慮に値するほどの財源になり難いため，日本の公立図書館では寄付などの外部資金をめぐる議論はほとんど行われてこなかった。しかしわが国の公共図書館の予算も，2006年度決算額で急降下し，以降，一館当たりの予算は，4100円万台であったものが，3800万円台に減少し，さらに2007年には3500万円台になり，多少上向きになったものの，まだ2005年までの値には戻っていない（『日本の図書館』回答館数に基づく推計）。しかし，ほとんど

の公共図書館では，課金や罰金の徴収もなく，こうした減少を埋め合わせる目立った資金確保の方法はない。予算の減額がサービスの低下に結びつき，2012年あたりからは，貸出数の減少を招来している。そのような状況を少しでも改善しようと，近年ではさまざまな試みが行われている。

　寄付の募集，特に「ふるさと納税」といった寄付，あるいは現物の寄贈，雑誌スポンサー制度などの広告料，図書館の資料等の販売など，さまざまな工夫が行われるようになった。ただし，欧米のファンドレイジング（資金獲得活動）が，図書館活動がどのように地域に貢献しているかを唱導するアドボカシーの活動と強く結びついていることも踏まえておく必要がある。今後はさらにそのような点を視野に入れながら，図書館サービスと寄付金の関係について議論を深めていく必要があるだろう。

> ふるさと納税
>
> ファンドレイジング
> アドボカシー

UNIT 41 ◉図書館の広がる役割
コミュニティ基盤としての図書館

●⋯⋯⋯⋯アメリカ人の公共図書館の受け止め方

ピューリサーチ　　米国の調査機関としてよく知られているピューリサーチ（Pew Research）が，2013年7月から9月に実施した電話（固定／携帯）調査の結果から「アメリカ人は，自分たちのコミュニティにおける公共図書館の価値を，資源の利用，リテラシーの推進，そして生活の質の向上という点で，高く評価している」と発表した（http://libraries.pewinternet.org/files/legacy-pdf/PIP_Libraries%20in%20communities.pdf）。

「もし公共図書館が閉館になったら，コミュニティにどのような影響があるか」という質問に，下図にあるように，16歳以上のアメリカ人の約90％は，コミュニティになんらかの影響があり，63％の人々は深刻な影響があると答えたという。公共図書館で使える資料や資源は，人々が成功する機会を与えてくれる（95％），公共図書館はリテラシーや読書の関心を高め（95％），コミュニティの生活の質を高め（94％），他では得られない多くのサービスを提供している（81％）という結果であった。

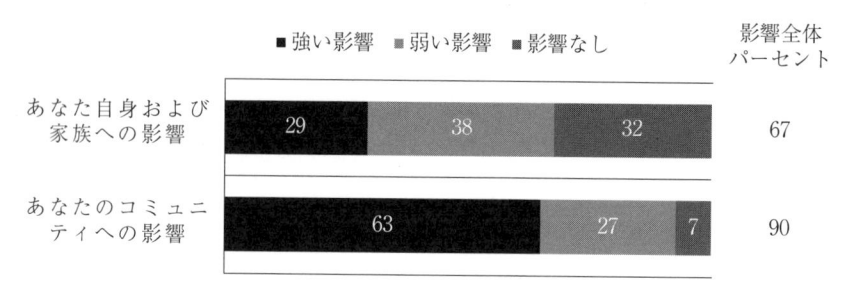

	強い影響	弱い影響	影響なし	影響全体パーセント
あなた自身および家族への影響	29	38	32	67
あなたのコミュニティへの影響	63	27	7	90

図41-1　図書館が閉鎖されたら，あなたとあなたの家族に影響はありますか

また，公共図書館サービスのうち，回答者およびその家族にとって，どのサービスが重要かを問う質問は，図41-2の結果であった。

図書やそのほかのメディアの利用，静かに安全に過ごすこと，読書や調査，図書館員の支援などを高く評価するとともに，職探しや応募の支援，教育や所得の水準の低い人々への支援などが，人々は重要だと考えている。また別の質問では，とりわけ失業者，退職者，求職者，障害者，コンピュータやインターネットなどがない人々が，公共図書館の彼らを支援するサービスを高く評価している（例えば，「イ

ンターネット，PC，プリンタ」の項目では，それらのグループは58％が非常に重要だとしている）。

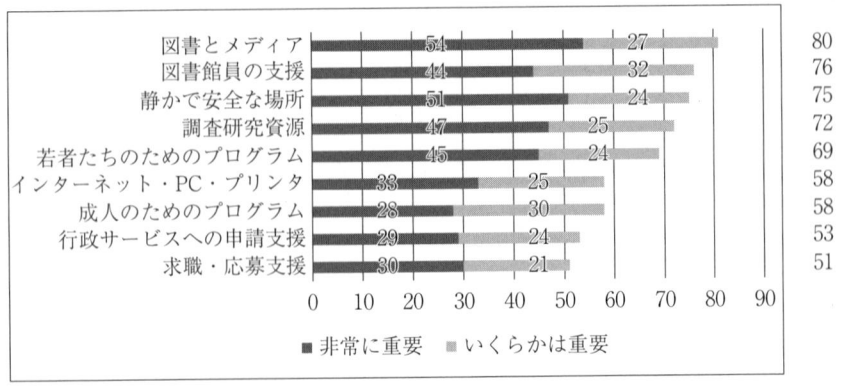

図41-2　人々にとっての図書館サービス品目の重要度

項目	非常に重要	いくらかは重要	重要さの全体パーセント
図書とメディア	54	27	80
図書館員の支援	44	32	76
静かで安全な場所	51	24	75
調査研究資源	47	25	72
若者たちのためのプログラム	45	24	69
インターネット・PC・プリンタ	33	25	58
成人のためのプログラム	28	30	58
行政サービスへの申請支援	29	24	53
求職・応募支援	30	21	51

さらに上の二つの質問を合わせた形で，人々にコミュニティにおける公共図書館の役割について尋ねた質問では，「①公共図書館はリテラシーや読書への関心を高めてくれるから重要である」に強く同意するのは77％，それにある程度同意する人を加えると96％となる。「②公共図書館は，資料や資源が無料で利用でき，誰にも成功のチャンスを与えるという重要な役割を果たしている」は72％で，ある程度同意する人を加えれば96％となる。「③コミュニティの生活の質を高めてくれる」は，それぞれ69％，93％であり，「④人々が他ではうまく利用できないサービスを提供してくれる」は，48％，81％で，これらについてほとんどの住民が肯定的に受け止めているといってよい。公共図書館は，人々がコミュニティの構成員とし

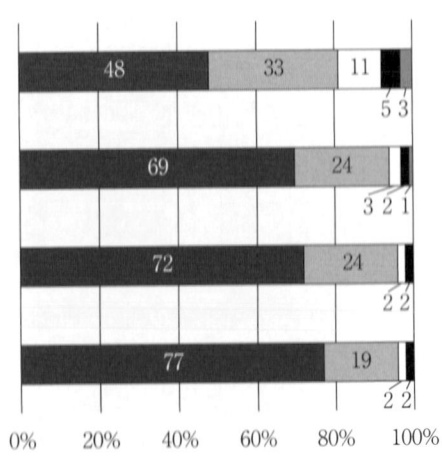

項目	強く同意	ある程度同意	必ずしも同意しない	同意しない	わからない
人々が他ではうまく利用できないサービスを提供してくれる	48	33	11	5	3
コミュニティの生活の質を高めてくれる	69	24	3	2	1
公共図書館は、資料や資源が無料で利用でき、誰にも成功のチャンスを与えるという重要な役割を果たしている	72	24		2	2
公共図書館はリテラシーや読書への関心を高めてくれるから重要である	77	19		2	2

図41-3　コミュニティにおける公共図書館の役割（ピューリサーチ調査）

コミュニティ基盤

て必要な知識・情報や，人々の暮らし，あるいは生活の質の向上を確保するために不可欠なものであり（図41-3参照），そのような点からコミュニティ基盤となっている。

● ………… **わが国における公共図書館の受け止められ方**

わが国では，ピューリサーチのような社会的な影響力をもつ機関による大規模でかつ詳細にわたる調査はこれまであまり行われなかった。ただし，2014年度に国立国会図書館が日本図書館情報学会研究チームと協力して行ったものに，これと類似する調査（20歳以上の日本在住者を対象にしたオンライン調査（有効サンプル数5,000件）がみられ，その結果が2015年3月に発表されている（http://current.ndl.go.jp/node/28246）。

ピューリサーチと同じように，地域の公共図書館が閉鎖された場合の地域にとっての影響（「もしあなたの住む地域の公共図書館が閉鎖されたら地域にとってなんらかの好ましくない影響があると思いますか」）を尋ねる質問がある。その結果は，次のようなものであった（図41-4）。

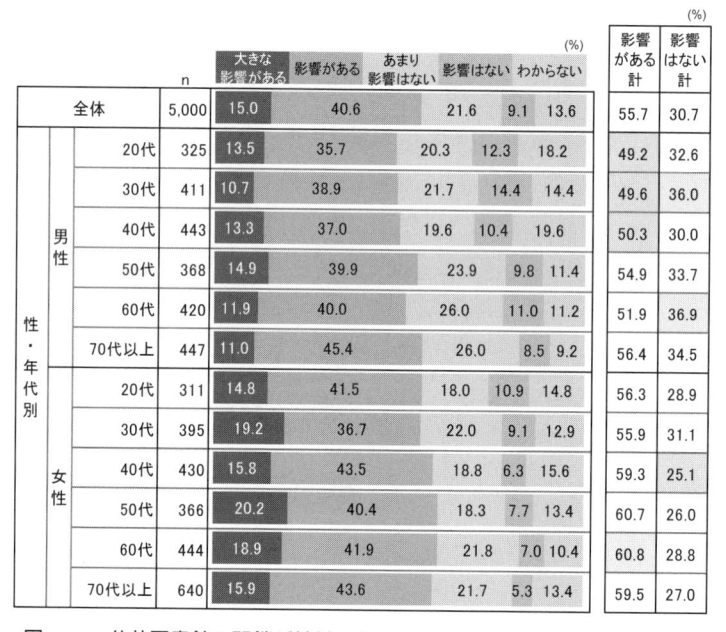

		n	大きな影響がある	影響がある	あまり影響はない	影響はない	わからない	影響がある計	影響はない計
全体		5,000	15.0	40.6	21.6	9.1	13.6	55.7	30.7
性・年代別	男性 20代	325	13.5	35.7	20.3	12.3	18.2	49.2	32.6
	男性 30代	411	10.7	38.9	21.7	14.4	14.4	49.6	36.0
	男性 40代	443	13.3	37.0	19.6	10.4	19.6	50.3	30.0
	男性 50代	368	14.9	39.9	23.9	9.8	11.4	54.9	33.7
	男性 60代	420	11.9	40.0	26.0	11.0	11.2	51.9	36.9
	男性 70代以上	447	11.0	45.4	26.0	8.5	9.2	56.4	34.5
	女性 20代	311	14.8	41.5	18.0	10.9	14.8	56.3	28.9
	女性 30代	395	19.2	36.7	22.0	9.1	12.9	55.9	31.1
	女性 40代	430	15.8	43.5	18.8	6.3	15.6	59.3	25.1
	女性 50代	366	20.2	40.4	18.3	7.7	13.4	60.7	26.0
	女性 60代	444	18.9	41.9	21.8	7.0	10.4	60.8	28.8
	女性 70代以上	640	15.9	43.6	21.7	5.3	13.4	59.5	27.0

図41-4　公共図書館の閉鎖が地域に与える悪影響の有無（NDL調査）

全体でみれば，悪影響があると思う人は，55.7％であった。比較的高めなのは，女性の中高年であったが，大きな影響があるとしたのは，最高でも20％程度で，米国の調査とはかなりの差異が示された。また，公共図書館についての受け止め方という観点では，図41-5のような結果であった。

Q31.公共図書館に関する以下の1～6の意見について、あなたのお考えを選んで下さい。(それぞれひとつ)

	n	非常にそう思う	そう思う	そう思わない	全くそう思わない	わからない	肯定的評価の計
1.公共図書館では、無料での資料の閲覧や、インターネットの利用などが出来るので、すべての人に平等な機会を与えるのに重要な役割を果たしている	5,000	17.0	54.1	12.1	2.2	14.6	71.1
4.公共図書館は他で探すための手段がない人に多くのサービスを提供している	5,000	12.1	52.1	16.1	2.3	17.4	64.2
5.公共図書館は、読書好きや教養を育むため、重要である	5,000	24.7	54.9	8.3	1.7	10.3	79.7
6.公共図書館が近くにあることで、その地域の生活の質が向上する	5,000	15.0	50.9	15.5	2.7	15.9	65.9

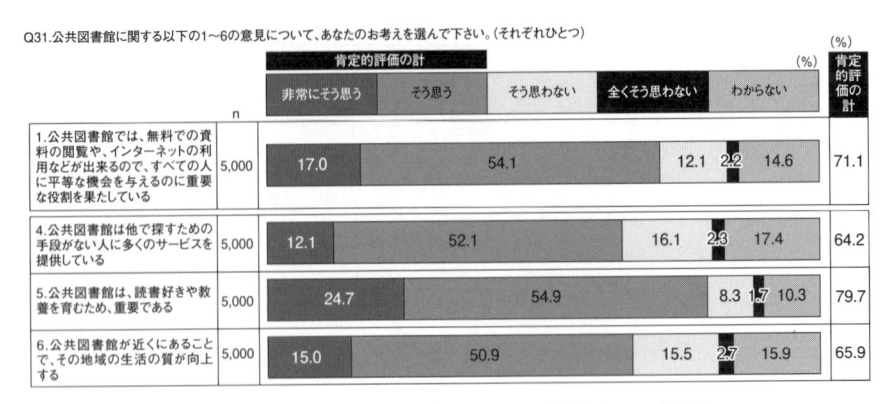

図41-5　公共図書館の役割についての意識（NDL調査）

　質問事項，無料でのサービス，探す手段のない人へのサービス，あるいは図書館は地域の生活の質的向上に寄与するなど，傾向としては公共図書館が果たす役割への期待についてのこれらの数値は，米国の結果をみると程度差はあるものの，同じ方向にあるとしてよいようだ。

● ………… **公共図書館とコミュニティ**

　公共図書館にとって，サービス・コミュニティの範囲は，対象行政区画ということになる。それぞれのコミュニティの特徴をつかんでおくのは，図書館経営にとって不可欠であり，UNIT 17では，コミュニティ・ニーズの把握を説明した。またUNIT 43とUNIT 44では，障害者や高齢者，あるいは外国人など，特に留意すべきターゲット集団を扱っている。これら一連のサービス活動は，コミュニティ構成員に分け隔てなく対応し，コミュニティ全体の統合性を高め，公共図書館がコミュニティ基盤たる役割を果たす。

　本書冒頭にみたように公共図書館は，産業革命後の労働者階級を新しい市民社会へ組み込む社会的仕掛けとして誕生し，20世紀になってしだいに市民全体を対象とするものとなった。しかし今日に至るまで，公共図書館は，立場の弱い階層の図書館の利用を保障する姿勢を保持し，コミュニティの一体性を確保する努力を続けている。そのため，上のピューリサーチの調査結果もわが国での調査結果も，経済的弱者への配慮が当然だとされている。失業あるいは他の理由で，貧困などの社会的な排除を受ける人々へのサービスは，現在でも重要な課題である。

経済的な弱者への配慮
社会的な排除を受ける人々へのサービス

　糸賀雅児が1983年に行った調査（岩槻市における非利用者を含む，無作為抽出の600名住民調査）の結果分析で「図書館を利用しない人のなかには，経済的な理由のために図書館を利用するだけの時間的，精神的な余裕がない人もいるのではないかということである」（「公共図書館利用と文化活動の関連性：住民調査にもとづく文化行政への示唆」Library and Information Science, 23, p.51）と指摘したよう

41．コミュニティ基盤としての図書館

に（NDL調査では，年収200万未満は最も低く68.7％，1000万〜1200万が最も高く84.5％，他の層は70数％となっている），経済的困難による図書館利用からの排除は，わが国でもみられる。

しかし，障害者などへの配慮は進展しているものの，経済的に不遇な人々への取組は，これまであまり明確なものとなってはいないというのも事実である。公共図書館が，人々にとって情報や知識を得るための最後のよりどころであることは，もっと意識されてよいだろう（ここ30年の間に所得格差は経済協力開発機構（OECD）加盟21か国中16か国で上昇した。日本のジニ係数は0.36程度まで上がり，相対的貧困率は約16％，第4位となっている。OECD Income Distribution Database (IDD): Gini, poverty, income, Methods and Concepts）。今後，公共図書館がコミュニティ基盤として機能するためには忘れてはならない点である。

また，コミュニティそのものの変化の問題もある。わが国では1960年代に始まる高度経済成長期の後，人々の生活圏が大きく変化し，伝統的なコミュニティが弱体化した。その後，自立した個人と近代的な家族を主体とする新たなコミュニティ形成が叫ばれ，人々の自発的な自由な参加によるコミュニティの形成が期待された。確かに人と人をつなぐネットワーキングなどへの関心も高まり，「福祉・環境保全・まちづくり・国際協力など，地域の人々の自発的な諸活動は，新しい活動で注目を集めるようにな」り（中村陽一「社会デザインから見た図書館」『情報の科学と技術』64(10)，2014)，コミュニティの新たなあり方が垣間みられるようにもなっている。

とはいえ，人々の移動性がますます高くなり，人と人のつながりは希薄なものとなって，お互いに支え合う定型的なつながりは見えにくい。公共図書館はこのような状況の変化に対応する必要がある。文部科学省の協力者会議が提示した「これからの図書館像」などに記されている，地域を支える情報拠点というとらえ方もこの問題に関わっている。公共図書館は，まずは広い視野で人々のやりとりをつなぐ基盤となることが不可欠であることを強調しておきたい。人々の日常的な談話の交換や交流が人々の暮らしを支えているのであり，今日コミュニティ基盤として公共図書館に期待される役割の一つは，「サードプレイス」（自宅，職場ではない，個人としてくつろげる第三の場所。option E 参照）のように，人々が気楽に交流でき，広い意味での情報のやりとりを促す，コミュニケーションの場であること，それによってコミュニティを機能させることであろう。

UNIT 42 ●図書館の広がる役割
電子政府・自治体と図書館

●　　　　電子政府とは

　電子政府とは，政府情報へのアクセスを向上させ政府サービスを増強するために，政府がもっと効率的に財やサービスを調達し，また行政の実効性や効率を上げ，さらに行政改革を推進するために，政府の機能と情報通信技術を結びつけるものだといわれる（わが国では，「政府」という用語は通常中央政府のみを指す。そのために「電子政府」という場合も同じで，地方自治体の場合は「電子自治体」といっている。ここでは，特に断らない限り電子政府（e ガバメント）を両者の意味に用いている）。電子政府にはさまざまな範囲設定や組み立て方がある。実際，国々や地方でその展開の仕方やカバーする範囲は異なる。

電子政府

　ピーター・ハーノン（Peter Hernon）とロビーナ・カレン（Rowena Cullen）らは，図42-1のような電子政府の一般モデルを提示している。

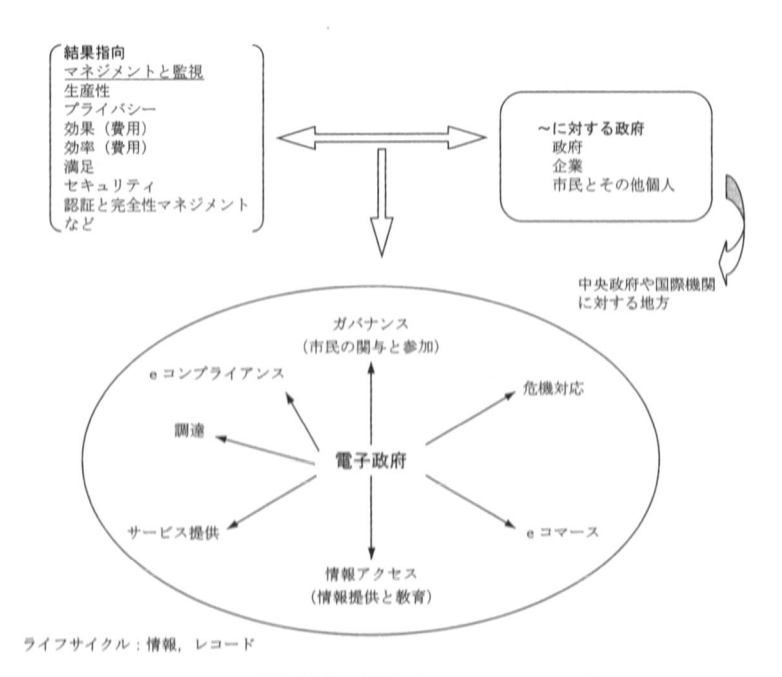

図42-1　電子政府の描写（ハーノン＆カレン）

この図42-1の楕円の中に，電子政府の次の7つの側面がとりまとめられている。

(1) 情報の蓄積とアクセス（例：各種の政府および関連機関が提供する情報へのアクセス）

(2) サービスの提供（例：輸出認証など各種の政府のサービス，ワンストップでの政府サービスの利用）

(3) eコマース（例：政府刊行物のオンライン書店）

(4) 危機対応［自然災害，あるいはテロリストの脅威など］（例：FBIの住民報告システム）

(5) 調達（例：政府の調達部門のサービス）

eエンゲージメント

(6) ガバナンスまたはeエンゲージメント（例：法律作成のための意見募集，パブリックコメントの募集）

eコンプライアンス

(7) eコンプライアンス（例：環境保全局による人々の保健や環境を守るための支援，インセンティブの設定など）

(Peter Hernon, Rowena Cullen & Harold C. Relyea, *Comparative Perspective on E-Government.* The Scarecrow Press, 2006, p.5-10)

eコマース

これらのうち，やはり圧倒的に多いのが，(1)と(2)で，eコマースもかなりの数にのぼる。(7)は比較的新しい課題である。

e-Gov
電子政府の総合窓口

わが国の中央政府での取組は，図42-2にみられるような経過で進展した。現在では"e-Gov"という，総務省が運営する「電子政府の総合窓口」(http://www.e-gov.go.jp/) がある。このウェブサイトの構成をみると，プルダウンメニューで用意される，①調べる（法令検索，行政手続き案内検索，予算執行情報，情報公開・公文書管理・行政機関，独立行政法人・特殊法人），②申請・手続きをする（e-Gov電子申請システム，各府省関連申請手続），③意見・要望を提出する（パブリックコメント，各政策行政に関して），④問い合わせる，という項目からなる。さらには，

e-Stat
官報
政策評価ポータルサイト
データカタログサイト
東日本大震災アーカイブ
「世界最先端IT国家創造宣言」

関連リンクとしてe-Statといった政府統計の総合窓口ほか，官報，政府の電子調達，政策評価ポータルサイト，データカタログサイト，東日本大震災アーカイブなどへのリンクがはられていて，その内容は大変包括的である。ハーノンらのあげた範囲をほぼカバーするといってよいだろう。

2013年の「世界最先端IT国家創造宣言」(https://www.kantei.go.jp/jp/singi/it2/kettei/pdf/20130614/siryou1.pdf) 以来，このように進展したわが国の電子政府に対して，早稲田大学「2015年世界電子政府進捗度ランキング調査」によると日本は，世界のICT先進国63か国のうちで，第6位に位置づけられている（国連によるランキングも同位）。

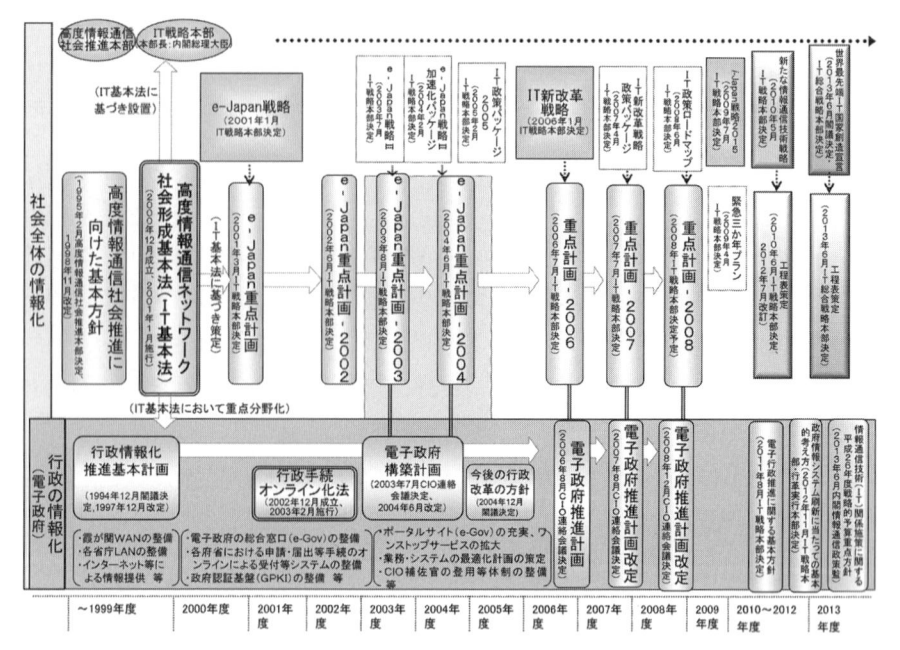

図 42-2　電子政府の取組の経過（総務省）
http://www.kantei.go.jp/jp/singi/it2/densihyouka/dai2/siryou1_1.pdf

● ……… 電子政府のめざすところ

　電子政府については，しばしば次のような説明が行われる。「すべての国民・企業が行政サービスを時間的・地理的な制約なく活用することで行政の利便性を飛躍的に向上させるとともに，IT活用がもたらす効果を国民・企業が享受する上での社会的基盤となることを目指すものである」（堀越雅美『電子政府概論』NTTデータ，2004，p.59）と。ここで述べられていること自体に間違いはない。確かに利便性を高めるために，IT化を推進する必要がある。しかし，われわれが期待する電子政府は，こうした技術だけで解決しうるか，このようなねらいだけでことが足りるかといえば，そうではない。

　行政サービスは，政治過程で決められたことを単に実行するだけのものではない。多くの場合政策立案に関わり，その施策の実行に関わるさまざまな決定も委ねられる。そのため行政には高い専門性が求められ，官僚組織が構成されている。だからこそ，それぞれの行政過程の透明性を高めて，国民（住民）あるいは企業等に説明する必要性は高い。そうでないとすれば，この専門家集団の独走に引きずられ，人々は置き去りにされることになる。そのため，これまでも情報公開の制度的な整備が進められてきた（図書館には，政府刊行物の提供サービス）が，実際にこれを十全に行うには費用もかかり，容易ではなかった。電子政府は，行政情報の公開にITを導入し，情報を公開し，人々の意見聴取もできる仕掛けとして，これを担えるも

政策立案

行政過程の透明性

情報公開

のである。

●……… 電子政府と図書館

マシュー・エバンズ（Matthew Evans）が，英国の図書館情報委員会のために作成した行動計画『新しい図書館：市民のネットワーク』(*New Library: the People's Network*, 日本図書館協会，2001) は，米国に比べて生じていた英国の公共図書館界の情報化の遅れを一気に取り戻すための施策であった。彼はこのネットワークが「市民コミュニケーションのゲートウェイ，すなわち健全な民主主義と社会的結束を前進させるネットワーク社会につながる通路である」とも位置づけ，行動計画には，そこで考えられるコンテンツとして次のものをあげた。

> 『新しい図書館：市民のネットワーク』

① 地方自治体のサービス情報，例えば教育，保健，福祉，社会サービス，余暇サービスなどの情報
② 地方自治体の事業実績と予算配分の情報
③ 地元や地方（リージョン）開発の情報
④ オンラインで利用できる政府刊行物や会議報告
⑤ ヨーロッパ連合（EU）の行政組織，法令，および市民の権利についての情報
⑥ 利益団体，行動団体，圧力団体およびボランティア組織についての情報
⑦ 法令と法令関係出版物
⑧ 政党についての情報，政策と窓口

また，ネットワークを通じて上記に掲げられた関係者間のコミュニケーションの促進や，市民が自主出版するための機能，遠隔民主主義（世論調査や電子投票）の実施，助言を求めるための専門家や相談機関へのアクセス，それに行政の定型的業務（例えば計画許可や運転免許の申請など）にこの仕掛けを運用することができるとしていた。

> 遠隔民主主義
> 電子投票

これは電子政府の視野であって，住民の意思をくみあげ，相互に対話をしてコミュニティを結束させていく道具として，図書館ネットワークを活用しようとしたものである。

この英国の試みのように，電子政府の情報を図書館で扱うことは，欧米の図書館界では自明のことであった。しかし，必ずしも順調に普及したわけではない。というのも，ジョン・ベルトらの指摘するように（Public Access Computing and Internet Access in Public Libraries, by John Carlo Bertot and others. http://firstmonday.org/article/view/1392/1310），コンピュータやインターネットの技術にアクセスできない人々を支援する必要もあったからである（情報リテラシーを含む）。

●……… 図書館サービスの方向

　図書館法は，第9条で政府刊行物サービスに言及している。また，「図書館の設置及び運営上の望ましい基準」では，地域の課題に対応したものとして「地方公共団体の政策決定，行政事務の執行・改善及びこれらに関係する理解に必要な仕様及び情報の整備・提供」をあげている。それを受けて，「図書館等の公共サービスについては，これまで各自治体において独立して自己完結的にサービス提供が行われてきたところであるが，地域公共ネットワークを活用することによって，各自治体が特色あるサービスを行いつつ，ネットワークとして機能しながら，それぞれのサービスが補完しあい，総合的なより質の高いサービスを提供できる可能性が広がっている」といった提案もある（図書館をハブとしたネットワークの在り方に関する研究会『地域の情報ハブとしての図書館（課題解決型の図書館を目指して）』http://www.mext.go.jp/a_menu/shougai/tosho/houkoku/05091401.htm）。

〔図書館法第9条〕

　実際，行政情報は『官報』をはじめ多くがデジタル資料として公表され，中にはパブリックコメントの対象になるような策定過程のものも含まれ，電子政府の中身は住民に密着するものになりつつある。市民としての義務や権利もこのような形でやりとりされることが多くなって，「デジタルシティズンシップ」が必要だといわれるようになった。

〔デジタルシティズンシップ〕

　これには二つの要請がある。一つは，失業者や職場でインターネットにアクセスできない人々あるいは高齢者などが陥る，デジタルデバイドに対応し，図書館はこのような情報サービスを誰もが享受できるようにすることである。もう一つは，図書館が，必ずしもわかりやすくない行政機関の情報を人々にわかりやすく提供する，格好の仲介者機関になることである。実際，単に情報が入手できれば課題が解決するわけでもなく，申請などの手続きや，ときには意見提出も必要だったりすることもあろう。図書館にそのような課題解決を支援できるサービス態勢が求められるのである。

〔仲介者機関〕

UNIT 43 ●図書館の広がる役割

社会的包摂（1）障害者・多文化サービス

社会的包摂とは，コミュニティの一人一人を構成員として取り込むことをいう。つまり，なんらかの事情で社会的に排除されている人々に対して，貧困や差別などの障害になっている問題を解決して自立を促し，住民が相互に支え合う関係をつくることである。

●……障害者サービス

日本における公共図書館の視覚障害者へのサービスの始まりとしては，1916年，東京市本郷図書館（現・東京都文京区）に点字文庫が開設されて以来，全国各地の公共図書館には「点字文庫」や「盲人閲覧室」などが設置され，視覚障害者を利用者として受け入れてきた。

点字文庫
盲人閲覧室

しかし，1949（昭和24）年に身体障害者の福祉の向上を目的とする身体障害者福祉法が制定され，厚生行政の管轄で，身体障害者更生援護施設の一つとして「点字図書館」が規定され，1950（昭和25）年に文部行政の管轄で図書館法が制定されたことにより，「縦割り行政」の弊害もあり，公共図書館の中に設置されていた「点字文庫」や「盲人閲覧室」の多くは点字図書館として分離されることになった。

身体障害者福祉法
点字図書館

その後，日本の公共図書館における視覚障害者へのサービスは低迷期を迎えるが，1967年11月に結成された「盲学生図書館SL（スチューデント・ライブラリー）」が，1969年には東京都立日比谷図書館と国立国会図書館を訪問して，門戸の開放を求めた。そして，この日比谷図書館開放運動を行った関係団体が母体となって，1970年には視覚障害者読書権保障協議会（視読協）が結成された。視読協は1971年の全国図書館大会（岐阜）公共図書館部門で，「視覚障害者の読書環境整備を：図書館協会会員に訴える」のアピールを行い，それ以降，日本の公共図書館の視覚障害者に対するサービスは徐々に広まっていった。

盲学生図書館SL

視覚障害者読書権保障協議会

1980年代に入ると，1981年の国際障害者年を契機に，障害者サービスは大きな発展をみせ，また国際的な交流も進んだ。それまで視覚障害者が中心だったサービスが広がりをみせていったのもこの時期であり，1983年には入院患者への図書館サービスを本格的に考える，菊池佑，菅原勲編著『患者と図書館』（明窓社，1983）が出版され，1984年には日本図書館協会障害者サービス委員会に「聴覚障害者の

国際障害者年

ための図書館サービスを考えるワーキンググループ」が設置された。

1990年代以降，情報通信技術の飛躍的進歩により，障害者サービスは大きく前進する。その代表的な技術が，DAISY（デジタルでアクセシブルな情報システム：Digital Accessible Information SYstem）である。DAISYは視覚の障害だけではなく，学習障害，知的障害等，さまざまな障害に対応する情報技術として日本障害者リハビリテーション協会が積極的に普及を進めている国際標準である。専用の機器で再生可能なほか，日本障害者リハビリテーション協会のサイトからダウンロードできるソフトウェアをインストールすれば，一般のパソコンで再生可能である。

なお，図書館における「障害者サービス」とは，単に心身障害をもつ人へのサービスより広くとらえられ，「図書館利用に障害のある人々へのサービス」と解釈されている。これは一般に，(1) 物理的な障害，(2) 資料をそのままで利用できないという障害，(3) コミュニケーションの障害に分けて考えられる。

(1) については，具体的にいうと，入口や館内に段差がある，書架が高すぎる，書架間隔が狭すぎて車椅子が通れない，などが考えられる。また，入院している人や，自宅で寝たきりの人もいる。

(2) については，視覚障害者にとっては，従来図書館が所蔵してきた膨大な印刷資料（墨字資料）は，そのままでは利用できない場合が多い。対象者に応じて，点訳や音訳が必要となってくる。

(3) については見過ごされがちなのであるが，資料と人を結びつける図書館サービスにあって，コミュニケーションはその重要な要素を占める。聴覚障害者などと職員が十分にコミュニケーションできない場合，サービスは阻害され，利用者にとって心理的障壁にもなる。

日本の公共図書館における障害者サービスの実施館数の推移を表43-1に示す。

表43-1 日本の公共図書館における障害者サービスの実施館数の推移

調査年	回答館数	実施館	実施率
1976年	1,050	270	26 %
1981年	1,362	517	38 %
1989年	1,243	483 *	54 %
1998年	2,326	1,146	49 %
2005年	2,843	1,598	56.2 %
2010年（NDL調査）	2,272	1,503	66.2 %

＊は自治体数
（出典：「公共図書館における障害者サービスに関する調査研究」http://current.ndl.go.jp/node/18014　アクセス　2013-12-05）

実施館の割合は一貫して増加していることがわかるが，実態としては大活字本を置いているだけの図書館や，入口にスロープを設けているだけのところもある。今

後，よりきめの細かいサービスが必要とされる。

上述のDAISYに加えて，現在点字図書館の進化形といえる「視覚障害者情報総合ネットワーク・サピエ」（視覚障害者あるいは視覚の表現（文字・図形・写真等）の認識に障害のある方のために，点字のデータ，音声のデータを提供する情報総合ネットワーク）による点字録音図書の電子配信サービスは，電子図書館の未来図を実験的に模索しているものともとらえることができる。なお，「障害を理由とする差別の解消に関する法律」が2016年に，「視覚障害者等の読書環境の整備の推進に関する法律」が2019年に施行され，一層のサービス促進が期待されている。

● 多文化サービス

図書館の多文化サービスとは，文化的多様性を反映させた図書館サービスの総称である。その主たる対象としては，民族的・言語的・文化的少数者（マイノリティ住民）が第一義的にあげられるが，同時にその地域の多数派住民（マジョリティ）を含むすべての住民が，相互に民族的，言語的，文化的な相違を理解しあうための資料，情報の提供もその範囲に含む奥行きと広がりをもつ概念である。

図書館の多文化サービスの概念は1960～70年代以降，北米および北・西欧諸国，オーストラリア・ニュージーランドなどの国々を中心に発展してきた。その社会的背景としては，(1) 米国におけるアフリカ系アメリカ人公民権運動の進展とそれに引き続く各マイノリティ住民の民族意識の高揚，(2) 先進国における外国人労働者の大規模な受け入れに代表される国際労働力移動の活発化，(3) カナダ，オーストラリアなどの国による多文化主義政策の推進などをあげることができる。こうした流れに伴い，上記の国の図書館ではその国のマジョリティの言語・文化を主流としてきた従来のサービスから，地域社会の文化的多様性を反映したサービスが積極的に提唱，実践されるようになり，多文化サービスは現在の図書館サービスを考える上での重要な要素の一つとしてとらえられるようになっている。

日本においては，サービス対象者としてのマイノリティ住民を考慮したサービスが明確に意識され，各地での実践が急速に発展していったのは1980年代後半以降のことである。1986年の国際図書館連盟（IFLA）東京大会において，日本の公立図書館におけるこの種のサービスの不足が指摘され，サービス発展を促す決議があげられたことは，わが国の多文化サービスの概念普及の大きな契機となった。一方，実践の面では1988年が一つの画期的な年となった。この年，大阪市立生野図書館の韓国・朝鮮図書コーナーと厚木市立中央図書館の国際資料コーナーが設けられ，その後各地の地域館で同種のサービスが始まる先鞭がつけられた。

日本における図書館の多文化サービスの広がりの背景としては，在日韓国・朝鮮人をはじめとする定住外国人の権利擁護運動の進展，新規入国者数の急激な増大，

自治体の「国際化」推進施策等が指摘されているが，これらは上述の多文化サービスの発展の国際的背景と「相似的関係」をもつものであることがわかるだろう。

図書館の多文化サービスの根底に流れる理念としては，(1) すべての住民に対して公平で平等な図書館サービスが提供されるべきであるということ，(2) マイノリティ住民が自らの言語，文化を維持・継承し，発展させる権利を保障するための機関として図書館は位置づけられるということ，(3) 多文化，多民族共生社会におけるマイノリティ，マジョリティ住民の相互理解を促進するために図書館は住民を援助することができるということ，をあげることができる。

(1) については，障害者サービスから得られる視点が重要である。障害者サービス実践の中で確認されてきた原則とは，「障害者であるがゆえに図書館の利用に際して不利益があってはならない」という点と，「そのためには障害者独自の条件を反映した施設・設備，資料，人的サービスが必要である」ということである。読書への要求，知る自由保障の必要性はおとなや子ども，視覚障害者，晴眼者，マジョリティ住民，マイノリティ住民でなんら変わるものではない。すべての住民の知る権利，情報へのアクセス権，読書権，学習権，教育権等の普遍的で正当な権利を保障するサービスの一環として図書館の多文化サービスは位置づけられるものである。

(2) については，現在の日本ではマイノリティ住民のこうした権利を明記した法律は見受けられないが，国際的な条約等においてはマイノリティ住民の文化，言語の維持，発展に関する権利が認められるようになってきている。

例えば，国際人権規約の「市民的及び政治的権利に関する国際規約」（国際人権規約B規約　自由権規約：1966年）の第27条〔少数民族の権利〕では，「種族的，宗教的又は言語的少数民族が存在する国において，当該少数民族に属する者は，その集団の他の構成員とともに自己の文化を享有し，自己の宗教を信仰しかつ実践し又は自己の言語を使用する権利を否定されない」と述べられている。

> 国際人権規約
> 市民的及び政治的権利に関する国際規約

(3) については，元来その理念に「多元主義」を包含する図書館は，異文化理解に最適な社会的機関の一つである。図書館の多文化サービスは，ひとえにマイノリティ住民のためだけのサービスではなく，マイノリティ，マジョリティ双方が共生する地域社会における図書館をより豊かで魅力的なものにしていくサービスである。

> 多元主義

多文化サービスの概念が日本に紹介されてから，30年近くになるが，まだこのサービスは十分に浸透していないというのが現状である。

今後，1990年前後に大量に日本にやってきた人々の二世・三世が，成長していくにつれて，「外国につながりのある子ども・青年・成年」が増えていく中で，それらの人々のアイデンティティの問題，日本社会の社会的包摂の問題などが，長期的な視野で考えられていく必要がある。そこで図書館が果たしうる役割は決して小さなものではないということができるだろう。

UNIT 44　●図書館の広がる役割
社会的包摂（2）　高齢者・デジタルデバイド

●…………**高齢者へのサービス**

　ここでは概要をつかむために，『平成27年版　高齢社会白書』をみると，2015年10月1日現在で日本の総人口1億2708万人中，65歳以上人口は過去最高の3300万人となり，総人口に占める割合（高齢化率）も26％となり，4人に1人は高齢者といえる状況になった。同白書の推計によると，2060年には人口の39.9％が65歳以上になるという予測がなされている。

高齢化社会　　　1956年の国際連合の報告書においては，高齢化社会とは総人口に占める65歳以上人口が7％を超えた社会であるとされており，日本では1970年に高齢社会に突入したことになるが，この方面の図書館サービスの理論と実践の蓄積は不十分であ

高齢者サービス　り，「日本では，高齢者サービスという概念は，児童，青少年，成人サービス，あるいは多文化サービスといった新しい概念と比較しても定着していない」と指摘されている（高島涼子「高齢者への図書館サービス」『図書館界』45(1)，1993，p.73-78）。高島は「高齢者は通常のサービスと障害者サービスの狭間に容易に落ち込むのである」（高島涼子「高齢者サービスの課題」『図書館界』59(2)，2007，p.81-86）とも書いており，この分野の「独自性」を追求することは難しい。しかし，

団塊の世代　　　近年，特に団塊の世代が大量定年を迎えたいわゆる「2007年問題」の前後から，急速にこの分野の文献が増えてきている。また，「高齢化社会」といったとき，その高齢者の分布状況は一律ではないことも考慮する必要がある。過疎地には高齢者が多いし，「過疎」地域と図書館の整備が不十分な自治体は重なる。県立図書館などが広域のサービス計画を立てる必要があるという。

　アメリカでは，1945年に65歳以上の高齢者が人口の7％に達した。この頃から，高齢者サービスが開始されており，1946年11月から始まったオハイオ州クリーブランド公共図書館のサービスがこの国の最初の高齢者サービスとされている。続いてボストン公共図書館が1950年に，ブルックリン公共図書館では1952年に高齢者サービスを開始している。しかし，この時代のサービスは，いずれも同時代の高齢者観を反映して，哀れむべき存在，あるいは高齢者の保守性が社会の進歩の妨害となるため社会の脅威としての存在へのサービスであったといわれている。

　アメリカでは，1960年代に65歳人口が8.8％，1970年代に9.5％となり，高齢

者への図書館サービスがさらに強く意識されるようになってきた。特に注目される動きは，「高齢者問題に関するホワイトハウス会議」(White House Conference on Aging)で，これは1961年に第1回が，1971年に第2回が開催されている。

1961年の会議に先立って，アメリカ図書館協会で1957年に成人サービス部会の中に「高齢者に対する図書館サービス検討委員会」が設けられ，全国調査が行われた。また，ホワイトハウス会議後には，アメリカ図書館協会が高齢者へのサービスの常任委員会を設置し，「高齢者への図書館サービスの責務」を1964年に採択した。1971年の第2回ホワイトハウス会議の最も大きな特徴は，教育部会における高齢者観の転換である。ここでは，今後のプログラムは「高齢者のために」から「高齢者自身のために」，そして「地域のために」へとその質を変えていかなければならないと提唱された。

アメリカ図書館協会は，この会議に向けて1971年に「高齢者に対する図書館の責務」を改訂し，会議後の1975年に「高齢者サービスのガイドライン」を作成した。「責務」の改訂の主な点は実践を重視し，また部分的にであれ，図書館活動に高齢者が主体的に関わることや，さまざまな特別サービスを推奨したことである。「ガイドライン」は，「責務」に表された理念を実践に移すためのものであった。「65歳以上の人々がもつ固有のニーズと問題についての全国的な関心の高まりに図書館が歩調をあわせるように奨励するために」そして「この増加する年齢層へのサービスを主導し発展させていく方法を模索している司書の要求に応えるために」このガイドラインは作成された（なお，このガイドラインは1987年，1999年，2008年に改訂されている。http://www.ala.org/rusa/resources/guidelines/libraryservices）。

「高齢者サービスのガイドライン」

日本での現時点でのサービスは，視力の衰えに対応した大活字本の排架や老眼鏡の備えつけ，移動の困難に対応した施設のいわゆるバリアフリー化，移動図書館のサービスポイントの一つに高齢者施設を加えるなどの事例が多いが，ほかに「回想法」の手法を取り入れた出雲市立ひかわ図書館（旧・斐川町立図書館）などの新しい手法の活動も試みられるようになっている。「回想法」とは，アメリカの精神科医ロバート・バトラー（Robert Butler）が1963年に提唱した心理療法で，子どもの頃の遊び，音楽，暮らしなどのテーマに即した生活道具を活用し，「昔」を生き生きとしたものにし，現在を生きる糧につなげる方法である。ひかわ図書館では「思いで語りの会」として，これを行っている。

大活字本
老眼鏡
バリアフリー化
回想法

また，高齢者自身に参加してもらうプログラムとして，「戦争体験を語る」といったものや，「地域に伝わる話を語る」など，地域サービスと密接につながりがある企画などもある。また，図書館での高齢者への読み聞かせ・お話会が企画されたり，出版の側でも高齢者向けの紙芝居なども作成されるようになってきた。「公共図書館における障害者サービスに関する調査研究」（http://current.ndl.go.jp/files/research/

「公共図書館における障害者サービスに関する調査研究」

2010/2010research_report.pdf）によると，「施設等を対象としたサービスの実施状況」では，特別養護老人ホームが20.2％，老人保健施設が19.6％の図書館で行われているが，高齢者サービスの独自性を考慮したサービスの展開は焦眉の課題といってよく，高齢者の多様性を尊重し，その声をよく聞きながら，今後のサービスの模索されていくべき分野ということができるだろう。

なお，「高齢者サービス」とは，高齢者自身へのサービスのみならず，家族をはじめとする高齢者を支える人々へのサービスと考える必要があるだろう。介護の負担の多くが家族に求められている日本では，「介護疲れ」が大きな問題となりつつある。これは，障害者サービスなどにもいえることだが，ターゲットとなる利用者をとりまく同心円状の広がりとして，広く対象をとらえていくべきである。

●………デジタルデバイド

デジタルデバイド
年齢層間格差
地域間格差
階層間格差
国際格差

デジタルデバイドというと，前節からの流れから想起されるように，今日の日本では主に情報機器やネット操作技術に関する年齢層間格差ととらえられることが多い。しかし，実際には情報の格差は年齢層間の他に，地域間格差，障害の有無による格差，階層間格差，さらには南北問題に深く起因する国際格差などもある。

この「格差」はインターネット発祥の地であるアメリカで，1990年代後半から社会問題として明確に認識されるようになったものである。1995年にはアメリカ商務省が，『ネットワークからこぼれ落ちる：地方と都市部における「もたざるもの（Have Nots）」についての調査』を発表し，引き続いて1998年に『ネットワークからこぼれ落ちるⅡ：デジタルデバイドに関する新しいデータ』（http://www.ntia.doc.gov/ntiahome/net2）の報告書で公に「デジタルデバイド」という言葉が使われるようになり，1999年に『ネットからこぼれ落ちる：デジタルデバイドを定義する』（http://www.ntia.doc.gov/legacy/ntiahome/fttn99/FTTN.pdf）が発表された。また，2000年の第26回主要国首脳会議（沖縄サミット）でIT革命が議題としてとりあげられ，『グローバルな情報社会に関する沖縄憲章』（Okinawa Charter on Global Information Society）の中に「情報格差（デジタル・ディバイド）の解消」が盛り込まれた。

沖縄サミット
『グローバルな情報社会に関する沖縄憲章』
情報格差の解消

この「デジタルデバイド」という言葉自体は2000年代後半以降，日本では急速に使われなくなってきているが，問題の本質が解消されているわけではない。『平成25年版情報通信白書』によると，2012年末における個人の世代別インターネット利用率は，13歳〜49歳までは9割を超えているのに対し，60歳以上は大きく下落している。また，所属世帯年収別の利用率は，400万円以上で8割を超えており，所属世帯年収の低い区分との利用格差が存在している。さらに，都道府県別にみると，大都市のある都道府県を中心に利用率が高いことも指摘されている。

図書館との関わりで考えるならば，(1) 今日の日本でもネットから「こぼれ落ち

る人」がいることを認識し,図書館が知のセーフティネットとしての役割を果たすこと,(2)「高齢者＝パソコンが苦手な人」という認識は必ずしも正しくなく,個人差が大きいが,一般的な傾向から,高齢者や障害者へのパソコン講習などを通じて,格差の是正をめざすこと,(3)個人では購入が難しい高額の商用データベースなどを図書館で導入し,その利用の援助をすること,などが考えられる。

(1)については,スマートフォンの普及などによって,「ユビキタス社会」は実現しているかのように錯覚されるが,前述の情報通信白書をみるまでもなく,ネット接続に困難をもつ人は少なからず存在する。経済協力開発機構(OECD)から2013年10月に発表された成人力調査(PIAAC)の結果でも,「ITを活用した問題解決能力」について,年齢差,性別,両親の学歴,職業などによる格差は存在することが明らかになっている(PIAAC日本版報告書「調査結果の要約」,http://www.nier.go.jp/04_kenkyu_annai/pdf/piaac_summary_2013.pdf)。以前のように,「図書館でインターネット端末を開放すれば,図書館がネットカフェになってしまうのではないか」といった議論から離れられる今日では,「こぼれ落ちる人」へのサービスとして,図書館が情報ハブになることは,少なくない意味をもつであろう。

※傍注：ユビキタス社会／経済協力開発機構(OECD)／ITを活用した問題解決能力

(2)については,例えば日野市立図書館は2011年に,実践女子大学図書館,実践女子大学図書館学課程,実践女子短期大学図書館学課程と協力して,高齢者を対象とした「初心者向け図書館ホームページ活用講座」を開催している。

筆者が実際にその場に参加した印象からいうと,インターネットの利用に関して,まず図書館のホームページから導入するというのは効果的である。図書館のホームページは,各自治体のサイトの中でも最もアクセスの多いサイトであるとよくいわれているが,利用者が具体的な本と結びつけてイメージが得やすく,リンク集などの概念を理解するにも役に立つ。

一般に大学等ではパソコン教室などが整備されているが,授業期間以外は使用されていない場合が多い。地域の大学と市町村立図書館の協力のあり方の一つとして考えることもできるだろう。

(3)については,ネット上の情報は今後ますますオープンアクセス化が進むと思えるが,一般にニーズのある新聞記事データベースや,医療関係データベースなどは有料で,個人で契約するには高額である。また,現在インターネット上で,無料で調べられる病気や薬の情報も多いが,こうした情報の存在自体も知らない人は多い。有料データベースを図書館で導入したり,有益で信頼性のあるネット上の情報に利用者を導くことは,図書館への信頼にもつながるだろう。

※傍注：オープンアクセス化／有料データベース

UNIT 45 ●図書館の広がる役割

図書館の社会的プログラム

図書館のプログラムといった場合，一般的には各館で行う集会・行事・イベント活動等が想起されるかもしれない。しかし，ここでは「図書館の広がる役割」の下のUNITとして，「図書館の社会における意義について，再検討を促す実験的な活動」として，図書館の社会的プログラムを考えてみたい。

こうした事例として，1960年代のアメリカ公共図書館におけるアウトリーチ・プログラムと東日本大震災に際して，行われた活動としてsaveMLAKをとりあげる。それぞれ大きな「プログラム」で，日本の図書館の日常とかけ離れたものと考えられがちであるが，根底には「図書館とはなにか」，「その存在意義はどこにあるのか」を問いかける事例として，検討したい。

図書館の社会的プログラム
アウトリーチ・プログラム
saveMLAK

●……… 1960年代のアメリカ公共図書館におけるアウトリーチ・プログラム

「アウトリーチ・プログラム」という用語については，いろいろな文脈で，さまざまな使われ方をするが，より具体的にはアメリカの1960年代という社会的・文化的文脈に深く関与する用語で，当時のアメリカ公共図書館におけるアウトリーチ・プログラムとは，「社会において不利益を被っている人々」（the disadvantaged）に対する図書館サービスの総称であった。

社会において「不利益を被っている人々」という言葉が意味していた内容は多様であり，包括的な定義は難しい。エリノア・ブラウン（Eleanor F. Brown）は，1971年に出版された『不利益を被っている人々への図書館サービス』（Eleanor F. Brown, *Library Service to the Disadvantaged*, Scarecrow Press, Metuchen, New Jersey, 1971）と題する著書の中で，(1) 不利益を被っている人々の「不利益」とは，その人の置かれた社会状況に依存する相対的なものである。(2) このことから考えても，特定の集団に対して「不利益を被っている人々」というレッテルを貼ることには問題がある，と留保しながら，作業的な定義として以下の集団を，不利益を被っている人々としてあげている。すなわち，①経済的に苦境にある人々，②身体に障害を受けている人々，③精神的に障害を受けている人々，④人種差別を受けている人々，⑤刑務所やその他の施設に収容されている人々，⑥高齢者，⑦社会参加の機会を奪われた若者，⑧英語に不自由を感じる人々（非識字者を含む），の各集団で

不利益を被っている人々

ある（小林卓「アメリカ公立図書館におけるアウトリーチ・プログラム」『大阪教育大学紀要　IV．教育科学』43(2)，1994，p.177-186)。

　これらは，当時不利益を被っている人々と呼ばれた集団をほぼ網羅しているといってよいだろう。また，一見してわかるようにこれらの集団は相互に排他的ではなく，一人の人間が二重三重に不利益を被っている可能性はきわめて高い。そして，当時問題にされたのは，これらの集団が図書館の非利用者（non-user）と重なりあっているということであり，特に公共図書館サービスとの関わりで注目されたのは，①，④，⑦の集団であった。

　こうした利用者層の偏向（公共図書館の利用者は，多くの場合白人，中産階級，教育のある人として描けるということ）は，すでに1950年代からいくつかの図書館利用調査で明らかにされてきたことであったが，このことがアメリカの1960年代の社会的文脈に置かれたとき，特別な意味をもつことになる。この時期アメリカ社会は，黒人公民権運動をはじめとするさまざまな人間解放への運動によって大きく揺れ動いた。図書館もこの動きとは無縁でありえず，南部の公共図書館における人種隔離撤廃運動や，それに関連したアメリカ図書館協会における論議を契機に，図書館における平等という議論が広く行われるようになる。

　またこの時期は南部から北部，農村部から都市部への人口移動が進み，都市部の人口構成が急激に変化を示したときでもあった。大都市の中心部には黒人，低所得者を中心とするインナー・シティが形成され，白人中産階級は逆に郊外へと移動を始めていた。白人中産階級，教育のある人がその主たる利用者であった公共図書館は，急速にその顧客を失いつつあり，利用者を失ってはじめて，図書館は事態の深刻さを問題とするようになる。再びブラウンの指摘するように，この時期の公共図書館における不利益を被っている人々へ注目は，「愛他主義に基づくと同時に自己保存本能から生じてきたものであった」のである。

　これらの図書館の社会的責任の意識の高揚，顧客の減少等を背景に，不利益を被っている人々をターゲットに，大都市の図書館をはじめとして行われた特別なプログラムがアウトリーチ・プログラムである。「アウトリーチ」は「手をさしのべていくこと」などと訳されるが，そこでは「イン」と「アウト」の間の容易には越え難い高い壁が意識されていた。アウトリーチ・プログラムを実施していった図書館では，この壁は――無意識にせよ――今までの図書館活動の中で構造的に築き上げられてきたものだという認識に立ち，図書館を利用しない人々に責任があるのではなく，それらの人々が利用したがらない図書館にこそ責任があるのではないかという観点から，蔵書構成，スタッフの配置，管理運営と住民参加，PR活動，地域のニーズの把握といったすべての面で検討が加えられ，非利用者を利用者に転化していく積極的な図書館活動が模索された。

> 利用者層の偏向

> 公民権運動

1960年代のアメリカ公共図書館のアウトリーチ・プログラムは，連邦からの資金を基に計画されていたものが多く，その後の社会の保守化に伴い，資金が打ち切られ，プログラムの終了となってしまったものが多いことも事実である。しかし，これらのアウトリーチ・プログラムの要素は，その後「通常のプログラム」に取り入れられていったものも多い。「不利益を被っている人々」の「発見」は，その後のアメリカの公共図書館思想に大きな影響を与えている。

●⋯⋯⋯⋯saveMLAK

saveMLAK
博物館・美術館
文書館
公民館

東日本大震災

「MLAK」とは，博物館・美術館（Museum），図書館（Library），文書館（Archives），公民館（Kominkan）の連携に際して用いられる略語である。なお，実際にはここでとりあげる「saveMLAK」以外では「MLA連携」として言及されることが多い。

東日本大震災の起こった翌日の2011年3月12日の昼に，岡本真らがsavelibraryとして図書館の被災情報のネット上での情報共同収集と共有のシステムを開始し，これを受けて同日夕刻に始まったのがsavemuseumであり，その二つの流れを受けて3月13日にsavearchivesが開始され，前三者に触発されつつ3月16日に開始されたのがsavekominkanで，4月11日にそれらを正式に統合したのが，saveMLAKである。

以来，MLAKという4つのコミュニティの関係者の手によって，2011年末時点での報告によると約1万9500施設の所在情報と約700の被災情報がまとめられた。2011年12月までの総ページ数は，約2万4300ページ，一度でもデータの編集に携わった人は約300人，総編集回数は10万1200回となっている（岡本真「saveMLAKの活動と課題，そして図書館への支援をめぐって」『情報管理』54(12), 2012, p.808-818）。

この活動は，「東日本大震災」という「非日常」において行われた事業であることは確かである。そして当時から，直接的な「援助」ではない「情報」——しかもライフラインに直結しない，大局からみれば「一部情報」——の共有になんの意味があるのかといった冷めた目があったことも事実である。しかし，岡本は「3.11のその時，MLAKになにが起きたのか，その事実を確実に記録し，後世に伝えることは，それ自体に意義があると考えている。もし，この意義を否定するのであれば，それはMLAKという施設・機能の否定にほかならないだろう」（同上）と述べている。

図書館をはじめとするMLAKとは，資料・情報・知識を，収集・整理・提供・保存する機関である。そして，それは「なんのために」という意味を常に問い続けるものでなければならず，こうした社会への訴求は単なるPRというものを越えた図書館経営の欠かせざる要素の一つということができるだろう。

●……… 図書館の社会的プログラム

　以上，二つの事例をみてみた。ここで，冒頭で述べた「図書館の社会における意義について，再検討を促す実験的な活動」について考えてみたい。「実験的」とは，「実践」から離れたという意味ではなく，ましてや「社会から隔絶された研究室での」という意味でもない。その根底には図書館活動を広げていこうとする考え方，より広い層の人に図書館を使ってほしいという希求と，日常／非日常にかかわらず資料・情報・知識を住民に届ける使命といったものがある。

　そのためには，図書館は常に「実験的」でなければならない。これは伝統的な日常業務を軽視するものではない。日常的な，一見すると地味なサービスの積み重ねの上にこそ住民の信頼を築くことができ，そこで初めて「実験」が可能になる。

　プログラムの基底となるものは，やはりコレクションと職員である。これからの図書館に必要なものとして，糸賀雅児は「3C」(Content, Collaboration, Communication) を示しているが（『課題解決型サービス（DVD）』紀伊國屋書店, 2009），筆者はこれを再編成して，「コンテンツ」(Content)，「コンビネーション」(Combination)，「コミュニケーション」(Communication)，「コラボレーション」(Collaboration)，「カルチャー」(Culture) を加えて，さらに対象となる「コミュニティ」(Community) をも含んで，「これからの図書館のための5 + 1C」としたい。

　図書館の出発点はやはりコンテンツである。「中身」のないプログラムは，図書館にとって致命的であろう。そして，そのコンテンツをさまざまなモノ，ヒトと結びつけるコンビネーションによって新たな価値を見出す。そのためにはさまざまな立場の人とコミュニケーションがとれなければならず，コラボレーション（協働）ができなければいけない。そして，そこで創造されるものは，カルチャー（文化）であり，総体としてコミュニティに働きかけるものである。

　こうした活動がまた「コンテンツ」を豊かにしていくといった円環作用が進んでいくというのが理想であり，そのための「初動」および「推進」の「動力」が図書館の社会的プログラムである。

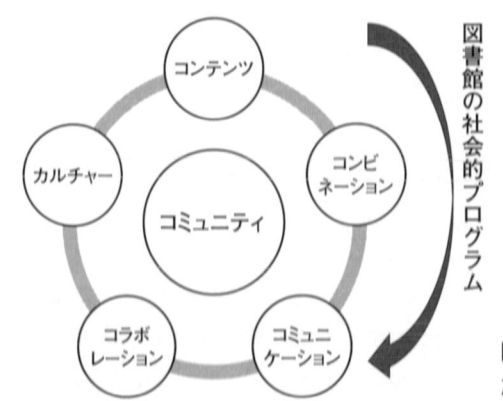

図45-1　これからの図書館のための「5 + 1C」

● —— option O

アイデアストアからサラボルサ

アイデアストア　　　図書館ではなくアイデアストア（http://www.ideastore.co.uk/）と呼ばれるこの施設は，利用者が区民の 15％と英国では異例に低かったロンドン東部，タワーハムレッツ区に計画された「新しい図書館」で，その最初のものが 2002 年にバウ（Bau）にオープンした。週 7 日合計 71 時間開いていて，「ホワイエでは勉強も読書もできるし，広いカフェで食事もできる。ホールの至るところにインターネットにつながるコンピュータが置かれ，すぐに使える。図書館職員は成人教育と図書館の経験者で，一つのチームに統合され，同じ T シャツを着ている。最初のアイデアストアの試作モデルの一部は改装された図書館で，[建てられてから] 100 年を経ていたが，鮮やかな色彩とモダンな家具のおかげで，レコード店かインターネットカフェのようになった。来館者は 3 倍になり，貸出は 65％増えた」と政策文書『将来に向けての基本的考え方』（2003）にその状況が報告されている。

　　アイデアストアのウェブに「図書館と学習」とあるように，この「新しい図書館」では，図書館のサービスのほか，地域の人々のキャリアをつくる生涯学習ニーズに応えるよう，「美術とデザイン，ファッションと繊維，ビジネスと金融，健康と福祉，自動車保守，IT とコンピュータの使い方，建築，言語，ケーキ作り，音楽，ダンス，写真，家族学習」といった分野の 800 以上のコースが用意され，また，イベントスペースや託児所，小売店舗などを付加したもので，いわば「街角大学」をめざしている。

　　2012 年にオープンしたウォトニイ・マーケット（Watney Market）のものは，図書館と「多元情報サービスとワンストップ・ショップ」を統合する，アイデアストアの新世代版だというふれこみである。提供されるものには，①成人と子ども図書館（CD や DVD やベストセラーを含めた広い範囲の収集を計画），②インターネットアクセスによるサーフィン・スペース，③健康相談やその情報サービス，④「ワンストップショップ」による区役所のすべてのサービス，⑤「シングル・アクセスポイント」という，研修や技能向上や求職相談コーナー，⑥オンライン情報や地元研究などの高度なレファレンスや情報資源へのアクセスサービス，⑦展示スペース，があげられている。

　　アイデアストアの成功を受けて，さまざまな都市で図書館のブランドを更新する新しい公共図書館のあり方が試みられている。

アンニョリ　　　その一つが，アイデアストアのチームの一人であったアントネラ・アンニョリ
サラボルサ　（Antonella Agnoli）が関与したイタリア，ボローニャのサラボルサ図書館である。もともとは証券取引所の建造物を活用した重厚な建物で，当然落ち着いた雰囲気が醸し出されているが，それとともに親しみやすい窓口の対応や，快適な利用席で，

人々はめいめい読書やら，それぞれの関心の赴くまま過ごしている様子がみてとれる。また，アンニョリの専門の児童サービスの部門も充実している。

彼女の著書 *Le Piazze del Sapere*（邦訳『知の広場：図書館と自由』萱野有美訳，みすず書房，2011）に記されているように，識字教育の遅れという問題をかかえているイタリアでは，なによりも広く一般の人々のための読書の場として図書館が必要だったのである。実はボローニャには，広場を隔ててアルキジンナージオ図書館という，貴重なコレクションをもつ立派な図書館がある。しかし，そのような伝統的な保存図書館は，必ずしも人々の日常に役立っていたわけではなかった。両方が揃って公共図書館として担うべき役割の全体が果たせる。サラボルサ図書館によってボローニャの人々は，これまでなかった図書館ブランドを確保したといえる。

『知の広場：図書館と自由』

これらの新しい社会状況の中で成功をおさめている公共図書館には，次のような共通した特徴があるように思われる。

①　コミュニティのニーズを正確にとらえ，それに基づく設計である。
②　図書館はコミュニティの人々の場として，便利な場所にあって，必要なときには（週末でも夜でも）いつも開いている。
③　図書館はオープンで人々を歓迎してくれる施設で，カフェなどもあり，くつろぐことができる。
④　広い層の多くの人々に必要な情報や学習機会が，さまざまな媒体で入手できる。
⑤　日々必要な社会サービスがそこに行けば利用できる，複合的な施設になっている。

クリスプストリートのアイデアストア　　サラボルサ図書館の2階の雑誌コーナー

UNIT 46 新しい公共経営

●新しい経営

新しい公共経営

新しい公共経営
PFI
指定管理者

●⋯⋯⋯⋯新しい公共経営とは

　図書館の経営に関して，近年いくつかの重要な動きがある。例えば，PFI，指定管理者といった民間事業者との協働による公立図書館の運営や，図書館の活動について評価をしていこうとする動きなどである。これらの取組の背景にある考え方が，新しい公共経営（New Public Management：NPM）である。

NPM

　第二次世界大戦後，先進諸国ではおおむね順調な経済成長を背景に，市場での自由な取引だけに任せていたのでは望ましい資源配分が実現されないとの考え方から，公共部門の拡大が進められてきた。ところが，1970年代の石油ショックを契機として経済成長が鈍化し，財政赤字が拡大するとともに，公共部門の非効率性が指摘されるようになってきた。

公共部門の非効率性

　このような状況を克服することをめざして，1980年代以降，英国・ニュージーランドなどのアングロサクソン系諸国において取り組まれたのが，均衡財政を守った上で公的部門を縮小するという改革であり，1980年代後半以降の改革は，パフォーマンス改善という観点から，業績・成果の達成を重視した，公的部門全体の包括的な構造改革へと移行していった。

均衡財政
公的部門縮小

　このような取組は「新しい公共経営」（NPM）と総称され，公的部門改革の世界的な潮流となっているが，行政実務の現場を通じて推進されてきたさまざまな改革の結果として現れたものであり，明確な定義というものはなく，国や地域，あるいは時代により，考え方やアプローチにはかなりの幅がある。例えば，英国やニュージーランドでは，民営化やエージェンシーといった市場メカニズムを幅広く活用する改革を先行させたのに対して，北欧諸国や大陸系諸国では，市場メカニズムは緩やかに適用することにとどめて，行政組織の効率化やサービスの向上を実現しようとしている。NPMという呼称にしても，経済協力開発機構（OECD）や世界銀行などの国際機関では，各国の共通的な特徴としてNPMと総称することが一般的であるが，実際に改革に着手している諸国では，英国・ニュージーランド型の改革を指してNPMと呼ぶこともあり，北欧諸国や大陸系諸国では，自らの改革を「公的部門の現代化」（public modernization）と呼ぶこともある。

市場メカニズム

●……… 新しい公共経営の特徴

NPMの全体に共通してみられる特徴として、以下の4点が指摘されている。

(1) 業績／成果による統制：経営資源の活用に関する裁量権を広げる。その代わり、業績／成果による統制を導入する。
(2) 市場メカニズムの活用：民営化手法、エージェンシー、内部市場などの契約型システムを導入する。
(3) 顧客主義への転換：住民をサービスの顧客とみる。
(4) ヒエラルキーの簡素化：統制しやすい組織に変革する。

> 民営化
> エージェンシー
> 内部市場
> 顧客主義

なお、この4つの要素のうち、本質的なのは(1)および(2)であり、(3)および(4)は統制の基準や手段であるといえる。(1)および(2)について、新しい公共経営と伝統的な行政管理システムとの比較をしてみると、次のように説明することができる。

まず、(2)は公共サービスの供給主体の観点であるが、伝統的な行政管理システムでは、さまざまな公共サービスは公共部門により独占的に供給されてきた。しかし新しい公共経営では、市場メカニズムを活用して競争を前提とした公共サービスの提供が行われるため、民間企業等がその供給主体となりうることになる。

次に、(1)は公共サービスの提供手法の統制という観点であるが、伝統的な行政管理システムでは、経営資源の活用に際して、手順・手続きを最重視（プロセスの民主的管理）する傾向があった。行政は、立法府が制定した法律の執行を担う役割であり、一定の裁量を有しつつも、法令等で決められた枠組み・プロセスに従って活動を行うことによって計画した効果が自動的に発揮されるという前提であった。そのような行政を評価する場合には、行政の執行プロセスにおける手続き的な正当性が原則となる。これに対して、新しい公共経営では、業績／成果による統制が行われ、行政の執行にあたっての自由度を高める（裁量権を広げる）一方で、当該施策や事業によってもたらされる業績や成果を重視し、業績、成果を事後的に評価（See）して、次の企画（Plan）へとフィードバックさせるマネジメントサイクルを導入していくこととなる（大住荘四郎『ニュー・パブリックマネジメント：理念・ビジョン・戦略』日本評論社、1999）。

> 手続き的な正当性
>
> 裁量権
>
> マネジメントサイクル

●……… わが国への影響

近年、道路公団、郵政等の民営化や民間事業者等へのアウトソーシングの推進のほか、次々と制度化され取り組まれている以下のような改革は、NPM的な手法であるとされている。

1) PFI
　PFI（Private Finance Initiatives）とは、1992年、英国において生まれた公共サー

> PFI

ビスの提供手法であり，公共施設等の建設，維持管理，運営等を民間の資金，経営能力および技術的能力を活用して行うことで，国や地方自治体等が直接実施するよりも効率的かつ効果的な公共サービスの提供を図るという新しい考え方である。

<small>民間資金等の活用による公共施設等の整備等の促進に関する法律</small>

わが国では，「民間資金等の活用による公共施設等の整備等の促進に関する法律」が1999（平成11）年9月24日に施行された。PFI事業は，あくまで国や地方自治体等が発注者となり，公共事業として行うものであるが，従来型の公共事業が，行政部門が自ら運営・提供することが基本であったのに対し，PFI事業の場合，複数の民間企業が特別目的会社（Special Purpose Company：SPC）を設立して，自ら資金を調達して施設の設計・建設から維持管理・運営までのサービスを提供し，行政は，提供されるサービスの内容や水準を決定し，サービス内容の水準を保つための監視等を行うこととなる。

2015年3月末現在，国，地方自治体等で実施方針が公表されたPFI事業は489件であり，図書館関係では10館程度の事業が進行している。

<small>独立行政法人</small>

2) 独立行政法人制度

2001年の中央省庁等改革の際に創設された制度である。従来の政府機能について，企画立案機能と執行機能を分離することにより，企画立案機能を強化する一方で，政策の実施・執行機能については，原則として国の行政機関から独立した法人に処理させることとし，法人の長に経営の自主性と裁量を与えた上で，企業的経営手法を活用し，効率的に遂行させることとしたものである。2015年4月現在，試験研究機関をはじめ98の独立行政法人が存在している。

一方，地方自治体が提供する公共サービスについても，国において独立行政法人により提供されるサービスと同様のものを提供している機関が存在していることから，これらについて効率的な公共サービスの提供等を実現するため，地方版の独立行政法人制度の活用が有効な場合もあると考えられた。こうしたことから，地方自治体の一定の事務・事業について，地方自治体の自主的な判断に基づき，地方自治体とは別の法人格を有する団体を設立して担わせる途を開くため，地方独立行政法人法が2003（平成15）年7月に制定され，2004年4月から地方独立行政法人制度が国の独立行政法人制度（国立大学法人を含む）に倣って創設されている。

<small>地方独立行政法人法</small>

<small>政策評価制度</small>

3) 政策評価制度

国における政策評価制度は，中央省庁等改革の大きな柱の一つとして，2001年1月の中央省庁の再編に合わせてスタートした。さらに制度の実効性を高めるため，「行政機関が行う政策の評価に関する法律」が制定され，2002（平成14）年4月から施行されている。

<small>行政機関が行う政策の評価に関する法律</small>

地方自治体においては，事務事業評価システム（三重県），時のアセスメント（北海道），業務棚卸表（静岡県）をはじめ，多くの団体において国の取組よりも先行

して行われている。「地方公共団体における行政評価の取組状況」（総務省，2013年10月1日現在，http://www.soumu.go.jp/main_content/000278815.pdf）によると，都道府県100％，政令指定都市95％，中核市97.6％，特例市100％，市区82.8％，町村34.9％の団体で評価の仕組みが導入されており，そのほとんどの団体で，予算要求や査定，事務事業の見直しに評価結果が活用されている。

4）公の施設の指定管理者制度

公の施設は，地方自治体が住民の福祉を増進する目的をもってその利用に供するために設置されるものであり，公立図書館もその一つである。その管理は，適正に行われることが必要であることから，従来は，地方自治体がその管理委託を行う場合，公共団体や出資法人等に委託先が限定されてきたが，総合規制改革会議等において，公の施設の管理のあり方の見直しが指摘された。これらを踏まえ，公の施設の適正な管理の確保のため，受託主体の公共性に着目してきた従来の考え方を転換し，管理の受託主体を法律上制限することとせずに，必要な仕組みを整えた上で，その適正な管理を確保しつつ，管理コストの軽減や住民サービスの質の向上にも寄与するよう地方自治法の改正が行われ，2003（平成15）年9月に施行された。

2012年4月現在，全国の地方自治体で指定管理者制度が導入されている施設の数は7万3476施設であり，うち約3割にあたる2万4384施設で民間企業等が指定管理者に選定されている（http://www.soumu.go.jp/main_content/000189434.pdf）。

ただし，その運用にはなお，総務省からの助言の発出（「指定管理者制度の運用について」（平成22年12月28日），http://www.soumu.go.jp/main_content/000096783.pdf）にあるように，地方団体および指定管理者双方に不十分な点がみられる。公共サービスを確保する点で双方が十分な環境を整備していく必要がある。

なお，指定管理者を導入した公立図書館については，令和3年度社会教育調査（中間報告）によれば2021年10月時点で，703館となっている（https://www.mext.go.jp/content/20220727-mxt_chousa01-100012545_1.pdf）。

5）市場化テスト

市場化テストとは，ある公共サービスについて，「官」と「民」が対等な立場で競争入札に参加し，価格・質の両面で最も優れた者が，そのサービスの提供を担う仕組みである。この仕組みでは，「官と民が競争を行う」というところに主眼が置かれ，単純に公共サービスを民に任せるというものではない。

競争入札の結果，民が落札した場合には，民営化，民間委託等が行われ，民の創意工夫により公共サービスの質が向上するが，官が落札した場合でも，民との競争の過程を通じて，効率化への取組を高める。すなわち，市場化テストは，公共サービスの提供に競争環境をつくり出すことで，質の向上とコストの削減を目指し，公共サービスの改革を推進する手法である。

競争の導入による公共サービスの改革に関する法律

わが国においては，2004年3月の規制改革・民間開放推進3カ年計画の閣議決定以後，調査，研究が本格化し，「競争の導入による公共サービスの改革に関する法律」が2006年7月に施行されている。

その結果，独立行政法人の図書館や大阪府立図書館で一部実施されたし，また国立大学法人図書館でも検討が行われている。

●………公立図書館の対応

地方自治体は，今後，地方分権の一層の進展により，これまで以上に独自性をもって政策の展開を行うことができるようになる。しかしながら，少子・高齢化対策や安心・安全の確保等の新たな公共サービスへの期待が高まる一方で，厳しい財政状況といった経営資源の制約があるため，地方自治体には，真に行政として対応しなければならない政策・課題等に重点的に対応した簡素で効率的な行政を実現することが求められている。

公立図書館も，いうまでもなく地方自治体の組織の一つであり，こうした改革の動きを傍観していることはできない。公立図書館の提供する公共サービスが地域住民の福祉の向上にとって重要であることはもちろんである。ただし，NPMなどの手法も含め，行政コストを縮減しつつ，公共サービスの質を最大限高めていくような経営手法を常に模索していく必要もある。

UNIT 47 公共図書館の運営の今後

● 新しい経営

● ……… 直営か指定管理者かという選択

　2003（平成15）年9月，地方自治法の改正により，公立図書館は今までと同様に行政組織が運営する「直営」方式か，それともその運営を指定管理者に委ねる方式かを選ぶこととなった。指定管理者制度は，前のUNITにもみたように，社会の発展において多様化した住民ニーズに効果的・効率的な対応をするために，市場メカニズムを活用して，より顧客主義の徹底をめざそうという新しい公共経営（NPM）の考え方に基づくが，この制度はわが国独自のものといってよい。

　2021年度の時点では703館の公共図書館が，指定管理者制度に移行している。他の公の施設の指定管理者の割合（6割程度）からすれば，公共図書館の割合は低いが，年々その数は増加している。日本経済新聞の「エコノ探偵団」（2012年10月16日）が，「公立図書館の運営に書店が相次ぎ参入：その理由は」と探っている。しかし，公共図書館という市場が開放されたことが確認された以外は，さまざまな問題があって（この記事が書店という視点に限定したこともあり），増加の理由を明確に探れたわけではなかった。実際，指定管理者制度の年々の増加傾向の理由は，企業的な論理というよりも，行政組織の経費節減圧力と図書館を運営する力量の減退がその背景にあるとみられる。

直営
指定管理者

顧客主義
新しい公共経営

● ……… 公共図書館の資金と組織

　ユネスコ公共図書館宣言に「公共図書館は原則として無料とし，地方および国の行政機関が責任をもつものとする」とあるように，公共図書館は，全部または一部公的資金で運営されるのが原則である。公的資金以外は，寄付金やサービスに対する課金，資金運用による収入確保など，欧米の公共図書館では積極的にそうした活動が行われてきた。さらには財団などを附置し，そちらの資金を図書館運営に投入していることもある。わが国においても，外部資金の実績はほとんどなかったが，近年はその獲得努力が始まっている。とはいえ，公共図書館は公的資金による原則がゆらいでいるわけではない（なお，公共図書館であっても，わが国の私立図書館（「図書館法」，これには非営利法人が含まれる）は公的資金が導入されないという点で位置づけが異なる。したがって，以下ではこれを除いての議論となる）。

公的資金
寄付金
課金
資金運用

一方，公共図書館の経営組織のあり方はというと，欧米ではすべてが政府（行政）組織だというわけではない。ニューヨーク市の三つの図書館システムのように，古くから法人立の公共図書館が少なからず存在する（この由来は，歴史的な設置経緯，財務的な運営のしやすさ，あるいは権力からの独立を図るためなどである）。オランダの公共図書館は今では，96％が法人立になってしまって，行政組織の一部としての公立図書館のほうがわずかである。また，公立図書館にあっても，欧米にはわが国の公共図書館のようにがっちりと行政組織の一環として位置づけられているものから，公立図書館に行政組織から独立した協議体を設け運営しているものまである。

法人立の公共図書館

●………公共サービスの問題点

　行政組織の一環として公立図書館を確保する立場は，いうならば公共図書館が公共財であるという立場であるといってよい。しかし，公共財は，非控除可能性（ある人の利用が他の人の利用可能性を減少させない）や非排除性（コストを負担しない者でもただ乗りできる）の程度によって，純粋公共財といわれるものから，準公共財といわれるものまでに区分できる。公共図書館のサービスは，国防や警察などのような純粋公共財ではないが，一般には社会的に確保しなければならない，いわゆる準公共財（コモン財）に該当する（UNIT 39を参照）。

公共財
非控除可能性
非排除性

純粋公共財
準公共財
コモン財

　準公共財として公共サービスを展開する場合，人々の需要に見合う供給を行い，かつそれに対する負担（税）を人々に適切に課すような制度が望ましいが，その設計を行うのは容易ではない（各個人の費用負担率を提示し，各個人の公共財の需要量を申告するという方法（E. F. リンダールの解）は，申告を正直に表明せずにただ乗りしようとする人が出てくれば機能しない）。そのため実際的には，投票などの政治的プロセスによってえた結果から制度を設計することになる。この場合には通常の多数決原理に従うことにより，中位の選好をもつ者が決定権を握ることになり，中位者が望むサービス水準にその供給水準が画一的に決まってしまう。

政治的プロセス

　しかし，その負担のあり方については，税の体系次第ではあるが，均一に課税されるとするならば「ハイ・ディマンダーにとっては，供給される公共財は彼が負担すべき租税価格に比較して少なすぎ；逆にロー・ディマンダーにとっては，供給量は多すぎる」（山内直人『ノンプロフィット・エコノミー：NPOとフィランソロピー経済学』日本評論社，1997）という結果となる。人々の意見や選好が比較的平均的だった時代は，このあり方で問題がなかった。皆が同じように利用し，同じように負担し，納得していたのである。しかし，今日のように多様な意見があり，多様な選好が存在する場合，この方法ではうまくいかなくなっている。

　多くの公共サービスは，今日こうした問題を本質的に内包しており，図書館サー

ビスも現在，情報資源の多様化や人々のニーズの多様化が進展している中で，「平均的なニーズを想定して供給せざるを得ない」という枠組みでは，多量・高品質サービスを望む利用者にとっては不満が残り，平均よりも少量・低品質サービスでよいという利用者には，税負担（コスト）が高いという不満が生じる。官僚制による組織の硬直化によるサービスの劣化などと相まって，公共サービスのこの舵取りの難しさが「政府の失敗」を引き起こす原因ともなっている。

政府の失敗

● ……… 公共図書館の新たな運営の模索

　それを回避するために，近年さまざまな工夫が行われてきた。市場に委ねてもよいものならば，民営化という方向の解決策もあるが，図書館サービスのようにそもそも「市場の失敗」（市場メカニズムが働いて最適な状態をつくり出せなくなる現象）を回避するために政府組織で扱われてきたものは，市場に任せるのは難しい。

市場の失敗

　そこで，これまで重ねられてきた主な方途として，次のようなものがあげられる。

(1)　民間非営利セクターの組織（Nonprofit Organization：NPO）の設定
(2)　公立図書館として，「政府の失敗」を回避する運営方法の導入

民間非営利セクター
NPO

　(1) の民間非営利セクターは，営利企業と政府と並ぶ経済部門として国際的には第三セクターと呼ばれる（わが国で一般に用いられている官民共同出資の組織のことではない。いわゆるNPO法人，学校法人，医療法人や社会福祉法人と同種のものである）。これらの法人は，前節で説明した公共サービスの不調を回避するために民間組織として，かつ人々の信頼をえやすくするために非営利な組織形態をとる。人々にサービスを供給し，その対価を受け取るが，それだけでは運営できないから，営利企業や家計からの寄付（賦課金），また政府からは補助金（ときには税の免除）などを受けて経営する。ただし「収入から費用を差し引いた純利益を利害関係者に分配することが制度的にできない」（山内，前掲書）のであり，民間組織であっても活動に一定の枠が設定されている。

第三セクター

　こうした民間非営利セクターとして，欧米では法人立図書館が歴史的に存在し，それらの公共図書館については早くから公的資金が投入され整備されてきた。法人立図書館は公共組織よりは自由度が高く，状況に応じて主体的に経営できる強みがある。そして，上述のような政府組織の行き詰まり，つまりきめ細かな対応ができないことや，組織の肥大化によるといった問題から，昨今オランダにおけるような，政府組織をこのセクターへ移行させるという動きが出ている。

　わが国でも，さまざまな領域で，ここまで述べてきた意味での第三セクターは今後進展していくだろう。ただし，公共図書館にとっては，これまで民間組織に公的資金の投入が認められていないため，当面この方策の見通しはない。

　もう一つの「政府の失敗」を回避する方途は，市場的な運営方法導入を視野に入

れ，運営を効率化しかつ成果や顧客に注目しようとするものである。わが国の場合，これらの問題を克服するのに提案されたのは，直営による運営の改善か指定管理者制度かの選択である。直営は，組織形態としては変化がないが，その運営において工夫するという意味である。つまり，いずれの選択をするにしても，サービスの改善と運営の効率化の課題を解決しなくてはならない。

　第一の課題は，社会発展の状況に対応した図書館サービスのあり方を検討し，住民の意向に沿った図書館サービスを展開することである。状況の変化を考えれば，これまでと同じようなサービス対応では，コミュニティ・ニーズに的確に応えられない。直営方式をとるとしても，ときには公務員制度の枠組み（例：標準的な勤務時間）を弾力的に運用した，効果的な運営（例：開館時間の拡張などに対応できる運用）が望まれる。他方，指定管理方式をとった場合も，公共サービスの原則を踏まえ，かつ民間の工夫により効率を高め，住民の要求に応えなければならない。ここで重要なのは，新たな図書館の使命・ビジョンの確認である。実際，なぜこのような制度改革が行われたかを理解しないところでは，従来どおりサービスを確保すればよいといった水準にとどまっている。

　第二の課題は，特に図書館サービスを実施できる態勢の整備である。教育サービスや社会サービスなどとともに，図書館サービスは公共サービスとして位置づけられており，情報・知識を中心にコミュニティを維持・発展させるものであるとされる。このようなサービスを実現するには，専門的な知識や技術に明るい職員と態勢を擁せずには，構成しえないものである。残念ながらわが国での図書館の仕事への理解が，モノとしての図書の貸出・返却の手続きのようなところに集約されている現実がある。しかし，図書館の本質的な働きはそのような単純な自動化ですむような機能ではない。情報・知識を介して，人々の課題を解決し，人と人を結びつけるためのサービスが展開されねばならない。そのために，直営による図書館も，指定管理者による図書館も，サービスの自動化を前提に，図書館情報専門職として十分に機能する職員が不可欠である。

　新たな公共図書館運営には，時代の状況を把握し，適切に設定した経営指針とともに，なによりもそれを実現しうる組織整備とその弾力的運営が必要である。

UNIT 48 ◉新しい経営
公共図書館のブランド

●⋯⋯⋯⋯図書館のブランドの強さ

　1980年代の後半に，急速なデジタル技術の進展を背景に，メディアの融合化（「コンバージェンス」と呼ばれた）が進展し，そのことを念頭に米国や英国の大学等を中心に情報センターと図書館との融合が図られたことがある。いずれもコンピュータを使って情報を扱うものだという理解だった。その際，図書館は情報資源の提供という機能に注目して「リソースセンター」とか，学生の学習を支援するという意味の「ラーニングセンター」といった名称に変えた機関も少なくなかった。同じようにわが国でも，「（学術）情報センター」などと改称した例があった。しかし，コミュニティの構成員の多くが，その名前に必ずしもなじんだとはいえなかった。いつでも「図書館なのですが」といった説明を付け加えられることが多く，しばらくして，このコンバージェンスは，多くのところで解消され，結局は図書館という名称に戻された。

　その後，デジタル化された資料を扱う電子図書館とかデジタルライブラリーが出現した。情報資源そのものの多くは，図書館ではなく出版社のサーバに確保され，これまでの図書館のサービスモデルとはずいぶん異なるのだが，「図書館」という呼称がすんなり受け入れられている。デジタル化しても，「情報・知識のパッケージを提供してくれる機関＝図書館」という了解があって，図書館という名前（ブランド）で，了解し合えるということなのだろう。

　新しい名称といえば，1970年代にフランスで使われ始めたメディアテック（médiathèque）がある。紙以外の新しいメディアの資料に注目して，録音，映像資料を中心にしたメディアを提供する施設で，ビブリオテック（bibliothèque）とは，別の施設として展開し始められた。1977年にパリに設置されたポンピドーセンターは美術館として注目を浴びたが，その中には国立の公共図書館が入った。そのしつらえは新しいメディアを中心としたものであった。その後，各地に次々に設置されたメディアテックは印刷資料も収蔵し，今では多くの都市で，公共図書館として人々の利用を支えている（学術図書館には，この動きはない）。メディアテックは，メディア図書館（media library）と訳されるが，これも図書館というブランドといってよい。人々は図書館というものに対して，それぞれのイメージを抱き，図書館にあ

［欄外］
メディアの融合化
リソースセンター
ラーニングセンター
（学術）情報センター
デジタルライブラリー
メディアテック
ビブリオテック
メディア図書館

る種，愛着を覚えているようで，このブランドは，意外としぶとく強い。

　石井淳蔵は，商品の名称（ブランド）を次のように説明している。「製品を表現［伝達］するための名前がいつしか自立し，それ自体として価値をもつ。そして立場が入れ替わって，逆に製品がその名前の価値を表現［伝達］するためのメディア装置の位置につく。［中略］しかし，また，製品の技術や使用機能［使用局面］がかかわるとき，ブランドはその新しい価値を伝えるメディアとなる。」（『ブランド：価値の創造』岩波書店，1999）。電子図書館とかメディアテックにおける新しいサービスは，図書館というブランドによって人々に受け止められたのである。

図48-1　ストラスブールのメディアテック・マルロー

● ……… **新しいブランドの設計に向けて**

英国文化・メディア・スポーツ省

アイデアストア
ディスカバリーセンター

　英国文化・メディア・スポーツ省の政策文書『将来に向けての基本的考え方：今後10年の図書館・学習・情報』（日本図書館協会．2005）は，図書館というブランドを変更した例として，ロンドンのタワーハムレッツ区の「アイデアストア」や，ハンプシャーの「ディスカバリーセンター」を紹介している。また図書館という名前のままで，新しい環境（コミュニティの人々のライフスタイルなど）に適応した図書館再生の試みもいくつか紹介されている。これらはすべて，そこで提供する新たな価値により，図書館というブランドを更新しているという。

　このような事例を踏まえて，今後20年の図書館のあり方をとりまとめた報告書『21世紀の図書館：変化する形態，変化する未来』（*21st Century Libraries: Changing Forms, Changing Futures*）が，新たな図書館設計のあり方を提案している。まずは，図書館とは4つの要素のよいバランスの上で展開されるものだという。4つの要素とは，図書館サービスの対象となる**人々**，そしてサービスやイベント等活動の**プログラム**と，図書館に望ましい**連携相手**（地域の教育サービスあるいは博物館等），それに図書館の**所在地**（街の中心か，市のランドマークか，近隣の施設かなど）である。

　そして，図書館がめざしてきたものは本来，「相互に尊重し合う気風とともに，優れた設計の共同性が生み出す，多文化を取り込んだ，新しい形の市民性を尊重する『市民の場』」であることから，「成人教育や高等教育の進展，増え続ける単身所帯，増大する社会的な流動性」などの社会の変化を考慮に入れた図書館設計には特に次の点が重要だという。

252　新しい経営

(1) 適切な気風（エートス）をかもしだすこと（それぞれのコミュニティの位置とニーズに応じた）
(2) 第二の自宅としての図書館（情報ネットワークなどにより自宅と図書館の関係は密接なものに変化した）
(3) 世界に広がる窓となること
(4) 時間管理や用途を考慮した空間設計（さまざまなことが，それぞれの場，それぞれの時間で展開される。互いに阻害し合わないような設計）
(5) 図書館は公共空間
(6) 建物迷路から容易に抜け出せること
(7) 技術（情報通信やオンラインサービス）との親和性
(8) 相反するニーズ・関心への対応
(9) 家族全体を包摂する設計
(10) セキュリティ問題

　図書館が果たすべき社会的な機能を洗い出して図書館を再定義し，その原点的機能を社会の発展や技術の進展によってもたらされた状況下で展開する。ブランドの革新は，このような環境変化を踏まえた使用価値を提案することになる。

● ブランド再構築事例の検討

　S. ハリッフ（S. Hariff）とジェニファー・ロウレー（Jenifer Rowley）は，公共図書館ブランドの再構築事例の検討をインタビュー調査によって行った（"Branding of UK Public Libraries," *Library Management*, 32(4/5), 2011）。そのうちの一つが，農村型のカウンティ・ライブラリー，デボン図書館サービスの事例であり，もう一つが上にも言及された都市型の，ロンドンのタワーハムレッツ特別区のアイデアストアである。

〔公共図書館ブランドの再構築〕

〔デボン図書館サービス〕

1）デボン図書館サービス
　イングランド南西部の，6,500 km²の広大な面積をもち，人口75万ほどの，基本的には第一次産業と観光業に依存する地域，デボン・カウンティをサービス対象とする図書館組織で，50館を束ねる中央図書館はエクセターに置かれている。
　2008年に新しいトップ（Ciara Eastell）の赴任を契機に，21世紀にふさわしい近代化プログラム事業に着手し，新しいブランドの構築に取り組んだ。サービスができるだけ広い範囲に届いて，人々の個別なニーズに合わせた最善のものとなっているか，デボン図書館のサービスの価値は職員，自治体の意思決定者，そして一般の人々の理解を得ているか，そして地域の人々の生活において図書館サービスが果たせる重要な役割はなにかなどの点をとりあげ，さまざまな場で議論を重ねた結果，中核となるブランド価値として「未来に目を向けること」を導き出した。この「未

来に目を向けること」は，現在だけでなく尊重すべき過去から引き継いだ地域のブランドを念頭に置きつつ，つまり，人々の状況を考慮し，それぞれの願いを未来へつなげることを意味している。また，厳しい財政カットにより図書館の生き残りそのものが問題になる状況にあって「あなたの図書館サービスを発展させる」というプロジェクトなども走らせて，人々の描く図書館のイメージを変えたという。

2) アイデアストア

アイデアストアという図書館ブランド再構築は，今では誰もが認める象徴的な存在となっている（詳しくは，option O　アイデアストアからサラボルサを参照）。ここで行われたことは，地域にとって最も高い必要性に応えるということであり，かつ人々を「引き込み（engage），力づけ（empower），豊かにする（enrich）」という指針のもと，幅のある高品質のサービスを，新しいブランドとして実現したのである。

こうしたブランド再構築の事例から，ハリッフらによれば，主要な成功要因は，7つあったという。

① 明確なポジショニングとアイデンティティ（図書館の役割はなにか，そして情報化社会の中でその位置は確保できるか。これらの事例では，いずれの図書館も人々にとって魅力のないものだという点を認識し，新しいブランドを見出そうとしたこと）

② アドボカシーと広報（図書館ブランドがすべてのステークホルダーにとって受け取れない可能性があり，アイデアストアでは図書館という呼び名すらやめ，図書館が提供できる価値を前面に出したこと）

③ 協働ブランド構築（自治体の他の機関と協働して構築したこと）

④ 職員の取り組む姿勢（すべての職員が積極的に関与）

⑤ ブランド・コミュニケーション（図書館のやろうとしていることを関係者にきちんと伝えた）

⑥ 評価（活動の評価，そしてブランディングを評価し，十分かどうかを点検したこと）

⑦ 全国的なマーケティング・キャンペーン（図書館サービスに対する否定的な受け止め方を払拭するような全国的なキャンペーンが行われたこと）

ブランドの構築にとっては，その図書館が置かれている社会的文脈がとても重要な要因となる。これらの成功事例のように，各図書館は自らの状況をきちんと把握し，人々に提供できるその価値を確かめて，ブランドの再構築は行われる。

UNIT 49 ●新しい経営
情報装置のバリアフリーとユニバーサルデザイン

●⋯⋯⋯⋯バリアフリーとユニバーサルデザイン

　図書館施設におけるバリアフリーについては，UNIT 28（バリアフリーと永続性のある設計）でみた。ここでは，物理的な側面としてのそれではなく，図書館というものが社会における情報のバリアフリー装置となること，さらに情報のユニバーサルデザインはどのように設計されたらよいか考えてみる。

　まず「ユニバーサルデザイン」という言葉を確かめるため，『大日本百科事典（ニッポニカ）』で引くと，

・バリアフリー

　「障害をもつ人々が，生活環境（住宅，地域施設，交通施設）において，普通に生活することを阻んでいる障壁（バリア）をなくすこと。1974年，国連専門家会議報告書『バリアフリーデザイン』が出版された当初から，物理的バリアフリーのみならず，心理的・社会的バリアフリーの重要性は指摘されていた。近年，バリアフリーのみならず，安全性や利便性等にも十分配慮し，障害者，高齢者，子供，妊婦，乳母車を押す人々などすべての人々に使いやすい設計として，ユニバーサル・デザイン（普遍的デザイン）の考え方も重視されている。」

・ユニバーサルデザイン

　「年齢，性別，身体的状況，国籍，言語，知識，経験などの違いに関係なく，すべての人が使いこなすことのできる製品や環境などのデザインを目ざす概念。1990年代にアメリカのノースカロライナ州立大学のロナルド・メイス（Ronald L. Mace, 1941-1998）が提唱したもので，デザインに次の7つの原則を提案している。
(1)　公平性（誰でも使いこなすことができる）
(2)　自由度（たとえば右利き，左利き両方が使いやすい）
(3)　簡単さ（作りが簡単で，使い方もわかりやすい）
(4)　明確さ（知りたい情報がすぐに理解できる）
(5)　安全性（使用に安全，安心で，誤使用しても危険が少ない）
(6)　持続性（長時間使用しても，体への負担が少ない）
(7)　空間性（どのような体格，姿勢，動きでも快適に使える大きさ，広さがある）
　障害者，高齢者など特定の人々に対して障害（バリア）を取り除くということ

図書館施設
バリアフリー

ユニバーサルデザイン

に限らず，可能なかぎりすべての人に対して使いやすくする考え方である。」
（日本大百科全書（ニッポニカ），ジャパンナレッジ（オンラインデータベース），入手先 <http://www.jkn21.com>）
となっている。

「バリアフリー」が，もともと「健常者」のためのコンテンツを障害者や高齢者にも利用できるようにする工夫であり，「ユニバーサルデザイン」は，もともと設計の段階から「すべての人に」という思想は構造に含まれているものである。

● ……… 社会における情報装置としての図書館

まず，図書館の機能の一般的図式は，以下の図のように考えられている。

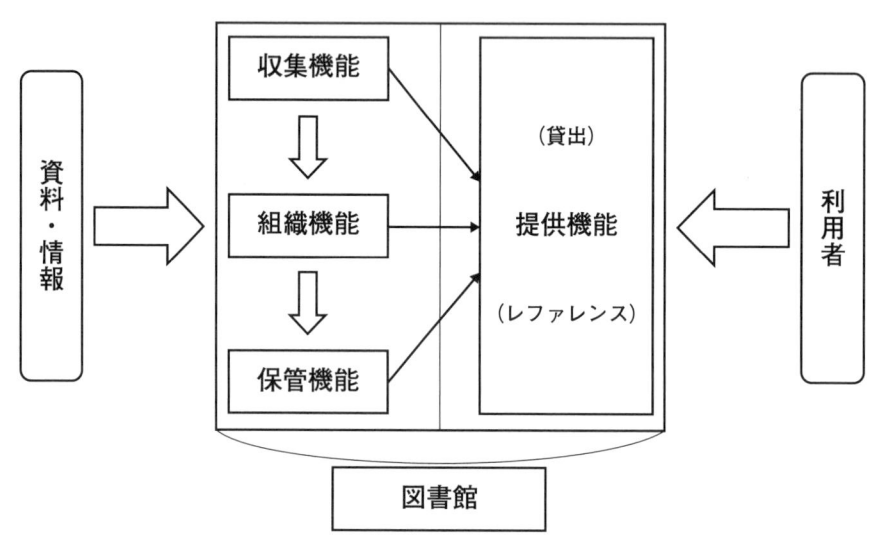

図 49-1　図書館の機能

（長澤雅男・石黒祐子『問題解決のためのレファレンスサービス』新版，日本図書館協会，2007，p.14 より一部省略して作成）

これは，いろいろなバリエーションで種々の書に示されているが，図書館の機能の一般図式である。すなわち，図書館外部からインプットされた資料を図書館内部で，収集，組織，保存機能を加え，提供することにより，図書館外の利用者にアウトプットするという機能である。

ここで，1940年代に提唱されたものでありながら，今なお意味をもつといわれるシャノン－ウィーバーの一般的な通信系の抽象化された線図を並べてみたい。

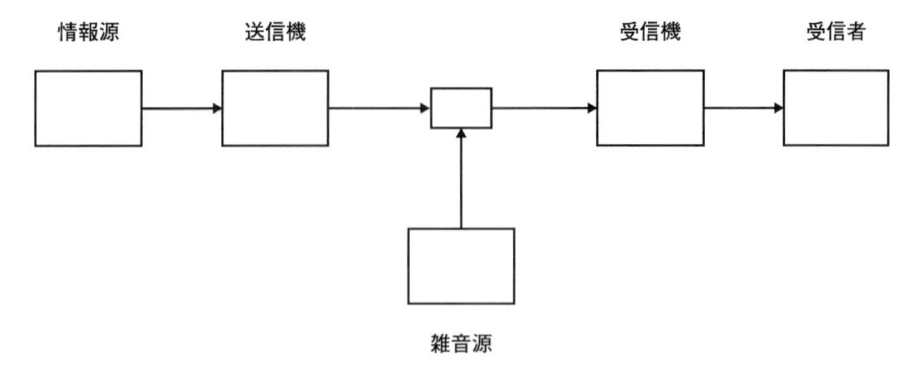

```
情報源          送信機              受信機      受信者
 □    →    □    →   □    →    □    →   □
                      ↑
                      □
                    雑音源
```

図 49-2　一般的な通信系の抽象化された線図
(クロード・E. シャノン，ワレン・ウィーバー『通信の数学的理論』植松友彦訳，ちくま書房，2009，p.22 より作成)

両者は本質的な意味でよく似通った図であることがわかるだろう。シャノン－ウィーバーの図に沿って述べれば，情報源（資料）が，送信機によってエンコードされ（活字化）され，送信信号によって通信路（図書館）を通って，受信機でデコードされて，受信地（利用者）に届くという仕組みになっている。シャノン－ウィーバーの理論自体は，この「雑音源（ノイズ）」をいかに低減するか，や情報量の測定などが，この線図提唱の主題であったが，当面この「雑音源（ノイズ）」を捨象して，図書館にあてはめてみる。

● ………… 図書館のバリアフリーとユニバーサルデザイン
　図書館の機能を，わかりやすい順に述べると，次のようになる。
(1)　「デコード」の方法は，抽象的にいえば「エンコード」の情報源と違うコードでもかまわない。すなわち，活字（墨字）情報としてインプットされたものを，図書館内で加工し，音声情報などに変えDAISYなどに変換したり，点訳したりして，障害者等に提供（アウトプット）する仕組みもこの図で示される。　　墨字　DAISY
(2)　一般的にいって多くの健常者の利用者は費用の節約のために図書館を使う。いうなれば，経済的なバリアを図書館を通すことによって軽減している。
　これは住民の知る権利を保障する図書館という理念に裏打ちされるもので，民主主義社会においては，望まれる情報はその人の属する社会階層，経済的要因によらず，自由に手にすることができなければならないという考えに基づく。
(3)　さらに抽象度を増して考えれば，インプットされた，そのままでは利用者には利用できない情報を，利用できる形にして，利用者に渡すバリアをなくすのが，図書館であると考えられる。
　その場合，移動図書館でしか回れない地域の住民，病院，矯正施設入所者などへのアウトリーチ活動も，広い意味ではこの図でとらえられる。　　アウトリーチ

社会における情報のバリアフリー装置

すなわち，図書館を「社会における情報のバリアフリー装置」と，位置づけられるのではないかということである。

かつて，カール・セーガン（Carl Edward Sagan）はその著『コスモス』（木村繁訳，朝日新聞社，1980，下，p.219）で，図書館を「人類の記憶装置」と呼んだが，保存とともに利用が重視される今日の図書館は，そのままの状態では情報を利用できない利用者に，利用できる形で情報を提供する機関として機能すべきだといえるのではないか。

前述のように，バリアフリーとは，もともとそのままの形では障害者等が利用できないコンテンツを，障害者等が利用できる形にするという考え方で，ユニバーサルデザインとは，設計の時点からすべての人に利用できるようにそのデザインを考えるということである。

願わくは情報のユニバーサルデザインが徹底し，出版の段階からすべての人が読める形（現在ではデジタルデータの提供となるだろうが）で発表されて，社会的なメディア変換施設としての「バリアフリー装置」が必要でなくなることが究極の目標であるが（電子書籍の普及はその可能性を高めるものである），少なくとも今日では圧倒的多数の出版物が活字（墨字）形態で提供され，そのままでは（費用の面も含めて）すべての住民には到達しえないという現実を考えると，この「社会における情報のバリアフリー装置」という図書館の機能は，重要である。なお，出版におけるユニバーサルデザインについては，出版UD研究会編『出版のユニバーサルデザインを考える：だれでも読める・楽しめる読書環境をめざして』（読書工房，2006）も参照されたい。

UNIT 50 ●新しい経営
21世紀の図書館

●………図書館と図書館員の役割

　少し前になるが，コネチカット州のデリアーン図書館（Darien Library）で'In the Foothills：A Not-Quite-Summit on the Future of Libraries'という会合が，40数人ほどの図書館員などを集めて開かれた。公共図書館の将来について語り合う集まりだが「サミット」（デリアーン付近のfoothills（山ふもとの丘）とsummit（頂上）をかけて）ではないと名乗っている（一部UStreamで見られる。http://www.ustream.tv/recorded/1300913）。

　パネリストの問題提起と参加者による議論の結果，「図書館の目的は，文明の品位を保っていくことであり，図書館は社会的，経済的，政治的，そして環境の及ぼす影響をものともせず，この目的に忠実であるという道義的な責任がある。［中略］図書館の目的とその役割，そして図書館員の役割についての明確な理解は，図書館というものを守っていくのに不可欠である」とし，それぞれの目的・役割を規定した「図書館と図書館員の役割についてのデリアーン声明」を発表した。

　この声明の中で図書館の役割は，
・個人的な啓発の機会を提供する
・向学心を後押しする
・市民としての本分を果たせるようにする
・人々のつながりを促す
・資料を保存し提供する
・創造的な表現の能力を拡大する
・希望を呼び起こし持続させる
と列挙された。図書館サービスが人々にどのように関わり，かつ有用かの側面を照射している。

　これに加えて，図書館員の役割は「図書館の案内係であること，人々を正確な情報に結びつけること，人間と情報のネットワークを構成するのを支援すること，コンテンツを選択，組織化し，そして創造を促すこと，コンテンツへのアクセスを確保して情報と表現の自由を保障すること，図書館のコミュニティのニーズを先取りし，把握し，それに合致させることである」とし，「コミュニティの住民が図書館

を維持することによって市民としての責任を必ずや果たし続けるという信念をわれわれは持っている」と結んでいる。人々がコミュニティに関与し，民主主義を発展させていくための機関という位置づけは，近代公共図書館の理念である。

●……21世紀ビジョンの議論

公共図書館への批判に共通するのは，そのねらいがはっきりしないという点である。今後を語ろうとするならば，公共図書館はなにをするのかをはっきりさせる必要がある。

英国の政策文書『将来に向けての基本的考え方：今後10年の図書館・学習・情報』は，適切な先行例である。これでは図書館が使命を果たすのに，その活動領域を①読書と学習，②デジタルシティズンシップ，③コミュニティと市民的価値，にしぼり，次のように提示された。

> ① 読書と学習：読書の奨励，生涯学習の推進，早期学習の支援，学校教育との連携，学生の学習支援，リテラシー支援
> ② デジタルシティズンシップ：インターネットへのユニバーサルアクセス，行政サービスへのアクセス，地域情報サービスへのリンク，コンテンツ作成（コミュニティのものから全国的なものまで），オンライン学習の支援
> ③ コミュニティと市民的価値：分け隔てのないサービス（アウトリーチ，あらゆる階層への対応），魅力的な図書館建築・スペース，非利用者へ接触，教育・社会福祉・保健・余暇サービスとの連携，コミュニティ発展戦略，コミュニティ・ニーズの確認

その後これがどのように取り組まれ，受け止められたかについては，関係者のさまざまな意見を丁寧に拾いあげたアン・グールディング（Anne Goulding）の報告がある。それによると，大方はこの政策を肯定的にみていて，デジタルシティズンシップと社会的包摂という，図書館がコミュニティで果たす機能については，積極的な発言が目立っていたという。特に図書館が物理的なコミュニティ施設であるという点，もう一つは，人々のコミュニティへの関与の点へのコメントが目立った。前者に関しては，図書館は「学習のスペース」であることが望まれ，なによりも安全な場として，図書館が市町村の行政サービスへの中継場所としても適しているといった指摘，また人々のコミュニティへの関与については，公共図書館は人々を結びつけ，コミュニティをつなぎ，人々を自治体と結びつけうるものだとの理解が示され，公共図書館がコミュニティのニーズの上に立っている必要性が強調されたという（Anne Goulding, *Public Libraries in the 21st Century: Defining Services and Debating the Future*. Ashgate, 2006, 387p）。

しかしながら『将来に向けての基本的考え方』が刊行され，その射程期間である

10年間が経過し，英国では新たな図書館活動が展開される一方で，公共財政の悪化により，閉館になった図書館は数百に及ぶ。他方，そうした事態を回避するために，図書館をコミュニティで支える動きや，ボランティアの増加はおびただしい（永田治樹「公共図書館とコミュニティ：知識・情報伝達と人々をつなぐ」『情報の科学と技術』64(10)，2014）。公共図書館を社会（コミュニティ）がどのように維持していくかが問われる時代になっている。

アメリカ図書館協会（ALA）では，博物館・図書館サービス機構（Institute of Museum and Library Services）の支援のもと，図書館を計画する人々やコミュニティのリーダーが今後の図書館やコミュニティが向かう方向を理解し，将来への予見が得られるように，2013年に図書館の将来のためのセンターを発足させた。このセンターではウェブサイトを設置し，公共図書館から学術図書館までの新しいトレンドの紹介やさまざまに議論が行われている。

例えば「図書館はもはや，静かな学習のためという，一つの目的に供する図書の保管場所でなく，ダイナミックなハブ」であり，「より開かれた，光に満ちたものとなり，グループがやってきては一緒に使うより形式ばらない場所である」とした多くの試みの紹介がある（http://americanlibrariesmagazine.org/2015/02/26/the-future-today/）。その一つに，アリゾナのピマ・カウンティ図書館の「アイデア＋スペース」（http://www.library.pima.gov/ideaspace/）のような，人々の「小企業，起業，非営利組織，職探しやキャリアづくり」のためのプログラムの成功例がある。ALA年次総会2015のセッション（「図書館の将来：イノベーションはリテラシーだから」）でこれが紹介され，人々にとって必要なイノベーション（つまり，人々にとって，必要な新しいこと，見方を変えた発見，あるいは起業できる種など）は，「リテラシー」なのであり，図書館で手に入るものだという主張で注目された。図書館というものの有用性が，このような形でも確認されている。

●……将来へ向けての三つの論点

将来に向けての議論のために，三つの論点をまとめておこう。

まずは情報通信技術の進展の影響を大きく受ける，図書館資料の変化が第一の論点となろう。図書館資料として紙媒体の印刷資料が消滅することはないが，UNIT 22で紹介したように，「情報の宇宙」を膨張させているデジタルコンテンツの占める割合は今後飛躍的に増大する。問題は，われわれがそれらの自由な利用を確保できるかである。モバイル機器の普及で，電子書籍の出版が急伸している。近い将来，「壁のない図書館」から利用者は居ながらにして多くの資料を入手できるようになるだろう。とはいえ後述するように電子出版が一般的になったとき，その利便性はよいが，情報流通のあり方しだいで，提供が偏ってしまうという危惧もある。

また，公共図書館の役割は，コミュニティの人々にとって必要な読書・学習，レクリエーションのために情報を提供することである。しかし現在では情報過多が問題とされるように，人々が届けられる情報をうまく受けとめられるかという問題もある。つまり，必要な資料（情報）を適切に提供するという局面だけでなく，資料（情報）が提供されたときそれを利用者がうまく受容し，役立てているかどうかについても図書館はきちんと対応する必要がある。それが第二の論点となる。

　多くの情報を集めたり管理したりすることはある程度まで機械的にできるが，人々がそれを理解し，活用できるようにするには，資料の提供だけではなく，知識として獲得する学習という過程を通さなければならない。学習は主体的なもので，かつきわめて社会的なプロセスである（社会的なやりとりが必要になることは学習しやすい）（ジョン・シーリー・ブラウン，ポール・ドゥグッド『なぜITは社会を変えないのか』(John Seeely Brown, & Paul Duguid, *The Social Life of Information*, 宮本喜一訳, 日本経済新聞社, 2002)。

インフォメーションコモンズ

　図書館が学習を支えるということは，社会的に学習が実現しうる環境をつくることである。その好例は，インフォメーションコモンズと呼ばれるサービス環境である。サービス設備としての情報サービス（主に電子的な図書館資料と図書館員の支援サービス）やコンピュータ機器と，利用者同士の議論を許す学習の場の提供である。ここでは，人々が議論することによって学習を進めることができる（この場合，想定される議論の相手は，隣の席の人，図書館員，コンピュータ上でつながる人，さらには図書や記事を著した人などである）。公共図書館でも，上にあげたような「アイデア＋スペース」といった設定は，これと同じものとなろう。図書館には情報資源があり，支援してくれる場があって，人々は新しいことを学習できる。図書館は，

場としての図書館

第一の論点の方向では建造物は不要となるが，この論点では「場としての図書館」が不可欠である。

　この「場としての図書館」は，さらにもう一つ別の論点を提起する。図書館はコミュニティに基盤を置く機関である。いつでも分け隔てなく人々を迎え入れる施設

社会的排除

であり，多くの人々が図書館で集うこともある。しかしながら，社会的排除の問題にみるように，現在のわれわれのコミュニティの結合性は薄れ，ときにコミュニティの紐帯が機能しなくなっている。だからこそ，多様な人々が混在するようになったコミュニティで，人々をつなぎ，人々にとってともに憩える場の必要性は高い。公

コミュニティ再構築

共図書館は，そうしたコミュニティ再構築の施設として期待される。この第三の論点は今後さらに大きな比重を占めるかもしれない。

● ……… **現状での懸念**

　ここで述べた論点に応えることは，将来へ向けた図書館の再定義の作業となろう。

しかし，これに関して懸念がないわけではない。

　第一の論点に関していえば，デジタルコンテンツの出現によって起きた，情報流通システムの変化がもたらす懸念である。図書館は従来，知識・情報を普及させるという意味で，そのシステムの重要な一角をなし，「図書館資料」を使ってその役割を果たしてきた。しかし，現在デジタルコンテンツが出版社から利用者へ直接伝送され（図書館が仲介するものの），資源利用の条件等の設定について出版社の比重が増えつつある。このあり方は，出版社の立場で情報の流通過程を変更する可能性を与え，これまで人々が享受してきた自由な情報へのアクセスを壊す可能性をはらむ。この社会的なバランスを誤ると，自由な情報流通を促進するはずだったデジタル化がそれを阻害するように働き，ディレンマ状況を現出させる可能性がある。

　第二の論点，つまり学習支援のための場としての図書館に関しては，図書館員の意識とコンピテンシーに関わる懸念がある。わが国では，図書館員は基本的には「事務系」職員として位置づけられており，教育や学習への関わりは避けられてきた。しかし，図書館員は単に情報の組織化などの事務的・技術的な作業を担当するというよりも，人々の学習を支援するサービス担当者である。したがって，公共図書館の「司書」養成や育成の中で，学習支援についてもっと力点を置き，図書館員のコンピテンシーの改善が行われる必要がある。これを後押しする社会的な支持も必要となろう。

　第三の論点は，図書館をコミュニティ再構築の拠点にするというものである。図書館をさまざまな人々のたまり場にするには，「アイデアストア」紹介の際に触れたように，図書館にさまざまな生涯学習のコースや他の社会サービス窓口を展開するとか，ときには人々が日常使用する民間の店舗等と同一の建物をシェアすることなどの工夫が必要となる。また，図書館員が単に情報の専門家であるだけでなく，成人教育の専門家であること，コミュニティ・オーガナイザー（貧困などの社会問題に取り組み，地域住民自らの力で問題解決を図れるよう支援する者）であることが求められるかもしれない。そうした意識改革と実行が，公共図書館において可能かどうかである。

　21世紀の図書館は，以上のような論点や懸念を踏まえ，合意された方向をめざして，新しい展望を開いていく必要がある。

● ── option P

図書館のプログラム／イベント

場としての図書館
ストックの活用

場としての図書館とストックの活用

　日本の公立図書館では，一般に貸出サービスが最優先され，コミュニティの文化活動の場としての役割は二次的なものと見なされてきた。確かに図書館サービスの基本は資料提供であり，顧客の直接的な資料要求に対して迅速かつ的確に応えるのは大切な役割である。しかし，いわば「フロー偏重」となり，施設や設備を含めた図書館の文化的ストック全体を活用する視点が，これまでいくらか欠けていたことは否定できない（「ユネスコ公共図書館宣言」（1994年）は公共図書館の使命として12の項目をあげているが，そのうち少なくとも4項目は，文化活動を奨励したものである）。

フロー偏重

　そうした中，近年，場としての図書館とストックのもつ意味が改めて注目されるようになってきた。理由としては，
(1) 図書館を生涯学習活動の拠点施設とする国の図書館政策が浸透してきたこと
(2) 不況が続く中で資料費削減傾向が長期化し，新刊書の貸出だけに頼るのはもはや難しくなり，ストックの活用にも目が向けられるようになってきたこと
(3) インターネットの普及や物流システムの進展により，「来館」の意味そのものを，もう一度見つめ直さなければならなくなったこと
などがあげられる。

プログラム
イベント

プログラム／イベントの経営的意味

　公立図書館を文化活動の場としてみたとき，その意義は次のようなものだと考えられる。
(1) 資料展の開催やおはなし会，読書会活動などを通じて，図書館資料の利用拡大を図る。
(2) 図書館がもつ文化的なストックを活用したイベントを開催し，図書館のイメージ向上やブランドの確立をめざす。
(3) 図書館が社会的階層の異なるさまざまな人々が集まる施設である点に着目し，各種のプログラムを展開することで集客力や図書館のパブリシティを高める。

集会・文化活動

　このうち，(1)は従来型の集会・文化活動であり，活動の対象や方法は違っても，最終的に図書館資料の利用に結びつけることを目標とする点では同じである。一方，(2)と(3)は必ずしも資料提供に結びつくことを意図するものではない。(2)の場合は図書館のいわば「資産価値」を高めることが目的であり，貸出冊数やレファレンス件数が伸びるか否かは副次的効果と考えられる。(3)は，場としての図書館を有効利用しコミュニティの交流の場にしようとするものである。

資産価値

コミュニティの交流の場

今日，図書館経営の観点から注目されるのは，(1) よりもむしろ (2) と (3) である。(2) では，一般の文化活動というより，ビジネス支援，法律，医療情報関係の領域のイベント・展示なども行われるようになってきている。公立図書館においても，今後はブランドの確立や集客力の向上に向けたさまざまな取組が求められていくであろう。

都市型の大規模図書館における多彩な文化活動

プログラム／イベントの企画および実施は，ストックの質や量，スペース，立地条件などさまざまな要因に左右される。この点で，都市型の大規模図書館が有利であることは間違いない。その典型は首都にある国の中央図書館，すなわち国立図書館であろう。実際，納本図書館ならではの豊富なコレクションをベースに，「場（物理的スペースおよび文化的象徴空間として）を生かした文化活動の重視は，近年の欧米国立図書館に共通した特徴」である。そこで展開されるプログラムは実に多彩であり，講演会やワークショップ，展示会，コンサートなどが幅広く行われている。

小規模公立図書館における文化活動の可能性

これらの図書館と同じような活動を小規模の公立図書館に求めるのは無理があろう。成人に対する生涯学習プログラムに力を入れているアメリカの公共図書館でも，規模や地域による差は認められるようである。例えば，2000年秋に行われた全国調査によると，「コンピュータやインターネットの利用指導」の実施は，都市の図書館68％に対して地方の図書館が49％とそれほど大きな差はないが，「文化活動」に関しては，前者が60％で後者が28％と倍以上の開きがみられる（"Programs for Adults in Public Library Outlets" *Statistical Analysis Report*, National Center for Education Statistics, 2002）。

しかし，地方の小規模図書館に文化活動がなじまないということは決してない。プログラム／イベントに結びつくようなストックの「発掘」は十分に可能だと思われる。その際，資料はもちろんのこと，人的資源の存在を忘れてはならないだろう。図書館をコミュニティの文化活動の場としてみたときは，むしろ人のほうが重要だとさえいえるかもしれない。この点で例えば，さまざまな分野で活躍する人々を招いて話を聞く滋賀県能登川町立図書館のイベントなどは立派な文化活動である。

中長期戦略と複眼的な視野

一つのプログラム／イベントを効果的に実施するには，場合によっては1年，あるいはそれ以前から企画を練り，何か月もの間周到な準備を重ねる必要がある。ただしときには，コミュニティのニーズを踏まえた軽快な対応も必要なことはいうまでもない。そのときに大切なのは，複眼的な視野である。先にあげた文化活動の3つの意義のどれか一つを突出させるのではなく，自館の特徴を踏まえながら，従来

型の集会活動とブランドイメージの確立，集客を目的とした事業とをバランスよく展開していくことが理想的だといえる。

option Q

図書館の経済効果

　まちづくりの拠点となる図書館が昨今しばしば話題となる。図書館が購入する財やサービス，あるいは雇用といったものだけでなく，図書館が集める観光客や外部資金による地域経済への効果を期待するものだ。確かにそのように経済効果を見積もることもできよう。一方，図書館の経営に関して，費用便益分析（Cost Benefit Analysis）や投資対効果（Return on Investment）の議論として，投入された費用に対する，図書館サービスがもたらす実質的な便益の算定といった方法もある。

　図書館の経済効果という議論は，このような二つの視点がある。ここでは不確定な要因を多分に含む，前者ではなく，後の視点での経済効果の測定に焦点をあてる。

　そもそも図書館サービスは市場で展開されておらず，サービス価格が存在しない。そのため，まずはサービスを市場財に置き換えてそれを算定する方法（代替法）が採用されてきた。例えば，貸出サービスの価値については，「貸出回数×図書の定価」といった定式が採用された。わが国で「行政効果」と呼ばれるこの経済効果の算定は，しかしながら，あまりに単純で，高い説得性をもちえない。

　それに代わって近年では，環境経済学で発展した方法により，より近似的な便益算定が試みられている。例えば，一定の状況において人々に「支払い意思額」（財やサービスを得るときの）や「受け入れ補償額」（逆にそれらがなくなるときの）の回答を求め，そのデータから便益額を算定する「仮想評価法」（Contingent valuation method），あるいは利用者の図書館利用時間の機会費用をあてはめるトラベルコスト法といったものである。

　仮想評価法の例として有名なのは，2004年に英国図書館の「われわれの価値を測定する」で，その便益は，控え目に見積もっても毎年3億6300万ポンド。年々1ポンドの投入予算に対して，4.40ポンドの効果を実現しており，もし英国図書館が存在しなければ，イギリスは年々2億8000万ポンドを失うだろうと報告した。国立図書館や学術図書館だけではなく，公共図書館においても，このような経済的価値の測定事例がさまざまに試みられている。それらにならって経済効果を把握してみてはどうだろう（ISO 16439：2014（図書館のインパクト評価の方法と手順），池内淳「図書館のもたらす経済効果」（『カレントアウェアネスポータル』http://current.ndl.go.jp/ca1627）等を参照）。

参考文献

　ここでは，基本的に本書の内容全体に関わる，比較的新しい和文の，主に単行書を選択的に掲げる。(項目別，著者五十音順)

(経営論，マーケティング論，組織論など)

石井淳蔵ほか『ゼミナール　マーケティング入門　第2版』日本経済新聞社，2013

石井淳蔵『ブランド：価値の創造』岩波書店，1999

井上崇道，村松潤一編著『サービスドミナントロジック』同文舘出版，2010.

伊丹敬之，加護野忠男『ゼミナール経営学入門　第3版』日本経済新聞社，2002

バート・ヴァン・ローイほか『サービス・マネジメント』白井義男監訳，平林祥訳，ピアソン・エデュケーション，2004

大住荘四郎『パブリック・マネジメント：戦略行政への理論と実践』日本評論社，2002

桑田耕太郎，田尾雅夫『組織論　補訂版』有斐閣，2010

ピーター・ドラッカー『非営利組織の経営：原理と実践』上田淳生，田代正美訳，ダイアモンド社，1991

古川俊一『公共経営と情報通信技術：「評価」をいかにシステム化するか』NTT出版，2002

山内直人『ノンプロフィットエコノミー：NPOとフィランソロピーの経済学』日本評論社，1997

(図書館政策・経営)

アントネッラ・アンニョッリ『知の広場：図書館と自由』萱野有美訳，みすず書房，2011

英国図書館情報委員会情報技術ワーキンググループ『新しい図書館：市民のネットワーク』永田治樹ほか訳，日本図書館協会，2001

英国文化・メディア・スポーツ省『将来に向けての基本的考え方：今後10年の図書館・学習・情報』永田治樹ほか訳，日本図書館協会，2005

小川俊彦『図書館を計画する』勁草書房，2010

国立教育政策研究所社会教育実践研究センター『図書館に関する基礎資料』平成18年度―[平成26年度]，2006―[2015]（http://www.nier.go.jp/jissen/book/h26/pdf/t_all.pdf）

田村俊作，小川俊彦編『公共図書館の論点整理』勁草書房，2008

日本図書館協会図書館政策特別委員会編『公立図書館の任務と目標：解説．改訂増補』日本図書館協会，2009

バーナ・L. パンジトア『公共図書館の運営原理』根本彰，小田光宏，堀川照代訳，

勁草書房, 1993

ジョン・ポールフリー『ネット時代の図書館戦略』雪野あき訳, 原書房, 2016

(図書館論・経営各論)

上田修一, 倉田敬子『図書館情報学』勁草書房, 2013

植松貞夫『建築から図書館をみる』勉誠出版, 1999

大串夏身ほか『触発する図書館』青弓社, 2010

川崎良孝『アメリカ公共図書館成立思想史』日本図書館協会, 1991

小林卓, 野口武悟共編『図書館サービスの可能性：利用に障害のある人々へのサービス その動向と分析』日外アソシエーツ, 2012

中村百合子ほか編著『図書館情報学教育史：資料が語る専門職養成制度の展開』ミネルヴァ書房, 2015

日本図書館協会図書館政策企画委員会『こんなときどうするの？』改訂版編集チーム編『みんなで考える こんなときどうするの？：図書館での危機安全管理マニュアル作成の手引き』日本図書館協会, 2014

日本図書館情報学会研究委員会編『図書館情報専門職のあり方とその養成』勉誠出版, 2006

日本図書館情報学会研究委員会編『図書館を支える法制度』勉誠出版, 2002

根本彰『情報基盤としての図書館』勁草書房, 2002

根本彰編『図書館情報学基礎Ⅰ－Ⅲ』東京大学出版会, 2013

ピーター・ハーノン, ロバート・E. ダガン『図書館の価値を高める：成果評価への行動計画』永田治樹ほか訳, 丸善, 2005

ピーター・ハーノン, ジョン・R. ウィットマン『図書館の評価を高める：顧客満足とサービス品質』永田治樹訳, 丸善, 2002

アリステア・ブラック, デーブ・マディマン『コミュニティのための図書館』根本彰・三浦太郎訳, 東京大学出版会, 2004

松井茂記『図書館と表現の自由』岩波書店, 2013

『みんなで考える図書館の地震対策』編集チーム編『みんなで考える 図書館の地震対策：減災へつなぐ』日本図書館協会, 2012

文部科学省生涯学習政策局社会教育課『諸外国の公共図書館に関する調査報告書（平成17年3月）』（http://www.mext.go.jp/a_menu/shougai/tosho/houkoku/06082211.htm）

文部科学省生涯学習局社会教育課『図書館職員の資格取得及び研修に関する調査研究報告書（平成19年3月）』

溝上智恵子ほか編著『高齢社会につなぐ図書館の役割：高齢者の知的欲求と余暇を受け入れる試み』学文社, 2012

鑓水三千男『図書館と法』日本図書館協会, 2010

リチャード・ルービン『図書館情報学概論』根本彰訳, 東京大学出版会, 2014.

(図書館経営事例)

内野安彦『図書館長論の試み：実践からの序説』樹村房, 2014

白根一夫『町立図書館をつくった！：斐川町図書館での実践』青弓社, 2005

ちばおさむ『図書館長の仕事：「本のある広場」をつくった図書館長の実践記』日本図書館協会, 2008

吉田右子『デンマークのにぎやかな公共図書館：平等・共有・セルフヘルプを実現する場所』新評論, 2010

渡部幹雄『図書館を遊ぶ：エンターテイメント空間を求めて』新評論, 2003

(関連分野)

エティエンヌ・ウェンガーほか『コミュニティ・オブ・プラクティス：ナレッジ社会の新たな知識形態の実践』櫻井裕子訳, 翔泳社, 2002

出版UD研究会編『出版のユニバーサルデザインを考える：だれでも読める・楽しめる読書環境をめざして』読書工房, 2006

クレイ・シャーキー『みんな集まれ！：ネットワークが世界を動かす』岩下慶一訳, 筑摩書房, 2010

中原淳『職場学習論』東京大学出版会, 2010

ロバート・D. パットナム『孤独なボーリング：米国のコミュニティの崩壊と再生』柴内康文訳, 柏書房, 2006

広井良典『コミュニティを問いなおす：つながり・都市・日本社会の未来』筑摩書房, 2009

ジョン・シーリー・ブラウン, ポール・ドゥグッド『なぜITは社会を変えないのか』宮本喜一訳, 日本経済新聞社, 2002

ダナ・ボイド『つながりっぱなしの日常を生きる：ソーシャルメディアが若者にもたらしたもの』野中モモ訳, 草思社, 2014

エリック・ホブズボーム『20世紀の歴史：極端な時代』河合秀和訳, 三省堂, 1996

森田伸子『文字の経験：読むことと書くことの思想史』勁草書房, 2005

宮川公男, 大守隆『ソーシャル・キャピタル：現代経済社会のガバナンスの基礎』東洋経済新報社, 2004

宮田昇『図書館に通う：当世「無料貸本屋」事情』みすず書房, 2013

山内祐平『学びの空間が大学を変える』ボイックス, 2010

ジャック・ヤング『排除型社会』青木秀男ほか訳, 洛北出版, 2008

索　引

【数字・アルファベット順】

『21世紀の図書館』　252
4P　112, 113
ADA法　158
ALA　→アメリカ図書館協会
CIE　19
CILIP　→図書館情報専門職協会
CIPFA　→勅許公共財務会計協会
CLOCKSS　142
CrossRef　145
DAISY　229, 257
DOI　145
DRM　23, 50
E-Rate　60
eエンゲージメント　224
eコンプライアンス　224
FRBR　130-131
GHQ/SCAP　19
ILL　→図書館間相互貸借
IMLS　→博物館・図書館サービス機構（米国）
ISO 11620　90, 93, 94
ISO 16439　94, 266
ISO 2789　92, 93, 211
ISO/TR 11219　155, 161
JIS X0812　94
JIS X0814　90, 92
KALIPER　179
LOD　→リンクト・オープン・データ
Lプラン21　46
MARC　→機械可読目録
MARCレコード　127
MLA連携　138-139, 238
NACSIS-CAT　55, 137
NACSIS-ILL　55, 137
NDLサーチ　131, 136
NGO　72
NPM（：→公共経営）　75, 196, 242, 243, 246, 247
NPO　60, 72, 214, 223, 249
OECD　27, 235, 242
OPAC　→利用者オンライン目録
OpenURL　145
PDCAサイクル　87, 88
PEST分析　85
PFI　75, 243-244
PLA　→アメリカ公共図書館協会

PLOS ONE　57
RDA　130
RDF　131
saveMLAK　238
SNS　→ソーシャル・ネットワーキング・サービス
SWOT分析　85-86
TC46　→情報とドキュメンテーション専門委員会
TF-IDF　127-128, 130
UNISIST　53
WARP　50

【五十音順】

〈ア行〉

アイデアストア　240, 252, 253, 254, 263
アイデア＋スペース　261, 262
アウトソーシング　176, 243, 257
アウトリーチ　32, 71, 108, 109, 114, 236, 237-238, 260
青木昌彦　40
アカウンタビリティ　11
アクティブラーニング　54, 58
新しい公共経営　→NPM
『新しい図書館：市民のネットワーク』　226
アドボカシー　108, 111, 217, 254
アフォーダンス　171
アメリカ公共図書館協会　106, 109
アメリカ図書館協会　13, 32, 78, 85, 107, 133, 179, 193, 233, 237, 261
アメリカの記憶　144
アンドリーセン、マーク　55
アンニョリ、アントネラ　240-241
遺贈価値　102
依存財源　194
委託・派遣職員　173-174
伊丹敬之　73, 80, 183, 191
一般財源　194, 196, 201, 202
移動図書館　152
イノベーション　261
イベント（：→プログラム）　264-265
意味のネットワーク　131
威力業務妨害　167
因子分析　104
インセンティブ　172, 185

インターネット　23, 43, 50, 52, 54, 57, 60, 107, 113, 118, 121, 133, 135, 141, 142, 152, 207, 213, 215, 218, 227, 234, 235, 240, 260, 264, 265
インパクト評価　91, 94
インフォメーションコモンズ　109, 110, 135, 170, 262
引用（著作権）　116
ヴァーゴ、S. L.　98, 115
ウィルソン、トム　102
ウェーバー、マックス　82
魚津市　63
ヴォルハイム、アンドレアス　71
ウォンツ　101
運営経費　164
運営情報の提供（：→情報公開）　38
英国　14, 33, 51, 179, 261
英国図書館　51
英国文化・メディア・スポーツ省　252
永続性（施設）　160-161
エージェンシー　61, 242, 243
エドワーズ、エドワード　33
エネルギー効率　161
エバンズ、マシュー　226
エビデンス（評価）　95
エルゴノミクス　164
遠隔民主主義　226
演奏権　118
公の施設　18, 30, 245
オトレ、ポール　127, 131
小布施町（長野県）　47
オープンアクセス　56-57, 235
オープンアクセスジャーナル　57
オープン図書館（デンマーク）　61
オープンライブラリー　143
オペラント資源　100, 115
オペランド資源　100, 114, 115
オルデンバーグ、レイ　71
オンザジョブ・トレーニング　180

〈カ行〉

会員制図書館　13, 14
開館時間　61, 66, 97, 153
開館日　66
外国人　66, 68, 79, 221
回想法　113, 233
外部化　→アウトソーシング

外部資金　14, 151, 206, 214, 215, 216, 247	危機管理マニュアル　169	公会計制度　164, 196
価格　112, 114	危機対応　224	公共空間　253
課金　114, 206-207, 209, 217	『技術レポート：図書館建築の質的条件と基本統計：スペース，機能，デザイン』　154-155, 161	公共経営（：→NPM）　11, 72, 76, 242-243
学協会の図書館　13	規則万能主義　81, 82	公共財　207-209, 248
学習権　16	寄付金　216, 217, 247	公共サービス　30, 76, 227, 244, 245, 246, 248, 249, 250
学習到達度調査　27	ギブソン，J. J.　171	公共サービス基本法　30
学術情報基盤実態調査　178, 211	基本計画　45	公共図書館　12, 13-16, 29, 31-35, 41-43, 59-62, 71, 107-109, 135, 136, 144, 148, 202, 207, 209, 210-211, 218-222, 227, 228, 237, 242, 250, 260-263
学術情報システム　54, 55	基本的人権　16, 18	
学問の自由　18	逆機能（官僚制）　82, 183	
加護野忠男　73, 80, 183, 191	教育委員会　19, 32, 37-39, 45, 66, 67, 83	
火災訓練　168	教育基本法　19	
貸出サービス　43, 67	教育権　16, 18	公共図書館価値　218
貸出数　90, 213	行政管理　72	公共図書館振興政策　32
貸出密度　93, 150	「行政機関の保有する個人情報の保護に関する法律」　119	公共図書館政策　41, 42, 45, 59, 60
貸本屋（英国）　14	行政サービス　225	公共図書館・博物館法（英国）　33, 34
「霞ヶ関だより」　42	行政評価　88, 197, 244-245	公共図書館法（英国）　14, 33, 34
仮想評価法　95, 266	共創（サービス）　100	口述権　118
仮想訪問数　93, 214	「競争の導入による公共サービスの改革に関する法律」　30, 75, 246	控除可能性（財）　208
過疎債　200	協働（組織）　183, 254	公貸権　120
課題解決　44, 67, 227	郷土資料　67	高知県　63
価値（バリュー）（図書館の）　89	業務統計　210	交通バリアフリー法　→「高齢者，身体障害者等の公共交通機関を利用した移動の円滑化の促進に関する法律」
価値観　190-191, 192	共有財産　→コモン財	
学校教育　36	共有知識　208	
学校教育法施行規則　23, 24	協力者会議　42	公的資金　13, 59, 194, 206, 214-215, 216, 247
学校区図書館（米国）　14	協力ネットワーク　151	公的部門の現代化　242
学校司書　24	近代的市民権→基本的人権	高等専門学校設置基準　25
学校図書館　23-24, 29, 79	グーグルブックス　12, 142	行動的変数　104
学校図書館支援センター　146	グッズ・ドミナント・ロジック　114-115	行動の規範　191, 192
学校図書館支援センター推進事業　138	グッドデザイン　158	高度情報通信ネットワーク　66
学校図書館法　23, 24	クラスター分析　105	光熱水料　164
活字離れ　28	クラブ財（：→準公共財）　209	公民館図書室　64, 149
家庭教育　20, 36	クリエイティブコモンズ　144	公務員制度　250
ガバナンス　11, 224	グールディング，アン　260	公務執行妨害　167
ガバナンス構造　59	グレンルース，クリスチャン　96	公立社会教育施設災害復旧費補助金　201
カーリル　136	経営　10, 72-75, 84-87, 88, 92, 162, 172	公立社会教育施設整備費補助事業　198, 199
カレン，ロビーナ　223	経営計画　84	公立大学協会図書館協議会　54
環境管理　165	経済的困難　222	公立図書館　13, 20, 29, 36, 38-39, 64, 73, 101
環境のマネジメント　73, 74, 188	ケリー，T.　15	
環境評価　77, 85	権限関係　80	
環境分析　85	権限の配分　82	公立図書館の最低基準　149, 198
館長　→図書館長	原単位法　154	「公立図書館の設置及び運営上の望ましい基準」　21, 88, 137, 149
官民連携　213	建築・改修計画　153	
管理委託　245	憲法　→日本国憲法	「公立図書館の任務と目標」　78-79, 149, 150, 187
管理運営スペース　157	コア・コンピタンス　193	
官僚制　82, 183	効果（インパクト）　89, 91, 94	高齢者　66, 79, 160, 221, 232, 235
機械可読目録　127		
機械的管理システム　182, 183		
機械的組織　82		
機関リポジトリ　50, 57, 142		
危機管理　43, 65, 166-1169		

索引　271

高齢者サービス　32, 68, 232-233, 234	89, 91, 95, 101-102, 105, 107, 108, 109, 110, 121, 152, 155, 209, 218, 219, 221-222, 226, 228, 239, 241, 250, 252, 259-260, 261, 262, 263, 264	「視覚障害者等の読書環境の整備の推進に関する法律」　230
「高齢者，身体障害者等が円滑に利用できる特定建築物の建築の促進に関する法律」　159	コミュニティ・ニーズ　75, 101-105, 106, 113, 221, 260	視覚障害者読書権保障協議会　228
「高齢者，身体障害者等の移動等の円滑化の促進に関する法律」　159, 163	コミュニティの選好　104	視覚障害者用録音物　25
	小諸市　63	滋賀県　199
「高齢者，身体障害者等の公共交通機関を利用した移動の円滑化の促進に関する法律」　159, 163	コモン財（：→準公共財）　208-209, 248	シカゴ公共図書館　71
	雇用創出基金　200	識字能力　→リテラシー
顧客主義　243	「これからの図書館像」　44, 78, 149, 222	識字問題　59
顧客（利用者）満足　81, 93		事後保全　165
国際子ども図書館　22, 28	コレクション　123, 150, 151, 156	施策　26-30, 45-48, 62-64
国際障害者年　228	コレクション回転率（：→蔵書回転率）　90, 93	自主財源　194
国際ドキュメンテーション連盟　53	コレクション形成　124	司書　20, 26, 29, 37, 64, 68, 69, 174, 175, 176, 177, 178, 213
国際図書館連盟　13, 53, 230	コレクション評価　125	市場化テスト　75, 245
国際標準化機構　92, 154	コンサベーション　125, 140-141	市場化テスト法　→「競争の導入による公共サービスの改革に関する法律」
国際文書館評議会　53	コンソーシアム　137	
国立医学図書館（米国）　51	コンティンジェンシー理論　182	市場の失敗　249
国立映画センター（フランス）　52	コントロール　183-184	市場の選定　112
「国立公共図書館規則」（イタリア）　34	コンバージェンス　251	市場分析　112-113
	コンピテンシー　181, 263	司書教諭　23, 24, 29
国立国会図書館　22-23, 50, 220	コンピュータリテラシー　109, 134-135	司書研修　180
国立国会図書館東日本大震災アーカイブ（ひなぎく）　50		司書補　20, 37, 64, 68, 69, 174, 213
国立国会図書館法　22, 50	〈サ行〉	静岡市　77, 79
国立視聴覚研究所（フランス）　52	再訪問意欲度　93	次世代OPAC　128
国立情報学研究所　54, 57, 180	採用試験　178	施設管理　165
国立大学図書館協会　54, 56	サーキュレーション・ライブラリー（英国）　→貸本屋	施設周辺整備助成補助金　200
国立大学法人　244	サーチエンジン　128	施設の耐震化　48, 153
国立図書館　12, 49, 53	サードプレイス　71, 222	施設の老朽化　48, 153
国立農学図書館（米国）　51	サービスシーズ　99, 100, 114, 115	自然換気　161
個人情報　119	サービス　96-100	慈善的施設　34
「個人情報の保護に関する法律」　119	サービス運営計画　106	視聴覚障害者情報提供施設　25, 26
個人情報保護条例　119	サービス計画　86, 107-108	市町村立図書館　43, 48, 64-65
個人情報保護法　119	サービス産業　96	失業者　218, 227
個人文庫　13	サービス時間　97	実績評価　184
国家賠償法　168	サービス・ドミナント・ロジック　99, 100, 114-115	室内環境　163, 164
子ども読書年　27		指定管理者制度　30, 75, 205, 245, 247, 250
子ども読書の日　28	サービスの提供場所　98	シティズンシップ　15, 107
「子どもの読書活動の推進に関する基本的な計画」　28	サービスポイント　62	私的複製　116
	サービス方針　78	自動化書庫　157
「子どもの読書活動の推進に関する施策についての計画」　28	サービス領域　106-107	児童・青少年　66
	サラボルサ図書館　240, 241	児童・青少年サービス　68
「子どもの読書活動の推進に関する法律」　28	産出（アウトプット）　89	市民性　252
	シェアードプリント　140, 141, 142, 143	市民層　15
コトラー，フィリップ　111		「市民的及び政治的権利に関する国際規約」　231
コミュニケーション　81, 98, 114, 152, 183, 184, 191, 254	視覚障害者情報総合ネットワーク・サピエ　230	市民的価値　260
		使命　72, 73, 76, 77, 78, 84, 85, 112, 192, 250
コミュニティ　13, 40, 60, 70, 71-78,		使命宣言　76, 77, 108
		社会改革立法　15

272　索引

社会関係資本　→ソーシャルキャピタル	化)　127	数値目標　88
社会教育機関　19	情報政策　51	スチュアート，ロバート・D.　73, 77, 185
社会教育施設　204, 205	情報通信技術　74, 75, 170	ストーカー，ジョージ　82, 182
社会教育施設費　202	情報とドキュメンテーション専門委員会　92	ストリンガー，R. A.　190
社会教育調査　205, 210	情報ニーズ　101, 102	成果(アウトカム)　89, 110
社会教育法　19, 41	情報の宇宙　131, 261	『成果を目指す戦略計画策定』　106
社会権　16	情報の自由　59	生活圏　43, 150, 152, 222
社会サービス　263	情報リテラシー　107, 109, 132-135, 180	成果による統制　243
社会政策　15	消滅性(サービス)　97	政策　41, 45, 49, 54, 59
社会的正義　207	『将来に向けての基本的考え方』　252, 260	成人力調査　235
社会的排除　209, 221, 262	除架　124, 125	生存権　18
社会的プログラム　236, 239	書架間隔　156	制度　4, 10, 11, 16, 40, 248
社会的包摂　42, 95, 209, 228, 260	書架整理　124	製品　112
社会的マーケティング　111	書架配架必要スペース　156	製品化　98
シャノン-ウィーバーの図　257	書架容量　156	政府刊行物　227
ジャントー・クラブ　14	職員確保　70	政府の失敗　249
集客力　264	職員研修　69, 180	世界観　191-192
収集　20, 36, 66-67, 78, 124, 126, 210	職員数　173, 213	セーガン，カール　258
修復　→コンサベーション	職員スペース　157	セキュリティ　162, 163
集密書架　156, 157	職能別　81, 82, 83, 86	セグメンテーション　86, 102-104, 113
住民参加　237	設置主体　20
住民自治　18	職務　174-175	設置条例　76
住民生活に光をそそぐ交付金　200, 201, 203	書誌的アクセス　127	設置目的　73, 76
首長部局　83	書籍館　12	セルフアーカイビング　57
出版活動　29	書誌ユーティリティ　127, 137	全域サービス網　43, 150, 152
需用費　202, 203	助成金　198	全国学校図書館協議会　27
準公共財(：→コモン財，クラブ財)　248	除籍(廃棄)　125	全国公共図書館協議会　136
上映権　118	所望の成果　108, 110	全国紙　67
「障害を理由とする差別の解消の推進に関する法律」　26, 230	シリアルズ・クライシス　56	全国書誌　23, 49
生涯学習　20, 107, 240, 260, 263	私立大学図書館協会　54, 56	選択(資料)　124
障害者　66, 79, 160, 218, 221, 231, 235, 257	私立図書館　20, 21, 36, 39, 43, 64	セントラルインデックス　129, 130
障害者サービス　68, 229, 233	資料購入費　203, 204	専門職　83, 180, 182, 187, 193
障害者差別解消法　→「障害を理由とする差別の解消の推進に関する法律」	資料収蔵スペース　153	専門職資格　179
	資料組織化(：→情報資源の組織化)　67	専門的職員　25, 44, 174, 178
「障害者の権利に関する条約」　26	資料保存　124, 125, 140-141	戦略計画　84, 86
状況適合理論　182	知る権利　16, 17, 18, 19, 59, 120	相互貸借　→図書館間相互貸借
省資源・省エネルギー　163	知る自由　79	蔵書(：→コレクション)　18, 123-126, 154
情報格差　→デジタルデバイド	人件費　196, 202, 204-205, 213	蔵書回転率(：→コレクション回転率)　213
情報活用能力　→情報リテラシー	人口減少　48	蔵書管理　124
消防計画　168	人口統計的な変数　103	蔵書構成　124, 126, 237
情報検索　127	震災対策　168	蔵書冊数　213
情報公開(：→運営情報の提供)　66, 224, 225	人事管理　172, 205	蔵書新鮮度　213
	身体障害者更生援護施設　228	蔵書点検　124
情報サービス　67	身体障害者社会参加支援施設　25	蔵書評価　125
情報資源の組織化(：→資料の組織	「身体障害者社会参加支援施設の設備及び運営に関する基準」　26	組織　72, 80
		組織階層　186
	身体障害者福祉法　25, 26, 228	組織構造　80-81, 82, 182
	人的資源管理　172	組織のマネジメント　73, 188
	心理的変数　104	

索引　273

組織風土　190, 192
組織文化　190, 191, 192
ソーシャルキャピタル　70-71
ソーシャルソフトウェア　121
ソーシャル・ネットワーキング・サービス　121
ソリューション　99, 100, 114, 115
存在価値　102

〈タ行〉
大英博物館図書館　51
大学設置基準　24-25, 54, 55
大学図書館　24, 29, 54-58, 170
大学図書館コンソーシアム連合　56
第三次産業　96
第三セクター　249
貸借対照表　197
耐震改修　201
耐震基準　153
耐震補強工事　168
貸与権　118, 120
ダイレクトリンク　128, 145
宅配サービス　68
ターゲット集団　93, 105, 221
多元主義　231
脱酸　125
達成課題　→目標
多文化サービス　230-231, 232
多様な学習機会の提供　43, 68
短期計画　84, 86, 87
短期大学設置基準　25
単年度主義　197
地域活性化交付金　200
地域資料　43
地域の課題に対応したサービス　43, 67
地域の情報拠点　46
知識・情報の拠点　74
地方教育費調査　202, 204
地方行政資料　36, 67
地方交付税　194, 196, 202, 203, 204
地方債　194, 202
地方紙　67
地方自治体改革　60
地方自治法　30, 75
地方税　194, 202
地方総合整備事業債　46
地方独立行政法人　244
チャンドラー, アルフレッド　172
中位の選好　248
中国　52
中国国家図書館　52

中国版本図書館　52
中心化効果　185
中心市街地活性化法　46
中長期計画　84, 86, 87
聴覚障害者用録画物　25
長期保存　141
調査研究　44, 70
調査統計　210
直営　75, 247, 250
著作権　43, 65
著作権法　116, 118, 120
著作者人格権　116
著作物　116
勅許公共財務会計協会　211
地理的変数　103
帝国図書館　50
ディスカバリサービス　128, 129, 130, 131
ディスカバリーセンター　252
ディマンズ　101
デジタルアーカイビング　140, 142, 143, 144
デジタルアーカイブ　143
デジタル化　74
デジタルシティズンシップ　227, 260
デジタルデバイド　227, 234
デジタルヒューマニティーズ　143-144
デジタルライブラリー　→電子図書館
電源立地地域対策交付金　200
点字刊行物　25
電子自治体　223
電子ジャーナル　56, 142
点字出版施設　26
電子書籍　129, 152
電子政府　223-227
点字図書館　26, 228
電子図書館　230, 251
伝達と協議　80, 81
転覆提案　56
デンマーク　60
デンマーク文化機構　61
東京都　47, 76, 199
東京都特別区　150, 151
統計　90, 92, 210-214
統計法　210
投資収益率　95
投資収入　214
同時性（サービス）　96, 97
投資対効果　266
道州制　60

当初予算　194
盗難　166, 167
投入（インプット）　89
登録者数　212
読書活動　29
読書離れ　27, 28
特定財源　194
特別地方債　200
独立行政法人個人情報保護法　119
独立行政法人制度　244
図書館委員会（米国）　31, 32
図書館員　61, 98-99, 108, 115, 119, 172, 174-175, 178-180, 193, 219, 259, 263
図書館および情報学に関する国家委員会（米国）　50
図書館会社（The Library Company）　14
図書館間相互貸借　36, 109, 136, 137, 138
図書館協議会　21, 38, 66, 88
図書館協力　136, 137, 138
図書館区（米国）　60
図書館憲章（フランス）　34
図書館建築　153, 154, 155, 161
図書館再編　47
図書館財務　194-197
図書館サービス・技術法（米国）　32, 60
図書館サービス・建設法（米国）　32, 33, 60
図書館サービス法（デンマーク）　35
図書館サービス法（米国）　31, 32, 60
図書館システム　46, 60, 148, 150, 151, 152
「図書館システム整備のための数値規準」　149
図書館情報学修士　179, 193
図書館情報資源　123
図書館情報専門職　→専門職
図書館情報専門職協会　179
図書館資料　36, 67, 123
図書館振興　42, 199
図書館税（米国）　31, 32
図書館政策　41-42, 45, 59, 60, 61
図書館長　44, 68, 187, 188, 189, 213
図書館統計　90, 92, 210-214
図書館同種施設　39
図書館における複製　116
図書館に関する科目　177
図書館ネットワーク　137

274　索引

「図書館のインパクト評価のための方法と手順」 94
「図書館の権利宣言」 78
「図書館の自由に関する宣言」 17, 77, 78, 119, 126
「図書館の設置及び運営上の望ましい基準」 21, 42, 43, 44, 63-70, 138, 149, 174
図書館パフォーマンス指標 90, 93
図書館費 204
図書館評価 38, 66, 88, 89, 90, 91
図書館ファシリティ 162, 163, 164
図書館法 14, 17-21, 36-39, 88, 177, 187, 198, 206, 227
図書館法（スウェーデン） 35
図書館法（ドイツ） 35
図書館奉仕 20, 36
図書館法施行規則 177
図書館法人（：→法人立図書館） 214
図書館向けデジタル化資料送信サービス 50, 119
図書館令 16, 19
都道府県立図書館 43, 48, 64, 69
トフラー, アルビン 133
友の会 215
ドラッカー, ピーター 72, 111
トラベルコスト法 95, 266

〈ナ行〉

長崎県 63
ニーズ 101, 106
日本医学図書館協会 56, 180
日本映像ソフト協会 118
日本学術会議 54, 56
日本工業標準調査会 92
日本国憲法第21条 17
日本障害者リハビリテーション協会 229
日本書籍出版協会 120
「日本全国書誌」 49
日本図書館協会 41, 117, 118, 120, 132, 149, 178, 180
日本図書館情報学会 220
「日本の図書館」 173, 210
日本薬学図書館協議会 56
入館料 39, 206
乳幼児 66
乳幼児と保護者サービス 68
ニューヨーク公共図書館 108, 109, 150, 151, 214
認定司書 178

ネットワーキング 222
ネットワーク情報資源 123
納本制度 23, 49, 50, 52
納本図書館 53
納本率 52
能登川町（滋賀県） 265
ノーマライゼーション 158

〈ハ行〉

排除性（財） 208, 248
配置換え 125
ハイブリッド図書館 44
博士論文 50, 54, 142
博物館・図書館サービス機構（米国） 60, 211, 261
博物館・図書館サービス法（米国） 32, 60
場所（流通） 112
破損行為 167
秦野市 48
パッケージ系電子出版物 23, 50, 52
パットナム, ロバート 70
ハーティトラスト 142
「場」としての図書館 170, 262
ハートビル法 → 「高齢者，身体障害者等が円滑に利用できる特定建築物の建築の促進に関する法律」
バトラー, ピアス 127, 131
バーナーズ＝リー, ティム 55
ハーナッド, スティーブン 56
バーナード, チェスター 72
ハーノン, ピーター 223
パフォーマンス 80, 92, 184, 185
パフォーマンス指標 90, 92, 94
パブリックコメント 224, 227
パブリック・リレーションズ 114
パラダイム 191
バランス・スコアカード 94
バリアフリー 158, 160, 163, 200, 233, 255-258
バリアフリー新法 → 「高齢者，身体障害者等の移動等の円滑化の促進に関する法律」
ハリップ, S. 253
ハロー効果 185
バーンズ, トム 82, 182
頒布権 118
非営利組織 → NPO
非営利貸与 120
東近江市 47
微気候調整 161

非控除可能性（財） 248
非常勤・臨時職員 173, 174
ビジョン 78, 192, 250
必要面積 153
人の行為 96, 98, 99
避難訓練 168, 169
避難誘導 160
非有形性（サービス） 96
ピューリサーチ 218, 220, 221
評価基準 110, 184
評価指標 87, 213
評価の規準 89
評価の構成 89
評価の文脈 89
評価の方法 89, 108
表現の自由 16, 17, 59
費用便益分析 95, 266
非利用者 91, 101, 237, 260
品質マネジメントシステム 92
ファシリティ 162, 163, 164, 165
ファシリティ管理 163
ファシリティマネジメント 162, 163
ファセット機能 130
ファンドレイジング 214, 215, 217
フォーカスグループ・インタビュー 105
複合施設 152
複写 117
複写サービス 117
「複写物の写り込みに関するガイドライン」 117
複製 116, 117
複製権 118
ブダペスト・オープンアクセス・イニシアティブ 57
物件費 196, 213
部門化 80, 81
プライバシー 119, 120, 121, 168
ブラウン, エリノア 236, 238
ブラザートン, ジョセフ 14
フランクリン, B. 14
フランス 52
フランス国立図書館 52
フランス図書館協会 34
フランソワ1世 49
ブランド 251, 252, 253, 254
不利益を被っている人々 236-237
プリザベーション →資料保存
ふるさとづくり特別対策事業 46
ふるさと納税 217
ブルックリン公共図書館 107-110,

索引 275

150, 232
フルテキスト　128, 129
フルテキスト検索　127, 128, 129, 130
ブロウフィ, ピーター　131
プログラム　233, 234, 236, 238, 252, 264, 265
プロモーション　112, 114
文化活動　264, 265
文化情報資源　139
文化的マイノリティ　105
分業関係　80
文書　82
米国　14, 31, 49, 50, 59, 179
米国議会図書館　49, 50, 51
米国デジタル公共図書館　143, 144
ページランク　128
ベル, ダニエル　133
ヘルスサイエンス情報専門員　180
防火管理者　168
防火対策　168
防災　163
法人化　13
法人立図書館（：→図書館法人）　60, 248, 249
法定納本図書館　51
防犯カメラ　168
方法論の共有地　143
ポジショニング　112, 254
保守・補修（ファシリティ）　164
補助金　21, 42, 194, 198, 199, 200, 201, 202
ボストン公共図書館　14, 232
補正予算　194
保存書庫　143
保存図書館　143
ボランティア活動　43-44, 68, 261
ポンピドーセンター　251

〈マ行〉

マイグレーション　140, 141
マイクロフィルム　141
マイナスシーリング　196
マイノリティ住民　230, 231
マクレランド, デービッド　181
マーケティング　111-115
マーケティングマネジメント　112
マーケティングミックス　112, 114
マーケティングリサーチ　102, 112
街角大学　240
まちじゅう図書館　47
まちづくり　266

まちづくり型図書館　47
まちづくり三法　46
マッカーシ, ジェローム　112
マトリックス組織　83
マートン, R.　82
マニフェスト　45
未来に目を向けること　253
民営化　242, 243, 245, 249
民間委託　245
「民間資金等の活用による公共施設等の整備等の促進に関する法律」　75, 244
民間非営利セクター　→NPO
無料　13, 21, 25, 34, 35, 206, 207, 209, 219, 247
メイス, ロナルド　255
迷惑行動　166
メタデータ　128, 145
メタデータ検索　128
メディアテック（フランス）　251
メディア変換　125
メディアリテラシー　134, 135
面積規模算定　154
盲学生図書館SL　228
盲人閲覧室　228
目的　73, 78, 84, 85, 112
目標　78, 112, 184, 192
目標管理　184
文字・活字文化振興法　28, 29, 41
文字・活字文化の日　29
モティベーション　190, 191
モバイル機器　5, 44, 74
モラン, バーバラ・B.　73, 185
文部科学省　180, 198, 199, 200, 201
文部科学省生涯学習政策局　41, 42
モンペリエの条令　49

〈ヤ行〉

ヤングアダルト　79
ユアート, ウィリアム　14, 33
有機的管理システム　182
有機的組織　82
有効登録者数　212
有料　13, 21, 34, 207, 209, 235
ゆにかねっと　136
ユニバーサルアクセス　60, 260
ユニバーサルデザイン　158, 160, 161, 255-258
ユネスコ　52, 53
「ユネスコ公共図書館宣言」　13, 247
用役　96

予算　194, 195
予算科目　195
予防　125, 141
予防保全　165
ヨーロピアーナ　144

〈ラ・ワ行〉

来館者数　212
ライフスタイル　104, 252
ライブラリースクール　179, 193
ラッシュ, R. F.　98
ラーニングコモンズ　58, 135, 170
ラ・フォンテーヌ　127, 131
ランガナタン, S. R.　126
リーダーシップ　186, 188, 189
リーダーの機能　186
リテラシー　15, 107, 108, 109, 133, 260, 261
リトウィン, ジョージ・H.　190
リモートアクセスサービス　75, 114
利用ガイドライン　132
利用規則違反　166
利用教育　132, 135
料金徴収　206
利用圏　43, 150, 152
利用行動　103
利用者オンライン目録　127, 145
利用者に対応したサービス　43, 67
利用者満足度　→顧客（利用者）満足
利用者用スペース　155
利用対象者　101, 103, 104, 105
リンキングシステム　128, 129
リンクト・オープン・データ　131
リンクリゾルバ　128, 145
ルール化　80, 81
レクリエーション施設　41-42
レファレンスサービス　43, 67, 132, 135, 256
レフェラル機能　107
連携・協力　65, 136
労務管理　172
ロウレー, ジェニファー　253
ワールド・ワイド・ウェブ　55

執 筆 者 紹 介

(UNIT, option 執筆順)
(所属は 2021 年 4 月現在)

編著者

永田　治樹（ながた　はるき）
　所　　属：筑波大学名誉教授　(株)未来の図書館研究所
　関心領域：図書館経営，図書館評価
　主要著作：「図書館のインパクト：図書館の意義をデータで実証する」（『情報の科学と技術』Vol.66, No.2, 2016）
　　　　　　「公共図書館とコミュニティ：知識・情報伝達と人びとをつなぐ」（『情報の科学と技術』Vol.64, No.10, 2014）
　担　　当：UNIT 0〜1, 6, 10〜13, 15〜19, 26〜27, 31〜35, 39（共同），41〜42, 47〜48, 50　option B, E, F, G, H, K, M, N, O, Q

執筆協力者

村井　麻衣子（むらい　まいこ）
　所　　属：筑波大学図書館情報メディア系
　関心領域：知的財産法，著作権法
　主要著作：「フェア・ユースにおける市場の失敗理論と変容的利用の理論 (1)—日本著作権法の制限規定に対する示唆」（『知的財産法政策学研究』No.45, 2014）
　　　　　　『情報検索の知識と技術：応用編』（共著，情報科学技術協会，2015）
　担　　当：UNIT 2〜5, 20

乙骨　敏夫（おっこつ　としお）(1955-2019)
　所　　属：前埼玉県立熊谷図書館
　関心領域：図書館経営，公共図書館全般
　主要著作：『図書館サービス論』（JLA 図書館情報学テキストシリーズⅡ-3，共著，日本図書館協会，2010）
　　　　　　「公共図書館における目録業務の変貌と『目録リテラシー』について」（『St. Paul's Librarian』No.29, 2015）
　担　　当：UNIT 7, 36〜38, 39（共同）　option C, N（共同），P

宇陀　則彦（うだ　のりひこ）
　所　　属：筑波大学図書館情報メディア系
　関心領域：図書館情報システム
　主要著作：「図書館の探検的学習を目的とした文献探索ゲームの評価」（共著，『情報知識学会誌』Vol.24, No.2, 2014）
　　　　　　「分類体系と位置情報を組み合わせたディスカバリインターフェースの開発：検索結果の構造的理解を目指して」（共著，『情報知識学会誌』Vol.21, No.2, 2011）
　　　　　　「ディスカバリサービスの仕組み」（『筑波大学附属図書館年報』2013 年度）
　担　　当：UNIT 8〜9, 22, 24〜25　option I, J

大谷　康晴（おおたに　やすはる）
　　所　　属：青山学院大学コミュニティ人間科学部
　　関心領域：図書館職員養成，図書館政策
　　主要著作：『情報サービス演習』（JLA 図書館情報学テキストシリーズⅢ-7）（共編著，日本図書館協会，2015）
　　　　　　　「日本の図書館のコレクションの現状」『情報の評価とコレクション形成』（共著，わかる！図書館情報学シリーズ，勉誠出版，2015）
　　担　　当：UNIT 14, 21

小林　卓（こばやし　たく）（1965-2015）
　　所　　属：前実践女子大学
　　関心領域：多文化サービス，障害者サービス
　　主要著作：『図書館サービスの可能性：利用に障害のある人びとへのサービス』（共著，日外アソシエーツ，2012）
　　　　　　　「日本の公立図書館における障害者サービスをめぐる言説：1970-90 年代を中心に」（『図書館界』Vol.63, No.5, 2012）
　　担　　当」UNIT 23, 43〜45, 49

米澤　誠（よねざわ　まこと）
　　所　　属：丸善雄松堂(株)
　　関心領域：図書館経営，学習環境
　　主要著作：「アクティブな教育と学習の場としてのラーニング・コモンズ考」（『大学マネジメント』Vol.9, No.7, 2013）
　　　　　　　「研究文献レビュー：学びを誘発するラーニング・コモンズ」（『カレントアウェアネス』No.317, 2013）
　　　　　　　「アフォーダンスとしてのラーニング・コモンズ試論」（『東北大学図書館調査研究室年報』No.1, 2012）
　　担　　当：UNIT 28〜30　option L

池内　淳（いけうち　あつし）
　　所　　属：筑波大学図書館情報メディア系
　　関心領域：図書館評価，図書館政策
　　主要著作：「仮想評価法による公共図書館の経済評価」（『日本図書館情報学会誌』Vol. 49, No.3, 2003）
　　　　　　　「公共図書館の最適規模に関する実証的研究」（『Library and Information Science』No.46, 2001）
　　担　　当：UNIT 40

小山　永樹（こやま　ながき）
　　所　　属：宮内庁
　　関心領域：地方自治
　　主要著作：『地方自治と公共図書館経営（筑波大学大学院図書館流通センター寄付講座　調査研究報告）』2009
　　　　　　　『自治体のサービス提供の効率化：指定管理者制度，民間委託などの民間企業の活用』（自治体国際化協会，2007）
　　担　　当：UNIT 46

視覚障害その他の理由で活字のままでこの本を利用できない人のために，日本図書館協会及び著者に届け出る事を条件に音声訳（録音図書）及び拡大写本，電子図書（パソコンなど利用して読む図書）の製作を認めます。ただし，営利を目的とする場合は除きます。

図書館制度・経営論
JLA 図書館情報学テキストシリーズⅢ　2

・・

2016 年 3 月 25 日　［シリーズ第 3 期］初版第 1 刷発行©
2023 年 3 月 15 日　　　　　　　　　初版第 3 刷発行

定価：本体 1,900 円（税別）

編著者……………………永田治樹
シリーズ編集……………塩見昇・柴田正美・小田光宏・大谷康晴
発行………………………公益社団法人　日本図書館協会
　　　　　　　　　　　　〒104-0033　東京都中央区新川 1 丁目 11-14
　　　　　　　　　　　　TEL 03-3523-0811　（代）
　　　　　　　　　　　　〈販売〉TEL 03-3523-0812　FAX 03-3523-0842
　　　　　　　　　　　　〈編集〉TEL 03-3523-0817　FAX 03-3523-0841
印刷………………………藤原印刷株式会社
ブックデザイン…………笠井亞子

JLA202227
ISBN978-4-8204-1518-3　　　　　　　本文用紙は中性紙を使用しています。　　Printed in Japan.

JLA 図書館情報学テキストシリーズ Ⅲ

●シリーズ編集● 塩見 昇・柴田正美・小田光宏・大谷康晴　　B5判　並製

本シリーズは，2008年の図書館法改正に沿って「図書館に関する科目」が2012年度より適用されることを機に製作・刊行されました。授業回数に合わせて2単位科目を50ユニット，1単位科目を25ユニットで構成し，スタンダードな内容を解説しています。

1巻	**図書館概論　五訂版**	塩見昇編著	1,900円（税別）
2巻	**図書館制度・経営論**	永田治樹編著	1,900円（税別）
3巻	**図書館情報技術論**	大谷康晴編著	
4巻	**図書館サービス概論**	小田光宏編著	
5巻	**情報サービス論**	小田光宏編著	1,800円（税別）
6巻	**児童サービス論　新訂版**	堀川照代編著	1,900円（税別）
7巻	**情報サービス演習　新訂版**	大谷康晴・齋藤泰則共編著	1,900円（税別）
8巻	**図書館情報資源概論　新訂版**	馬場俊明編著	1,900円（税別）
9巻	**情報資源組織論　三訂版**	柴田正美・高畑悦子著	1,900円（税別）
10巻	**情報資源組織演習　三訂版**	和中幹雄・横谷弘美共著	1,900円（税別）
11巻	**図書・図書館史**	小黒浩司編著	1,300円（税別）
12巻	**図書館施設論**	中井孝幸・川島宏・柳瀬寛夫共著	1,300円（税別）
別巻	図書館員のための**生涯学習概論**	朝比奈大作著	1,900円（税別）

1～10巻，別巻は50ユニット，約260ページ　11, 12巻は25ユニット，約160ページ